W0255769

Informatik – Fachberichte

Band 32: M. Kühn, CAD Arbeitssituation. Untersuchungen zu den Auswirkungen von CAD sowie zur menschengerechten Gestaltung von CAD-Systemen. VII, 215 Seiten. 1980.

Band 33: GI–10. Jahrestagung. Herausgegeben von R. Wilhelm. XV, 563 Seiten. 1980.

Band 34: CAD-Fachgespräch. GI–10. Jahrestagung. Herausgegeben von R. Wilhelm. VI, 184 Seiten. 1980.

Band 35: B. Buchberger, F. Lichtenberger, Mathematik für Informatiker I. Die Methode der Mathematik. XI, 315 Seiten. 1980

Band 36: The Use of Formal Specification of Software. Berlin, Juni 1979. Edited by H. K. Berg and W. K. Giloi. V, 388 pages. 1980.

Band 37: Entwicklungstendenzen wissenschaftlicher Rechenzentren. Kolloquium, Göttingen, Juni 1980. Herausgegeben von D. Wall. VII, 163 Seiten.1980.

Band 38: Datenverarbeitung im Marketing. Herausgegeben von R. Thome. VIII, 377 pages. 1981.

Band 39: Fachtagung Prozeßrechner 1981. München, März 1981. Herausgegeben von R. Baumann. XVI, 476 Seiten. 1981.

Band 40: Kommunikation in verteilten Systemen. Herausgegeben von S. Schindler und J. C. W. Schröder. IX, 459 Seiten. 1981.

Band 41: Messung, Modellierung und Bewertung von Rechensystemen. GI-NTG-Fachtagung. Jülich, Februar 1981. Herausgegeben von B. Mertens. VIII, 368 Seiten. 1981.

Band 42: W. Kilian, Personalinformationssysteme in deutschen Großunternehmen. XV, 352 Seiten. 1981.

Band 43: G. Goos, Werkzeuge der Programmiertechnik. GI-Arbeitstagung. Proceedings, Karlsruhe, März 1981. VI, 262 Seiten. 1981.

Band 44: Organisation informationstechnik-geschützter öffentlicher Verwaltungen. Fachtagung, Speyer, Oktober 1980. Herausgegeben von H. Reinermann, H. Fiedler, K. Grimmer und K. Lenk. VIII, 651 Seiten. 1981.

Band 45: R. Marty, PISA–A Programming System for Interactive Production of Application Software. VII, 297 Seiten. 1981.

Band 46: F. Wolf, Organisation und Betrieb von Rechenzentren. Fachgespräch der GI, Erlangen, März 1981, VII, 244 Seiten. 1981.

Band 47: GWAI–81 German Workshop on Artifical Intelligence. Bad Honnef, January 1981. Herausgegeben von J. H. Siekmann. XII, 317 Seiten. 1981.

Band 48: W. Wahlster, Natürlichsprachliche Argumentation in Dialogsystem. KI-Verfahren zur Rekonstruktion und Erklärung approximativer Inferenzprozesse. XI, 194 Seiten. 1981.

Band 49: Modelle und Strukturen. DAG 11 Symposium, Hamburg, Oktober 1981. Herausgegeben von B. Radig. XII, 404 Seiten. 1981.

Band 50: GI–11. Jahrestagung. Herausgegeben von W. Brauer. XIV, 617 Seiten. 1981.

Band 51: G. Pfeiffer, Erzeugung interaktiver Bildverarbeitungssysteme im Dialog. X, 154 Seiten. 1982.

Band 52: Application and Theory of Petri Nets. Proceedings, Strasbourg 1980, Bad Honnef 1981. Edited by C. Girault and W. Reisig. X, 337 pages. 1982.

Band 53: Programmiersprachen und Programmentwicklung. Fachtagung der GI, München, März 1982. Herausgegeben von H. Wössner. VIII, 237 Seiten. 1982.

Band 54: Fehlertolerierende Rechnersysteme. GI-Fachtagung, München, März 1982. Herausgegeben von E. Nett und H. Schwärtzel. VII, 322 Seiten. 1982.

Band 55: W. Kowalk, Verkehrsanalyse in endlichen Zeiträumen. VI, 181 Seiten. 1982.

Band 56: Simulationstechnik. Proceedings, 1982. Herausgegeben von M. Goller. VIII, 544 Seiten. 1982.

Band 57: GI–12. Jahrestagung. Proceedings, 1982. Herausgegeben von J. Nehmer. IX, 732 Seiten. 1982.

Band 58: GWAI–82. 6th German Workshop on Artifical Intelligence. Bad Honnef, September 1982. Edited by W. Wahlster. VI, 246 pages. 1982.

Band 59: Künstliche Intelligenz. Frühjahrsschule Teisendorf, März 1982. Herausgegeben von W. Bibel und J. H. Siekmann. XIII, 383 Seiten. 1982.

Band 60: Kommunikation in Verteilten Systemen. Anwendungen und Betrieb. Proceedings, 1983. Herausgegeben von Sigram Schindler und Otto Spaniol. IX, 738 Seiten. 1983.

Band 61: Messung, Modellierung und Bewertung von Rechensystemen. 2. GI/NTG-Fachtagung, Stuttgart, Februar 1983. Herausgegeben von P. J. Kühn und K. M. Schulz. VII, 421 Seiten. 1983.

Band 62: Ein inhaltsadressierbares Speichersystem zur Unterstützung zeitkritischer Prozesse der Informationswiedergewinnung in Datenbanksystemen. Michael Malms. XII, 228 Seiten. 1983.

Band 63: H. Bender, Korrekte Zugriffe zu Verteilten Daten. VIII, 203 Seiten. 1983.

Band 64: F. Hoßfeld, Parallele Algorithmen. VIII, 232 Seiten. 1983.

Band 65: Geometrisches Modellieren. Proceedings, 1982. Herausgegeben von H. Nowacki und R. Gnatz. VII, 399 Seiten. 1983.

Band 66: Applications and Theory of Petri Nets. Proceedings, 1982. Edited by G. Rozenberg. VI, 315 pages. 1983.

Band 67: Data Networks with Satellites. GI/NTG Working Conference, Cologne, September 1982. Edited by J. Majus and O. Spaniol. VI, 251 pages. 1983.

Band 68: B. Kutzler, F. Lichtenberger, Bibliography on Abstract Data Types. V, 194 Seiten. 1983.

Band 69: Betrieb von DN-Systemen in der Zukunft. GI-Fachgespräch, Tübingen, März 1983. Herausgegeben von M. A. Graef. VIII, 343 Seiten. 1983.

Band 70: W. E. Fischer, Datenbanksystem für CAD-Arbeitsplätze. VII, 222 Seiten. 1983.

Band 71: First European Simulation Congress ESC 83. Proceedings, 1983. Edited by W. Ameling. XII, 653 pages. 1983.

Band 72: Sprachen für Datenbanken. GI-Jahrestagung, Hamburg, Oktober 1983. Herausgegeben von J. W. Schmidt. VII, 237 Seiten. 1983.

Band 73: GI–13. Jahrestagung, Hamburg, Oktober 1983. Proceedings. Herausgegeben von J. Kupka. VIII, 502 Seiten. 1983.

Band 74: Requirements Engineering. Arbeitstagung der GI, 1983. Herausgegeben von G. Hommel und D. Krönig. VIII, 247 Seiten. 1983.

Band 75: K. R. Dittrich, Ein universelles Konzept zum flexiblen Informationsschutz in und mit Rechensystemen. VIII, 246 pages. 1983.

Informatik-Fachberichte 119

Herausgegeben von W. Brauer
im Auftrag der Gesellschaft für Informatik (GI)

Graphik in Dokumenten

Zweites Fachgespräch der GI-Fachgruppe
"Graphische Systeme"
Bremen, 3.–4. März 1986

Proceedings

Herausgegeben von Frieder Nake

Springer-Verlag Berlin Heidelberg GmbH

Herausgeber

Frieder Nake
Fachbereich Mathematik/Informatik
Universität Bremen, D-2800 Bremen 33, FRG

PROGRAMMAUSSCHUSS

Wolfgang Appelt, GMD Bonn
Günter Enderle, SEL Stuttgart
John Fenn, Siemens München
Klaus Jordan, Dr. Hell GmbH Kiel
Frieder Nake, Universität Bremen (Vorsitz)
Angela Scheller, HMI Berlin
Wolfgang Straßer, TH Darmstadt
Peter Wißkirchen, GMD Bonn

CR Subject Classifications (1985): I.7.2, I.3.4, H.4.1

ISBN 978-3-540-16438-8

CIP-Kurztitelaufnahme der Deutschen Bibliothek. Graphik in Dokumenten : Bremen, 3.–4. März 1986 ; proceedings / hrsg. von Frieder Nake.

(Informatik-Fachberichte; 119)
(... Fachgespräch der GI-Fachgruppe "Graphische Systeme"; 2)
ISBN 978-3-540-16438-8 ISBN 978-3-662-07552-4 (eBook)
DOI 10.1007/978-3-662-07552-4
NE: Nake, Frieder [Hrsg.]; Gesellschaft für Informatik / Fachgruppe Graphische Systeme: ... Fachgespräch der ...; 1. GT

Ursprünglich erschienen bei Springer-Verlag Berlin Heidelberg New York Tokyo 1986

2145/3140–543210

V O R W O R T

Joseph Weizenbaum spricht gelegentlich vom Imperialismus der Computerwissenschaft. Vielleicht nicht zu Unrecht. Denn gehört es nicht zum Wesen der Informatik, von immer neuen Bereichen menschlicher Tätigkeit Besitz zu ergreifen, sie zu durchforsten unter dem Gesichtspunkt der Informationsverarbeitung, sie zu formalisieren und umzukrempeln, ohne besondere Rücksicht auf gewachsene Strukturen, Verfahren und Wertmaßstäbe zu nehmen?

Die Herstellung von Druckwerken ist ein solcher Bereich. "Dokumente" zu erstellen - wie wir uns in schlichter Übersetzung aus dem Amerikanischen angewöhnt haben zu sagen -,macht einen beträchtlichen Anteil aller Anwendungen von Computern aus.

Sog. Texteditoren und -formatierer, d.h. Programme zum Eingeben von Texten in den Computer und zum automatisierten Setzen und Umbrechen des Textes, leisten heute zum Teil Beachtliches bei der maschinellen Behandlung der textlichen Komponenten solcher "Dokumente".

Gleichzeitig aber können wir eine Verrohung typographischer Maßstäbe feststellen. Viele Gesetze, die Typographen und Setzer über Jahrhunderte entwickelt hatten, gelten auf einmal nicht mehr. Mit dem Aufkommen fein auflösender Druckgeräte und billiger großer Speicher scheint hier zumindest jenen Schriften, die eine Beleidigung für das Auge sind, eine Grenze gezogen worden zu sein.

Mit dem Eindringen der Computer in die Vorbereitung von Druckvorlagen ist eine zweite Veränderung der gedruckten Produkte zu beobachten, die über längere Zeit eine nur geringe Aufmerksamkeit hervorrief: eine oft eklatante Vernachlässigung der bildlichen Bestandteile von "Dokumenten". Besonders in Tagungsbänden der letzten zehn, fünfzehn Jahre werden Diagramme, Linienzeichnungen, Grauton- und Farbbilder, selbst Formeln und Tabellen im Vergleich zum Text oft recht stiefmütterlich behandelt oder gleich ganz verbannt. Die von Autoren gelegentlich gepriesene größere Flexibilität bei der Vorbereitung ihres Textes geht mit einem Verlust an Lesbarkeit und Anschaulichkeit auf seiten der Leser einher.

Diese Entwicklung mutet besonders bemerkenswert an, wenn wir bedenken, daß zur gleichen Zeit oder sogar noch länger zurückreichend Bilder von zum Teil gestochener Qualität mit Computern erzeugt werden.

Der merkwürdige Zustand scheint u.a. mit dem Wunsch von Autoren zusammenzuhängen, ihre "Dokumente" vollständig für den Druck aufzubereiten, ohne mit Fachleuten des graphischen Gewerbes zusammenzuarbeiten. Sicherlich gibt es auch einen Zusammenhang zum immer weiter ausgedehnten und rascheren Publizieren.

Nun macht es gewiß einen gravierenden Unterschied, ob ein Manuskript für eine Monographie oder einen Institutsbericht vorbereitet wird, ob das gedruckte Werk schließlich verkauft oder nur intern verteilt werden soll. Doch ist die Frage vielleicht angebracht, wie gravierend der Unterschied wirklich sein muß!
Wäre es nicht naheliegend, die oft gepriesene Freiheit, die Anpassungsfähigkeit, die mit dem Einsatz persönlich verfügbarer Computer gegeben sein soll, dazu zu nutzen, Publikationen auch in ihrer äußeren Erscheinung ansprechender, phantasievoller zu gestalten? Entstehen vielleicht in Informatik-Fachbereichen neue Arbeitsmittel, "Werkzeuge", die die Arbeitsteilung zwischen Manuskripterstellung, Satz, Bildvorbereitung, Layout und Umbruch aufzuheben gestatten?

Wo aber bleiben dann die speziellen Kenntnisse, die ästhetischen Maßstäbe, die in den einzelnen Berufszweigen aufbewahrt und weiterentwickelt werden? Werden die neuen Mittel die Autoren dazu verleiten, auf der Bahn des "publish or perish" nur einen Zahn zuzulegen? Können und wollen die Verlage ihre Funktion als Wahrer insbesondere der formalen Qualität von Druckerzeugnissen wieder stärker wahrnehmen? Oder ist all das angesichts ganz neuer computergestützter Hyper-Medien Schnee von gestern?

Geht man davon aus, daß auch bei beschleunigter Umwälzung der Medien die gedruckten Werke noch ein paar Jahrzehnte oder länger eine nicht unbedeutende Rolle spielen werden, so ist eine Alternative zu futuristischen Entwicklungen spannend. In dem skandinavischen Projekt "Utopia" wurde versucht, ein doppeltes Qualitätskriterium zu verfolgen: der Einsatz der Informationstechnik ist dann gerechtfertigt, wenn die Qualität sowohl der Arbeit wie auch der Produkte steigt.

Der Fachgruppe "Graphische Systeme" der Gesellschaft für Informatik schien es interessant genug, mit einem Fachgespräch der Frage nachzugehen: "Wie sind Systeme zu gestalten, die Graphik und Text möglichst einheitlich zu behandeln gestatten?"

In einzelnen Beiträgen zu Zeitschriften und Konferenzen, im Rahmen von Normungs - Bemühungen sind seit Anfang der achtziger Jahre hierzu Überlegungen und erste Ergebnisse veröffentlicht worden. Die Integration von Text, Graphik, Bild, Daten, Stimme ist zu einem beliebten Ankündigungsgegenstand einer Reihe von Forschungsprogrammen und -projekten aufgestiegen.

Gegenstand einer eigenen Konferenz ist unsere spezielle Thematik zumindest im deutschsprachigen Raum m.W. hier erstmals geworden. Darin lag ein gewisses Risiko. Dem Aufruf, Beiträge einzureichen, folgten 17 Autoren oder Autorengruppen. Bei ihnen allen bedanke ich mich für ihre Mühe und Bereitschaft, zum Fachgespräch beizutragen.

Der Programmausschuß wählte sieben Arbeiten aus. Er gewann weitere durch gezieltes Ansprechen von Autoren. Die hier vorgelegten Beiträge sind gewiß auch stellvertretend für einige andere Projekte zu sehen. Sie belegen auch auf geographisch engem Raum eine Breite der Fragestellung und Lösungsansätze, die ein solches Fachgespräch rechtfertigen.

Wie sehr die Integration von Graphik in "Dokumenten" noch am Anfang steht, belegt wohl auch dieser Tagungsband selbst. Viel wird für den Leser gewonnen sein, wenn die Bemühungen um geräteunabhängige Beschreibungen der Struktur von "Dokumenten" die Herausgabe eines solchen Bandes auch zum frühen Zeitpunkt der Tagung in der Form eines wirklichen Buches ermöglichen werden: also formal so durchdacht und vereinheitlicht, daß das Lesen und Arbeiten mit dem Band Freude macht. Der Herausgeber wird der erste sein, der in die Freude einstimmt.

Leider ist es nicht gelungen, in allen Fällen die fertigen Manuskripte rechtzeitig zu erhalten. Dies bedaure ich sehr. Um den Band aber zur Tagung erscheinen lassen zu können. blieb keine andere Wahl, als auf diese Beiträge zu verzichten.

Dieses Vorwort ist - vielleicht paradoxerweise - wie auch das Inhaltsverzeichnis mit Schreibmaschine getippt, weil eine Dienstvereinbarung über die Arbeit an textverarbeitenden Systemen zwischen Personalrat und Leitung der Universität Bremen zwar abgeschlossen, aber noch nicht von der obersten Dienstbehörde abgezeichnet ist. Außerdem zeigt meine persönliche, gewiß beschränkte Erfahrung mit einigen der bekannteren Systeme, daß unter Zeitdruck das System Autor-Sekretärin-Schreibmaschine noch immer rascher und zuverlässiger arbeitet, ganz zu schweigen vom "Bedienungskomfort".

Das Fachgespräch wäre nicht zustande gekommen und wäre nicht mit diesem Programm zustande gekommen ohne die Beiträge einzelner Mitglieder des Programmkomitees wie der gemeinsamen Beratungen. Für die erfreuliche Zusammenarbeit bedanke ich mich bei Wolfgang Appelt, Günter Enderle, John Fenn, Klaus Jordan, Angela Scheller, Wolfgang Straßer und Peter Wißkirchen.

Aus dem Kreise des Programm-Ausschusses kam die Anregung, die Eurographics Association für die Unterstützung der Tagung zu gewinnen. Eurographics hat damit nicht gezögert.

Trotz ihrer sehr angespannten materiellen Lage hat die Universität Bremen die Vorbereitung und Durchführung des Fachgespräches sehr unbürokratisch und spürbar unterstützt. Dafür sei ihr gedankt.

Bei der Geschäftstelle der GI bedanke ich mich für das Zuvorkommen und die Bereitschaft, auch bei schwieriger Terminlage noch Wege zu finden, einen Versand durchzuführen.

Dem Herausgeber der Reihe "Informatik-Fachberichte" und dem Springer-Verlag danke ich für die Gelegenheit, den Tagungsband hier veröffentlichen zu können, und für die stets angenehme Zusammenarbeit.

Veronika Landau und Wolfgang Taube haben entscheidenden Anteil daran, daß die Tagung zustande kommen konnte. Bei ihnen und einer Reihe ungenannt bleibender Helfer bedanke ich mich besonders herzlich. Die Studentinnen und Studenten meines Projektes "Text im Bild, Bild im Text" wie auch einige Kolleginnen und Kollegen in der IG Druck und Papier haben zu dem geistigen Klima beigetragen, in dem die Vorbereitung einer solchen Konferenz erst möglich wurde.

Abschließend möchte ich einen Beitrag erwähnen, der für diesen Tagungsband nicht vorgesehen wurde. Hans-Peter Willberg, Mainz, stellte den Teilnehmern des Fachgesprächs aus der Sicht eines geachteten Experten der Buchkunst dar, was es bedeutet, wenn Computer in der "schwarzen Kunst" auftauchen. Seine Bereitschaft zu diesem Referat brachte der Tagung eine bedeutende Bereicherung.

Bremen, im Januar 1986 Frieder Nake

I N H A L T S V E R Z E I C H N I S

* am Ende des Bandes

DERZEITIGER STAND DER TECHNIK UND DER INTERNATIONALEN NORMUNGSARBEIT AUF DEM GEBIET DER DOKUMENTENVERARBEITUNG

ANGELA SCHELLER
Hahn-Meitner-Institut, Berlin

WOLFGANG APPELT
Gesellschaft für Mathematik und Datenverarbeitung mbH

Zusammenfassung: *Dieser Artikel gibt einen Überblick über den derzeitigen Stand der Technik auf dem Gebiet der Dokumentenverarbeitung. Dem Thema der Tagung entsprechend wird das Schwergewicht auf die bestehenden Möglichkeiten zur Integration von Graphiken in Dokumente gelegt. Bei dieser Integration sollen sowohl Graphiken, die durch andere Anwendungen separat erzeugt wurden, als auch Graphiken, die während der Erzeugung des Dokumentes entstehen, berücksichtigt werden. Im Anschluß an diesen Überblick werden die Austauschmöglichkeiten von Dokumenten untersucht und die Standardisierungsbestrebungen auf diesem Gebiet erläutert.*

1. Einleitung

Der Begriff Dokumentenverarbeitung geht über das Gebiet der reinen Textverarbeitung hinaus. Dokumente setzen sich aus allen Informationen zusammen, die zweidimensional abgebildet werden können. Dazu gehören auch Sonderinformation wie mathematische und chemische Formeln und Graphiken.

Im Laufe der Zeit haben sich zwei Bereiche der Dokumentenverarbeitung entwickelt, die sich in erster Linie durch den Anwenderkreis und die verwendeten Hard- und Softwaresysteme unterscheiden: die technisch-wissenschaftliche Dokumentenverarbeitung und der Bürobereich. Im Bürobereich werden die Dokumente durch Sekretärinnen auf speziellen Textverarbeitungssytemen erstellt, während im technisch-wissenschaftlichen Bereich die Dokumente häufig von den Autoren selbst auf Universalrechnern erzeugt werden. Um die zuletzt genannten Systeme bedienen zu können, sind Kenntnisse des Betriebssystems notwendig, was viele Sekretärinnen abschreckt. Man kann sich jedoch auch auf Universalrechnern Dokumentenverarbeitungssysteme vorstellen, die eine für alle Benutzergruppen akzeptable Benutzerschnittstelle aufweisen. Solche Systeme existieren bisher jedoch nicht.

Die Dokumente, die in beiden Bereichen erzeugt werden, unterscheiden sich kaum. Auch im Bürobereich werden nicht nur Briefe erstellt, sondern ebenso Dokumente, die neben dem normalen Fließtext auch Sonderinformationen wie Graphiken und Formeln enthalten. Ein eindeutiger Vorteil der auf Universalrechnern verfügbaren Dokumentenverarbeitungssysteme besteht darin, daß Daten, die durch andere Anwendungen erzeugt wurden (z.B. Statistiken, Meßdatenauswertungen, Graphiken), ohne Neuerfassung in die Dokumente integriert werden können.

Die folgenden beiden Abschnitte geben einen Überblick über die in beiden Bereichen zur Verfügung stehenden Systeme. Es werden jeweils anhand eines ausgewählten Beispiels die Funktionalität und die Möglichkeiten der Integration von Graphiken erläutert.

In den letzten Jahren sind darüberhinaus Möglichkeiten zur integrierten Darstellung von Text und Graphik geschaffen worden, wo man es vielleicht nicht unbedingt erwarten würde: bei der Drucker Hardware der Rechenanlagen. Die historische Entwicklung auf diesem Gebiet wird in Abschnitt 4. geschildert.

2. Dokumentenverarbeitung auf Universalrechnern

Im Bereich der Dokumentenverarbeitung auf Universalrechnern stehen zahllose mehr oder weniger komfortable, batchorientierte Formatiersysteme zur Verfügung. Bei der Erzeugung der Dokumente durch den normalen Texteditor des Betriebssytems wird der Inhalt der Dokumente mit Formatierkommandos durchsetzt. Diese Kommandos bestimmen das spätere Erscheinungsbild (Layout) des Dokumentes. Die Auswirkungen dieser Formatierkommandos werden für den Benutzer erst nach dem Formatieren des gesamten Dokumentes sichtbar.

Viele dieser Formatiersysteme sind an bestimmte Betriebssysteme bzw. Hersteller gebunden. An dieser Stelle sollen nur die am weitesten verbreiteten erwähnt werden: *troff* (UNIX) und *Script* (IBM). Im Bereich der betriebssystemunabhängigen Formatiersysteme sei hier nur *TEX* erwähnt. Alle drei Systeme bieten einen Satz von Basisformatierkommandos und die Möglichkeit zur Definition von Makros an. Viele Rechenzentren bieten ihren Benutzern Makro-Pakete an, die die Erzeugung typographisch hochwertiger Dokumente erlauben.

Die Funktionalität dieser drei Systeme ist im Bereich der reinen Textverarbeitung durchaus vergleichbar. Funktionelle Unterschiede lassen sich im Bereich des Formelsatzes feststellen. TEX weist hier die größte Funktionalität auf. Anhand der folgenden TEX-Beispiele soll die Erzeugung von Formeln verdeutlicht werden. Das Prinzip ist bei den anderen Formatierern ähnlich, es wird jedoch eine andere Syntax verwendet.

$$\sqrt[n]{x^n + y^n}$$

Abbildung 1: **$$**\root n \of {x^ n+y^ n}**$$**

$$\sum_{n=1}^{3} Z_n^2$$

Abbildung 2: **$$**\sum_{n=1}^ 3 Z n^ 2**$$**

Da in der Angabe der Formel die Semantik enthalten ist, kann der Formatierer selbständig entscheiden wie groß Klammern, Summenzeichen, Integrale und ähnliches werden müssen.

$$\sqrt{1+\sqrt{1+\sqrt{1+\sqrt{1+x}}}}$$

Abbildung 3: **$$**+\sqrt{1+\sqrt{1+\sqrt{1+\sqrt{1+x}}}}**$$**

Die Eingabe dieser Formelnotation erfordert jedoch, daß man die Formel bis zu einem gewissen Grade versteht. Das ist bei reinem Schreibpersonal oft nicht der Fall. Die Erstellung von Formeln stellt ein Randgebiet zwischen reiner Textverarbeitung und Graphik dar. Manche Formatierer können Formeln nur aus Zeichen zusammensetzen, die in ihrer Größe in sogenannten Fonts fest-definiert sind. Diese Art der Formelerzeugung kann man der reinen Textverarbeitung zurechnen. Komfortable Systeme sind jedoch in der Lage, die einzelnen Symbole abhängig von der Semantik zu skalieren. Dieses Verfahren fällt schon eher in den Bereich der graphischen Anwendungen.

Ein weiteres Randgebiet der Graphik innerhalb der Textverarbeitung ist die Beschreibung der durch den Text auszufüllenden Flächen durch graphische Primitive wie zum Beispiel Rechtecke,

Dreiecke oder Kreise. Das folgende Beispiel zeigt die Formatierung eines Textes durch TEX in Dreiecksform:

Die-
ser Text soll in
Form eines Dreiecks formatiert
werden. Es ist möglich beliebige Flächen zu definieren. Innerhalb dieses Beispiels wurden Basisformatierkommandos verwendet. Dem Anwender kann aber auch ein Makro zur Verfügung
gestellt werden, dem als Parameter die Größe des gewünschten Objektes angegeben wird.

Im Gegensatz zu anderen Systemen erfolgt der Formatiervorgang bei TEX geräteunabhängig. Es wird ein sogenannter DVI-File (DeVice Independent) erzeugt, der von speziellen Gerätetreibern interpretiert werden muß. Es ist also möglich, sich ein Dokument am Bildschirm anzusehen und es danach auf einem Laserdrucker auszugeben, der über eine andere Auflösung verfügt, ohne es erneut zu formatieren.

Die Integration von separat erzeugten Graphiken ist bei allen hier erwähnten Formatierern möglich. Die Art der Realisierung unterscheidet sich jedoch erheblich. Die Möglichkeiten von TEX auf diesem Gebiet werden ausführlich in einem Beitrag von K. Horn [HORN] von der GMD unter dem Titel "Integration von Graphik in TEX" erläutert.

Eine Möglichkeit, Graphiken direkt bei der Erzeugung des Dokumentes zu definieren, bietet das auf TEX aufbauende Makro-Paket LATEX [LATEX]. Hier wurden spezielle Fonts mit Graphikkomponenten definiert, die das Zusammensetzen von Kreisen, Rechtecken und ähnlichem erlauben. Die Funktionalität ist relativ eingeschränkt. Es ist zum Beispiel nicht möglich, Vektoren mit beliebigem Winkel zur Grundlinie zu generieren, da in den Fonts nicht alle Steigungen enthalten sind. Das folgende Beispiel zeigt die Erzeugung einer Graphik mit Hilfe von LATEX:

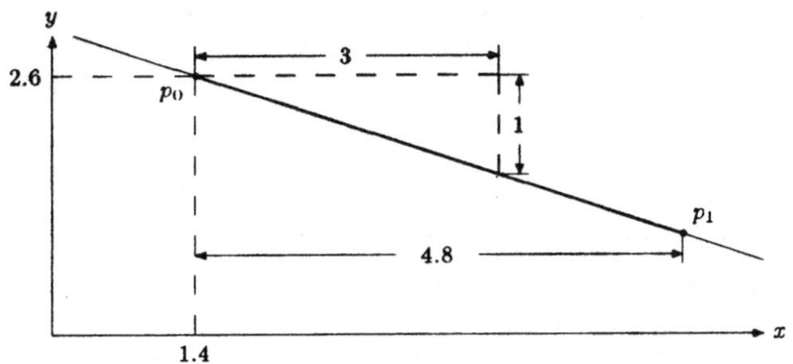

Abbildung 4: Text und Graphik erzeugt durch LATEX

Der Formatierer *troff* bietet unter dem Namen *pic* eine Komponente an, die es erlaubt Graphiken innerhalb des Textes zu erzeugen. Es stehen alle benötigten graphischen Basisfunktionen zur Verfügung. Im Rahmen eines Projektes am Rutherford Appleton Laboratory wurde zum Beispiel der GKS-Metafile auf *pic*-Funktionen abgebildet und somit eine Integration der durch GKS erzeugten Bilder in Dokumente ermöglicht [DUCE].

Bei *Script*, das ursprünglich an der University of Waterloo entwickelt und dann von IBM als Produkt übernommen wurde, beschränken sich die Integrationsmöglichkeiten für Graphiken auf

```
\begin{picture}(350,155)
\put(0,0){\vector(1,0){350}}
\put(355,0){\makebox(0,0)[l]{$x$}}
\put(0,0){\vector(0,1){150}}
\put(0,155){\makebox(0,0)[b]{$y$}}
\multiput(0,130)(20,0){4}{\line(1,0){10}}
\put(-5,130){\makebox(0,0)[r]{2.6}}
\multiput(70,0)(0,20){7}{\line(0,1){10}}
\put(70,-5){\makebox(0,0)[t]{1.4}}
\put(65,125){\makebox(0,0)[tr]{$p_{0}$}}
\put(70,130){\circle*{4}}
\put(315,55){\makebox(0,0)[bl]{$p_{1}$}}
\put(310,50){\circle*{4}}
\put(70,130){\line(0,1){15}}
\put(135,140){\vector(-1,0){65}}
\put(220,130){\line(0,1){15}}
\put(155,140){\vector(1,0){65}}
\put(145,140){\makebox(0,0){3}}
\put(220,80){\line(1,0){15}}
\put(220,130){\line(1,0){15}}
\put(230,115){\vector(0,1){15}}
\put(230,95){\vector(0,-1){15}}
\put(230,105){\makebox(0,0){1}}
\put(170,40){\vector(-1,0){100}}
\put(210,40){\vector(1,0){100}}
\put(190,40){\makebox(0,0){4.8}}
\put(310,50){\line(0,-1){15}}
\put(10,150){\line(3,-1){340}}
\thicklines
\put(70,130){\line(3,-1){240}}
\multiput(70,130)(20,0){8}{\line(1,0){10}}
\multiput(220,130)(0,-20){3}{\line(0,-1){10}}
\end{picture}
```

Abbildung 5: LATEX-Kommandos für die Erzeugung von Abbildung 4

das IBM-eigene Graphikformat GDDM. Das Bild muß separat bereits in der im Dokument benötigten Größe erzeugt werden und kann dann nach dem Formatiervorgang durch Script mit Hilfe von CDPF ("Composed Document Printing Facility") in den Text integriert werden. Es werden nur Ausgabegeräte von IBM unterstützt [IBMA], [IBMB], [IBMC].

Neben den bisher erwähnten Formatiersystemen gibt es noch unzählige Textverarbeitungssysteme für den PC-Bereich, die heutzutage bereits in jedem Kaufhaus vertrieben werden. Der bekannteste Vertreter dieser Sparte ist wohl *Wordstar*. Auf diesen Bereich wird hier nicht näher eingegangen, da sich ein separater Beitrag von F.-J. Prester [PRESTER] damit befaßt.

Zu dem Gebiet der Dokumentenverarbeitung auf Großrechnern läßt sich also abschließend bemerken, daß nahezu alle Systeme die Fähigkeit besitzen, Graphiken in irgend einer Form zu integrieren. In der Art der Realisierung, der Funktionalität und der Benutzerfreundlichkeit unterscheiden sie sich jedoch erheblich.

3. Dokumentenverarbeitung mit speziellen Textverarbeitungssystemen

Bis gegen Ende der 70-er Jahre gab es auf dem Markt praktisch kein System, das die integrierte Erstellung von Text und Graphik erlaubte, und zwar aus einem ganz simplen Grund: Um Text und Graphik interaktiv am Terminal bearbeiten zu können, braucht man als Display einen hochauflösenden Rasterschirm. Solche Geräte waren vorher nicht, zumindest nicht zu marktfähigen Preisen, verfügbar. Zwar gab es schon graphikfähige Terminals, doch die dafür entwickelte Software diente hauptsächlich zur graphischen Datenverarbeitung im engeren Sinne, Texte traten in diesem Zusammenhang im wesentlichen nur bei der Beschriftung der Graphiken auf.

Als Pionierarbeiten auf dem Gebiet der Integration von Text und Graphik sind vorrangig die Entwicklungen, die in der zweiten Hälfte der 70 er Jahre am *Palo Alto Research Center* von *Xerox* durchgeführt wurden, zu nennen. Das kommerziell vermarktete Ergebnis dieser Forschungsarbeiten war der *Xerox Star*, der zu Beginn der 80–er Jahre auf den Markt kam. Der Einsatzbereich des *Star* liegt auf dem Gebiet des *Office Automation*, insbesondere bei der Herstellung und Verwaltung komplexer Dokumente.

Inzwischen sind zahlreiche weitere Systeme auf dem Markt verfügbar (von Xerox selbst, aber auch von anderen Herstellern), bei denen die beim *Xerox Star* realisierten Ideen übernommen, teils auch deutlich verbessert wurden. Im folgenden soll kurz darauf eingegangen werden, wie beim *Star* Texte und Graphiken verarbeitet werden.

Der Bildschirm des *Star* ist ein hochauflösender Rasterschirm (Schwarz/Weiss) mit 1024×809 Punkten, was bei einer Schirmgröße von etwa 35×27 cm ungefähr 3 Punkten pro Millimeter entspricht. Es lassen sich also (unter Vernachlässigung der Blatträncier) zwei komplette DIN A4 Seiten in Originalgröße darstellen.

Die Textverarbeitung beim *Star* geschieht mit einem sogenannten *WYSIWYG*-Editor ("what you see is what you get"), das heißt, der Text sieht auf dem Schirm stets genauso aus, wie er später auf Papier gedruckt wird (einmal abgesehen von in der Regel unterschiedlichen Auflösungen des Bildschirms und des Druckers). Dies bedeutet insbesondere, daß praktisch unmittelbar nach der Eingabe eines Zeichens über die Tastatur dessen Position auf dem Bildschirm bzw. der zu druckenden Seite festgelegt wird.

Die Festlegung der das Aussehen des Textes beeinflussenden Parameter geschieht über sogenannte *Property Sheets.* In diesen wählt der Benutzer etwa Schriftarten und Schriftgrößen, Seitenbreiten und -höhen, Zeilen- und Absatzabstände usw. aus. Die jeweils selektierten Werte werden dann bei der Texteingabe zur unmittelbaren Formatierung des Textes herangezogen. Natürlich ist es auch möglich, einen schon erfaßten Text durch nachträgliche Parameteränderungen umzuformatieren.

Wenn man berücksichtigt, daß beim *Star* unterschiedliche Schriftgrößen und insbesondere auch Proportionalschriften verwendet werden, ist wohl unmittelbar klar, daß diese Art der Textverarbeitung nicht mit konventionellen alphanumerischen Terminals möglich ist, sondern daß hierzu hochauflösende Rasterschirme benötigt werden. Andererseits stößt man damit zumindest ansatzweise in Bereiche vor, die bis dahin der professionellen Satztechnik vorbehalten waren.

Als ersten Schritt in Richtung Graphik, die der *Star* bietet, könnte man dessen Fähigkeiten zum mathematischen Formelsatz betrachten, denn eine Formel ist *per se* ein zweidimensionales Gebilde. Außer der Darstellung mathematischer Sonderzeichen wie etwa Summen- oder Integralzeichen in unterschiedlichen Größen kann man beim *Star* Zeichen übereinander (zum Beispiel bei Brüchen) oder vertikal zueinander verschoben (zum Beispiel bei Indizes) plazieren. Dabei wird der Benutzer bei der Gestaltung der Formeln weitgehend unterstützt: Das System "weiß" etwa, daß nach der Eingabe eines Summenzeichens der Laufindex angegeben wird und positioniert deshalb den Cursor an die entsprechende Position; bei der Eingabe von Indizes wird automatisch eine kleinere Schriftgröße gewählt usw..

Zur Erzeugung von Graphiken im engeren Sinne bietet der *Star* zwei Möglichkeiten: Zum einen kann man für *Business*-Graphiken Balken- und Tortendiagramme zeichnen, indem man eine Zahlenreihe eingibt und dann durch Setzen von Parametern in entsprechenden *Property Sheets* deren Umsetzung in graphische Darstellung festlegt. Zum anderen kann man vordefinierte Graphikprimitive (zum Beispiel Linien, Dreiecke, Rechtecke, Kreise) aus einem Menu auswählen, diese auf dem Bildschirm plazieren und so die gewünschte Graphik (natürlich im Rahmen der vorgegebenen Primitive) aufbauen.

Zwischen dem "Textmodus" und dem "Graphikmodus" des Editors läßt sich dabei beliebig hin- und herschalten, zum Beispiel lassen sich Graphiken nach ihrer Erzeugung im Textmodus beschriften. Selbstverständlich können die auf dem Bildschirm des *Star* erzeugten Dokumente auch gedruckt werden, wobei in der Regel noch "Anpassungen" an die bei den Druckern üblicherweise höhere Auflösung durchzuführen sind. Welche Anforderungen dabei an die Druckerhardware zu stellen ist, wird im nächsten Kapitel genauer behandelt.

Man könnte nun meinen, daß das beim *Xerox Star* verwendete Konzept der integrierten Bearbeitung von Text und Graphik *das* optimale wäre und alternative Entwicklungen sich erübrigten. Das ist aber leider nicht der Fall, denn dieses Konzept besitzt auch einige Nachteile.

Das erste, relativ triviale Problem besteht darin, daß zumindest in absehbarer Zeit solche Systeme noch recht teuer sind. Die heute üblicherweise an den Rechnern vorhandenen preiswerten alphanumerischen Terminals sind nicht brauchbar, sondern es werden hochauflösende Rasterschirme benötigt. Um hinreichende Antwortzeiten zu erreichen, können diese Schirme aber nicht im Time-Sharing-Betrieb einer konventionellen Rechenanlage betrieben werden, sondern die Schirme brauchen einen eigenen Prozessor und einen eigenen Speicher. Anders formuliert: Diese Art der Dokumentenverarbeitung ist zumindest nach heutiger Technik nur auf einem Arbeitsplatzrechner in der Preisklasse von mehr als 30000 DM realisierbar, was ihren Einsatzbereich entsprechend einschränkt.

Der zweite Nachteil dieses Konzeptes besteht in der Formatierung des Textes durch einen *WYSIWYG*-Editor. Dieses ist zwar auf den ersten Blick ausgesprochen benutzerfreundlich, doch ist die typographische Qualität, die sich damit erreichen läßt, häufig schlechter als die Qualität, die man mit batchorientierten Formatierern (s. Kapitel 2) erhält. Dies liegt einmal daran, daß ein *WYSIWYG*-Editor praktisch unmittelbar nach der Eingabe eines Zeichens dessen Position auf der Seite festlegen muß. Beim Problem des Zeilenumbruchs (entsprechendes gilt auch für den Seitenumbruch) ist es aber so, daß die Bestimmung eines nach typographischen Kriterien guten Zeilenumbruchs häufig erst möglich ist, wenn ein kompletter Absatz eingegeben ist, etwa um möglichst äquidistante Wortzwischenräume in den einzelnen Zeilen zu erreichen (vgl. [KNU81]).

Darüberhinaus spielt die Komplexität der Algorithmen, die zur Formatierung eingesetzt werden können, eine Rolle. Beim *WYSIWYG*-Editor müssen die Algorithmen hinreichend schnell und dementsprechend "simpel" sein, damit der Benutzer seinen Text kontinuierlich eingeben kann; bei einem Batch-Formatierer hat die Rechenzeit zumindest prinzipiell keine Bedeutung, das heißt, der Formatierer kann "beliebig" viel Zeit zur Lösung von Umbruchproblemen aufwenden. (Auf einige weitere Probleme, wie etwa das Auflösen von Vorwärtsreferenzen, die ein mehrmaliges Verarbeiten eines Textes erfordern und innerhalb von *WYSIWYG*-Systemen prinzipiell schlecht behandelbar sind, soll hier nicht weiter eingegangen werden.)

Ein weiterer entscheidender Nachteil des *Xerox Star* und fast aller vergleichbaren Systeme ist der, daß damit erstellte Dokumente praktisch nicht auf andere Rechner übertragen werden können. Die interne Abspeicherung der Dokumente erfolgt bei fast allen Herstellern in einem anderen Format. Darüberhinaus sind die Hersteller in der Regel auch nicht bereit, ihr internes Datenformat offenzulegen, da sie das aus mehr oder weniger verständlichen Gründen als Geschäftsgeheimnis betrachten, das heißt, der Benutzer eines solchen Systems könnte, selbst wenn er wollte, keine Konversionsprogramme zum Datenaustausch schreiben. Häufig dürfte das auch gar nicht durchführbar sein: Wenn eine Graphik etwa als Bitmap abgespeichert ist, ist eine Konversion auf eine andere Bildschirm- oder Druckerauflösung nur selten möglich.

4. Graphikmöglichkeiten bei der Ausgabe-Hardware

Etwa Mitte der siebziger Jahre erschienen die ersten Matrixdrucker auf dem Markt. Der Zeichensatz, der mit diesen Druckern gedruckt werden kann, ist dabei nicht wie bei den üblichen Kettendruckern mechanisch fest vorgegeben, sondern die einzeln Zeichen werden durch einen Druckkopf, der aus einem zweidimensionalen Feld von mechanisch ausfahrbaren Stiften (bei billigen Geräten typischerweise in der Größenordnung von 5×7 oder 7×9, bei teureren auch

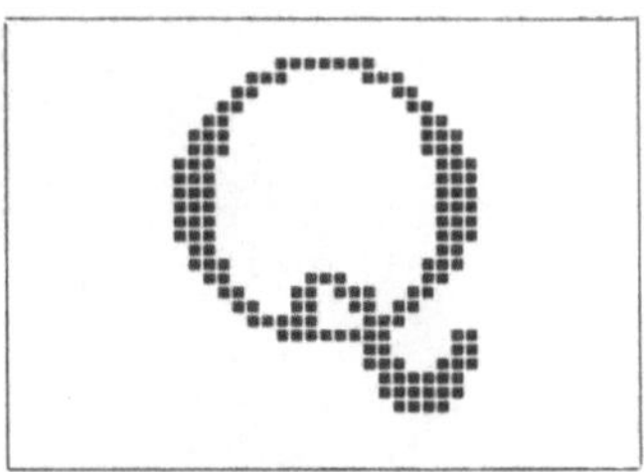

Abbildung 6: Zeichenerzeugung bei Matrixdruckern

deutlich mehr), erzeugt. Je nachdem welche Stifte in dieser "Rastermatrix" ausgefahren werden, entstehen so die unterschiedlichen Druckzeichen (vgl. Abbildung 6).

Üblicherweise werden diese Drucker so angesteuert, daß man zum Drucken eines bestimmten Zeichens dessen ASCII-Code an den Drucker übergibt und der Drucker auf Grund dieses Codes "weiß", welche Stifte er zum Darstellung des Zeichens auf dem Papier ausfahren muß. Es ist unmittelbar einleuchtend, daß man mit dieser Technik nicht nur einen fest vorgegebenen Zeichensatz drucken, sondern mit einer geringfügigen Erweiterung auch "Rastergraphiken" darstelllen kann. Dies geschieht in der Regel so, daß man den Drucker in den "Graphikmode" umschaltet und ihm dann jeweils einzelne Rasterzeilen als Bitmuster übergibt, die ihm mitteilen, welche Rasterpunkte in der jeweiligen Rasterzeile schwarz (Stift ausfahren) oder weiss (Stift einfahren) dargestellt werden sollen (vgl. Abbildung 7).

Allerdings ist die Auflösung dieser mechanischen Matrixdrucker recht grob —sie liegt etwa in der Größenordnung von 4 Pixel pro Millimeter — und läßt sich aus technischen Gründen auch nicht wesentlich erhöhen. Dementsprechend ist die Qualität der damit darstellbaren Graphiken recht niedrig.

Ende der siebziger Jahre kamen nun die ersten Laserdrucker auf den Markt, bei denen das Druckprinzip das gleiche wie bei mechanischen Matrixdruckern ist (jedes Zeichen wird durch eine Pixelmatrix definiert), bei denen aber die Erzeugung dieser Pixelmatrizen nicht mehr durch mechanisch bewegte Stifte sondern durch einen Elektronenstrahl vorgenommen wird, der auf einer lichtempfindlichen Halbleitertrommel das gewünschte Pixelmuster generiert. Falls der Laserstrahl einen bestimmten Punkt auf der Halbleitertrommel "belichtet" hat, nimmt die Trommel an diesem Punkt dann Toner an und überträgt ihn anschließend auf das Papier.

Auch bei diesem Druckprinzip ist es klar, daß man nicht auf einen festen Zeichensatz, also einen festen Satz von Pixelmatrizen, die im Drucker gespeichert sind, angewiesen ist, sondern wie bei den mechanischen Matrixdruckern einen "Graphikmode" den Benutzern zur Verfügung stellen kann, mit dem er dann Rastergraphiken erzeugt. Die Qualität der Graphiken ist dabei auf Grund der technisch möglichen, wesentlichen höheren Auflösung (üblich sind heute etwa 10 bis 15 Pixel pro Millimeter) deutlich besser.

Bei den zuerst verfügbaren Laserdruckern, die das Drucken von Graphiken ermöglichten, mußte dem Drucker vom Rechner dabei eine Graphik in der Tat als Rastermatrix übergeben werden, das heißt die Umsetzung einer Graphik in eine Bitmap mit der Auflösung des Druckers mußte durch mehr oder weniger komplexe Graphikprogramme auf dem Rechner vorgenommen werden. Neben dem dazu erforderlichen Rechenaufwand war hierfür insbesondere auch eine große Datenübertragung zwischen Rechner und Drucker erforderlich. Eine DIN-A4-Seite als Rastermatrix bei einer Auflösung von 10 Pixel pro Millimeter ergibt zum Bespiel eine Datenmenge von circa 6.2 Megabit.

Um einerseits den Host-Rechner von der Umsetzung der zu druckenden Daten in die Bitmap des Druckers zu entlasten und andererseits die zu übertragende Datenmenge zwischen Rechner und Drucker möglichst gering zu halten, ging man deshalb bald dazu über, die Aufbereitung der

Abbildung 7: Graphik mit Matrixdruckern

Seiten in den Drucker zu verlegen. Dazu ist es erforderlich, die Drucker mit genügend Speicher auszustatten, damit in diesem die Druckerseite als Pixelmatrix aufgebaut werden kann. Ausserdem braucht man in den Druckern einen Prozessor, auf dem ein Programm ablaufen kann, das diese Umsetzung vornimmt.

Eine Reihe der auf dem Markt angebotenen Laserdrucker haben bei einer Auflösung von 300 Pixel pro Zoll einen *Motorola 68000* Prozessor eingebaut und dazu 2 Megabyte RAM-Speicher. Die zwei Megabyte werden nicht ganz benötigt, um eine DIN-A4-Seite als Pixelmatrix im Drukker aufbauen zu können. Der verbleibende Platz wird für die im Drucker ablaufende Software sowie als Speicher für vom Host in den Drucker geladene Zeichensätze benutzt. Die Herstellung solcher, mit doch recht umfangreicher Hardware ausgestatteter Drucker zu akzeptablen Preisen wurde insbesondere durch den starken Preisrückgang für RAM-Speicher in den letzten Jahren ermöglicht. Der *LaserWriter* von *Apple* etwa, der seit 1985 in der Bundesrepublik erhältlich ist, kostet unter 30 000 DM.

Diese Hardware-Ausstattung der Drucker — man scheut sich fast etwas, für diese Geräte das Wort "Drucker" zu verwenden, denn ihre Prozessorleistung und ihr Speicherausbau übersteigt das, was vor einigen Jahren bei "Großrechnern" üblich war — ermöglicht es nun, in den Drukkern selbst recht komplexe Software zu installieren. Diesen Weg sind die Druckerhersteller in den vergangenen Jahren in der Tat gegangen: Sie entwickelten eine Reihe sogenannter *Page Description Languages* (zum Beispiel *Impress* von *Imagen*, *Interpress* von *Xerox*, *Quic* von Quality Micro Systems oder *Postscript* von *Adobe*), mit denen das Aussehen einer gedruckten Seite mehr oder weniger abstrakt beschrieben werden kann. Dem Drucker wird Code in dieser *Page Description Language* geschickt, der von entsprechender Software im Drucker verarbeitet und letztendlich in Pixelmuster auf der gedruckten Seite umgesetzt wird. Die meisten dieser Sprachen besitzen übrigens nicht nur Sprachmittel zur Verarbeitung von Text, sondern auch solche zur Beschreibung von Graphik.

Der Autor eines Textes hat in der Regel mit diesen *Page Description Languages* nichts zu tun: Zur Herstellung seines Textes benutzt er die "normale" Textverarbeitungs- bzw. Graphiksoftware auf seinem Rechner, zum Beispiel *Script*, *troff*, *TEX* oder ein *GKS*-System. Die Umsetzung in die Eingabesprache der Drucker wird anschließend von sogenannten Driver-Programmen vorgenommen.

Die jüngste und komfortabelste dieser *Page Description Laguages* dürfte derzeit wohl POSTSCRIPT sein. Im Unterschied zu fast allen anderen dieser Sprachen wird POSTSCRIPT darüberhinaus nicht nur zur Ansteuerung der Drucker eines bestimmten Herstellers eingesetzt, sondern es gibt schon eine Reihe von Firmen, die PostScript-fähige Ausgabehardware anbieten, darunter ist übrigens auch schon ein Hersteller von Lichtsatzanlagen. Da PostScript also eine Art Quasi-Standard im Bereich der *Page Description Languages* werden könnte, soll im nächsten Kapitel etwas genauer darauf eingegangen werden.

4.1 PostScript

PostScript ist von der Firma *Adobe Systems* (Palo Alto, Kalifornien) entwickelt worden. Der erste kommerziell verfügbare Drucker, der mit PostScript arbeitete, war der *LaserWriter* von *Apple*; inzwischen gibt es weitere Drucker, die PostScript-Code verarbeiten können (zum Beispiel *Lasergraphix*-Drucker von *Quality Micro Systems* oder Lichtsatzanlagen *Linitron 101* und *Linotronic 300* von *Mergenthaler*). Die Dokumentation der Sprache ist allgemein zugänglich ([POST85A], [POST85B]).

PostScript kann als volle Programmiersprache aufgefaßt werden: sie verfügt über Datentypen, Prozeduren, Schleifen, Bedingungen, numerische und logische Operationen, Ein-/Ausgabeoperationen und speziell natürlich über sogenannte *imaging operators* zur Beschreibung von Text und Graphik. Insbesondere durch diese unterscheidet sich PostScript von anderen höheren Programmiersprachen. In PostScript geschriebene Programme werden üblicherweise nicht *compiliert*, sondern von entsprechender Software in den Druckern *interpretiert*. Dies erklärt auch die etwas unübliche *Postfix* Notation in PostScript (s. u.). Bekanntlich sind Interpreter für Sprachen mit *Postfix* Notation recht einfach zu schreiben.

Zu den *imaging operators* gehören insbesondere die folgenden: Es gibt Befehle zur Definition von Koordinatensystemen; diese können rotiert, skaliert und verschoben werden. An graphischen Primitiven stehen Geraden, Kreise, Kreisbögen und Splines zur Verfügung. Ferner lassen sich *Clipping*-Operationen an vorher definierten, auch nicht-rechteckigen Gebietsrändern vornehmen. Ebenso lassen sich Flächenfüllung mit unterschiedlichen Mustern durchführen. Sofern es die betreffende Druckerhardware zuläßt, können auch Farben oder Grauwerte benutzt werden.

Neben diesen mehr die Graphik betreffenden Operationen gibt es natürlich auch zahlreiche Funktionen, die das Aussehen des Textes auf der Seite betreffen, insbesondere lassen sich unterschiedliche Fonts benutzen. Texte lassen sich übrigens nicht nur horizontal auf die Seite drucken, sondern in beliebiger Richtung. Dies ist ein Feature, das in vielen Textverarbeitungssystemen nicht zur Verfügung steht.

Für eine ausführliche Beschreibung sei auf die entsprechende PostScript-Dokumentation verwiesen. In Abbildung 8 ist ein Beispiel eines PostScript-Programms angegeben, das die in Abbildung 9 und 10 dargestellten Seiten erzeugt. Im Programmtext ist als Kommentar (dies ist der Text, der in den einzelnen Zeilen jeweils mit "%" eingeleitet wird) angegeben, was die einzelnen Anweisungen bedeuten. Dieses Beispiel wurde uns freundlicherweise von Stephan von Bechtolsheim, Purdue University, zur Verfügung gestellt.

```
                         % Font für Textdrucken laden
/Times-Roman findfont 4 scalefont setfont

                         % Koordinatensystem definieren
/convf 1 25.4 div 72 mul def
initmatrix convf convf scale
60 60 translate

newpath                  % Clippath
   30 30 30 0 360 arc    % 30, 30:    Kreismittelpunkt
                         % 30:     Radius
                         % 0, 360:    Startwinkel, Rotationswinkel
clip                     % Path wird als Clippath verwendet

newpath                  % (1) Kreis
   20 25 15 0 360 arc    % Mittelpunkt, Radius, Start- und Drehwinkel
   1 setlinewidth        % Dicke des Kreises
stroke                   % Kreis zeichnen

newpath                  % (2) Quadrat
    0  0  moveto         % Anfangsposition
   30  0  rlineto        % Relativ, Linie zeichnen:  x: +30, y: +0
    0 30  rlineto
  -30  0  rlineto
   closepath             % An den Anfangspunkt zurückkehren
   2 setlinewidth        % Dicke des Quadrats
stroke                   % Quadrat zeichnen

newpath                  % (3) Rechteck
   20 20  moveto
   40  0  rlineto
    0 30  rlineto
  -40  0  rlineto
   closepath
   0 setgray             % 0:  schwarz, 1:  weiss
fill                     % Inneres des Rechtecks mit angegebener
                         % Farbe füllen

                         % (4) Text:  schwarz auf weissem Grund
5 15 moveto              % Anfangsposition des Texts
       (Etwas Text hier, mit Postscript)
show

                         % (5) Text:  weiss auf schwarzem Grund
30 40 moveto
1 setgray                % neue Farbe:  weiss
       (Invertierter Text)
show

                         % Seite ausdrucken
showpage
```

Abbildung 8: Beispiel eines POSTSCRIPT Programms

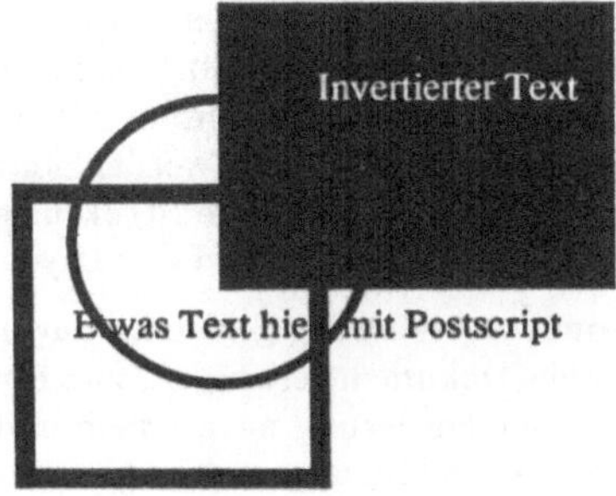

Abbildung 9: Gedruckte Seite des POSTSCRIPT–Beispiels ohne *clipping*

Abbildung 10: Gedruckte Seite des POSTSCRIPT–Beispiels mit *clipping*

5. Austausch von Dokumenten

Durch die immer größere Verbreitung von Rechnernetzen erhebt sich die Forderung nach Austauschbarkeit von Dokumenten. Zur Zeit ist der Austausch nur möglich, wenn Sender und Empfänger im Bürobereich über gleiche Hardware verfügen bzw. im Bereich der Dokumentenverarbeitung auf Universalrechnern die gleichen Formatiersysteme einsetzen. In allen anderen Fällen scheitert der Dokumentenaustausch bzw. die Weiterverarbeitung zur Zeit an inkompatiblen Datenstrukturen. Im Bereich der speziellen Textverarbeitungssyteme sind die intern verwendeten Datenstrukturen nicht bekannt, so daß eine Konvertierung zwischen verschiedenen Systemen nicht durchgeführt werden kann. Bei den auf Universalrechnern eingesetzten Formatiersystemen sind zwar die Datenformate bekannt, aber eine Konvertierung ist oft mit Informationsverlusten verbunden, da die einzelnen Systeme sehr unterschiedliche Funktionalitäten aufweisen.

Um den Austausch von Dokumenten in einem Rechnernetz zu ermöglichen, werden netzeinheitliche Dokumentdatenstrukturen benötigt, die von allen Kommunikationspartnern interpretiert werden können. Es wird sowohl auf nationaler (DIN) als auch auf internationaler Ebene (ISO, ECMA, CCITT) an Standards für den Austausch von Dokumenten gearbeitet.

All diesen Standards bzw. künftigen Standards liegt ein Dokumentenmodell zugrunde, das von zwei verschiedenen Strukturen eines Dokumentes ausgeht: der logischen und der Layout-Struktur.

Innerhalb der logischen Struktur wird mit Begriffen wie Kapitel, Unterkapitel, Überschrift, Paragraph und ähnlichem gearbeitet. Die gewünschte Abbildung eines Dokumentes auf dem Papier oder Bildschirm wird durch die Layout-Struktur bestimmt. Hier wird angegeben, ob zum Beispiel Überschriften mittig oder zentriert ausgegeben werden und ob zu Beginn eines Kapitels eine neue Seite begonnen werden soll. Um die logische Struktur eines Dokumentes abbilden zu können, müssen Relationen zwischen der logischen und der Layout-Struktur definiert werden.

Im Bereich der dezentralen Dokumentenerstellung geht man davon aus, daß Autoren, die an unterschiedlichen Orten gemeinsam ein Dokument erzeugen, nur Einfluß auf die logische Struktur haben dürfen. Das ergibt sich aus der Forderung nach einem einheitliche Erscheinungsbild des gesamten Dokumentes. Tagungsbände sind im allgemeinen ein gutes Beispiel für die Verwendung unterschiedlicher Layout-Strukturen innerhalb eines Dokumentes. Die Autoren von Dokumenten müssen sich allerdings umstellen, wenn sie nur noch angeben dürfen, daß es sich um eine Überschrift handelt, aber nicht, wie sie erscheinen soll.

In den folgenden Abschnitten werden die einzelnen Standards erläutert, die bei ISO, ECMA und CCITT basierend auf dem oben beschriebenen Modell entwickelt werden.

5.1 Office Document Architecture (ODA)

Standards unter dem Title"Office Document Architecture (ODA)" werden sowohl in der ECMA als auch in der ISO bearbeitet. In der ECMA wurde ODA bereits im September 1985 als Standard (ECMA 101) verabschiedet. Die ISO-Version wird in TC97/SC18/WG3 und WG5 noch weiterentwickelt. Sie hat zur Zeit den Status eines Draft Proposals.

Während der ECMA-Standard aus einem Teil besteht, handelt es sich bei der ISO-Version um einen mehrteiligen Standard. Zur Zeit werden die folgenden 9 Teile bearbeitet:

1. General Introduction [ISO8613-1]
2. Office Document Architecture [ISO8613-2]
3. Document Profile [ISO8613-3]
4. Office Document Interchange Format [ISO8613-4]
5. Positioning and Imaging [ISO8613-5]
6. Character Content Architecture [ISO8613-6]
7. Raster Graphics Content Architecture [ISO8613-7]
8. Geometric Graphics Content Architecture [ISO8613-8]
9. Conformance [ISO8613-9]

Das Kernstück dieses mehrteiligen Standards bildet der Teil 2. In diesem Teil wird das oben schon erwähnte Dokumentenmodell definiert. Ein Dokument besteht aufgrund dieses Modells aus bis zu vier Teilen:

— Generische logische Definition

— Generische Layout-Definition

— Spezifische logische Struktur

— Spezifische Layout-Struktur

Abbildung 11 zeigt den Zusammenhang der einzelnen Dokumententeile.

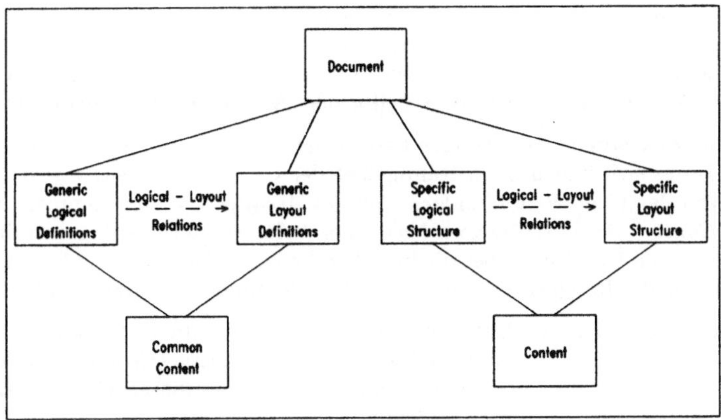

Abbildung 11: Dokumenten-Architekturmodell

Die generische logische Definition legt die hierarchische Struktur eines Dokumentes fest. Es wird sowohl die Art der Objekte als auch ihre Reihenfolge und Häufigkeit definiert. Damit werden die Regeln zur Erzeugung der spezifischen Strukturen eines Dokumentes festgelegt. Dokumente, die identische generische Definitionen aufweisen, bilden sogenannte Dokumentenklassen.

Die Objekte der logischen Struktur sind frei wählbar, während die Objekte der Layout-Struktur im Standard festgelegt sind. Es handelt sich hier um *document, page set, page, frame* und *block*. Attribute ermöglichen eine nähere Beschreibung der Objekte. Sie sind einschließlich der zulässigen Werte im Standard vorgeschrieben. Die Relationen zwischen logischen und Layout-Objekten werden zum Beispiel mit Hilfe von Attributen angegeben.

Wenn anhand der Regeln, die von den generischen Definitionen vorgegeben werden, ein Dokument erzeugt wird, enstehen die spezifischen Strukturen. Die spezifische logische Struktur enthält das Dokument in der sogenannten *processable form*, das heißt das Dokument kann noch weiterverarbeitet und modifiziert werden. Die spezifische Layout-Struktur enthält das formatierte Dokument, die sogenannte *image form*, die sich nur noch für die Darstellung eignet. In der Layout-Struktur wird das Dokument in Form von Blöcken beschrieben, deren Kanten parallel zu den Kanten der Seite verlaufen. Attribute beschreiben die Position und Größe dieser Blöcke.

In Teil 4 des Standards, dem Office Document Interchange Format (ODIF), wird festgelegt wie Dokumente, die dem allgemeinen Archtitekturmodell genügen, ausgetauscht werden können. Es wird sowohl die Reihenfolge der einzelnen Objekte als auch die Kodierung vorgeschrieben. Die Kodierung basiert auf der *Abstract Syntax Notation One (ASN.1)* [ISO8824], [ISO8825]. Bei dieser Kodierung besteht jedes Objekt aus einer Kennzeichnung des Datentyps, der Länge und dem eigentlichen Inhalt des Objektes. Zur Erzeugung dieser Kodierung sind spezielle Editoren notwendig.

Zum Austausch der Dokumente müssen nicht alle vier Teile enthalten sein. Soll ein Dokument zur reinen Darstellung beim Empfänger verschickt werden, muß nur die spezifische Layout-Struktur enthalten sein, während für die Weiterverarbeitung im allgemeinen die generische logische Definition, die generische Layout-Definition und die spezifische logische Struktur benötigt werden. Wurden innerhalb eines Anwendungsumfeldes bereits Absprache über die zu verwendenden generischen Definitionen getroffen, genügt auch der Transfer der spezifischen logischen Strukturen.

Der eigentliche Inhalt der Dokumente wird in den sogenannten *Content Architectures* (Teil 6-8) definiert. In der *Character Content Architecture* werden unter anderem die Zeichensätze festgelegt, die verwendet werden dürfen, sowie ein Satz von Darstellungsattributen, die speziell die Darstellung von Text betreffen (z.B. Schriftgröße, Art des Fonts, Schriftrichtung).

Die *Raster Graphics Content Architecture* beschäftigt sich mit der Kodierung und Darstellung von Faksimile. Da es sich hier um ein Randgebiet der Graphik handelt, wurden einige Darstellungsattribute von der *Geometric Graphics Content Architecture* übernommen. Bevor der erste Entwurf dieser *Content Architecture* vom November 1985 erläutert wird, geben die nächsten Abschnitte zunächst einen Überblick über die bestehenden und künftigen ISO-Standards im Bereich der Graphik, die für die Integration von Graphik in Dokumente relevant sind.

Auf dem Gebiet der Graphischen Datenverarbeitung ist durch die Entwicklung des Graphischen Kernsystems GKS ein internationaler Standard [ISO7942] festgeschrieben worden, der eine einheitliche Verarbeitung zweidimensionaler graphischer Information ermöglicht. Eine 3D-Version von GKS befindet sich noch in der Entwicklung.

Die beim Arbeiten mit GKS erzeugten Bilder können im graphischen Metafile GKSM sowohl archiviert als auch weiterverarbeitet werden. Die Definition des GKSM befindet sich jedoch nur im Anhang des GKS-Dokumentes und ist somit kein offizieller Bestandteil der internationalen Norm.

Der GKSM dient nicht nur als Speichermedium für fertige Bilder sondern auch als Protokolldatei für eine GKS-Sitzung. Ein GKSM kann auch Kontrollfunktionen wie zum Beispiel *Open Workstation* oder *Activate Workstation* enthalten. Bei der Integration von Graphik in Dokumente werden diese Funktionen ebenso wie die Eingabefunktionen nicht benötigt.

Zur Zeit wird an einem weiteren internationalen Standard für die Speicherung zweidimensionaler graphischer Information gearbeitet — dem Computer Graphics Metafile CGM [ISO8632]. Der CGM enthält nur die Ausgabefunktionen. Eingabe- und Segmentfunktionen, sowie alle GKS-Kontrollfunktionen sind nicht im CGM enthalten.

Beim CGM sind drei verschiedene Kodierungen Bestandteil der Norm (Klartext-, Character- und Binärkodierung). Für den GKSM ist bisher nur eine Kodierung vorgesehen, die man auch als Klartextkodierung bezeichnen kann. Sie entspricht jedoch nicht der des CGM.

Die Tatsache, daß der GKSM nicht Bestandteil der Norm ist und daß er nicht benötigte Funktionen enthält, hat dazu geführt, daß die ersten Vorschläge zur Integration von Graphik in die Standards des Dokumentenbereiches auf CGM basieren. Seit kurzer Zeit gibt es jedoch Bestrebungen den GKSM bzw. die darin enthaltene Funktionalität doch noch zu einer Norm zu machen. Dieser Metafile soll dann auch die von weiteren graphischen Standards (z.B. GKS-3D, PHIGS) benötigten Funktionen umfassen. Der Arbeitstitel ist zunächst *General Graphics Metafile GGM.* CGM wird eine Untermenge von CGM sein, so daß die zur Zeit auf CGM basierenden Vorschläge jederzeit mit Hilfe verschiedener Conformance Level um GGM-Funktionen erweitert werden können.

Der erste Entwurf einer *Geometric Graphics Content Architecture (GGCA)* enthält zunächst nur eine *image form.* Die GGCA basiert auf dem *Computer Graphics Metafile (CGM).* Die im CGM verwendeten Koordinaten (Virtual Device Coordinates VDC) wurden hier bereits umgerechnet in die sogenannten *Basic Measurement Units BMU.* In dieser Einheit werden in ODA alle Positionen und Dimensionen angegeben. Die Koordinaten werden immer als ganze Zahlen abgespeichert. Für die *image form* sind zunächst keine Darstellungsattribute vorgesehen, da Ausschnitte und Orientierung bereits bei der Erzeugung der *image form* und der Umwandlung der Koordinaten berücksichtigt werden. In dieser Form werden nicht mehr alle Funtionen des CGM benötigt.

Da sie am kompaktesten ist, wird in der *image form* wird nur die sogenannte Character-Kodierung verwendet. Bei der Definition der sogenannten *processable form* wird auch die Klartextkodierung zugelassen werden. In dieser Form wird ein CGM enthalten sein, wie er durch die Benutzer direkt erzeugt wurde. Das heißt die Koordinaten liegen in dem vom Benutzer gewählten Bereich und es können alle CGM-Funktionen auftreten. Darstellungsattribute werden die Wahl von Ausschnitten ermöglichen. Außerdem kann die Orientierung und Skalierung eines Bildes innerhalb des Dokumentes geändert werden.

5.2 Standard Generalized Markup Language (SGML)

SGML wird in der ISO in der TC97/SC18/WG8 bearbeitet. Es wurde ursprünglich als Teil eines mehrteiligen Standards entwickelt, der sich mit sehr unterschiedlichen Bereichen der Dokumentenverarbeitung befaßte (z.B. spezielle Programmiersprache für die Textverarbeitung, Editor. Formatierer). Da die Entwicklung der anderen Teile dieses Standards keine Fortschritte zeigte, wurde SGML jetzt aus dem mehrteiligen Standard ausgegliedert und wird separat weiterentwikkelt. Es ist zu erwarten, daß SGML Anfang 1987 den Status eines internationalen Standards erreichen wird.

SGML stellt eine formale Syntax zur Definition von generischen Definitionen zur Verfügung. Diese Definitionen werden im SGML-Sprachgebrauch als *Document Type Definitions* bezeichnet. In diesen Definitionen wird festgelegt, welche Elemente (Objekte in ODA) und welche Attribute in einem Dokument auftreten können. Gleichzeitig wird die Reihenfolge der Elemente und ihre erlaubte Häufigkeit festgelegt. Es können Relationen zwischen verschiedenen *Document Type Definitions* bestehen (z.B. die Relationen zwischen logischen und Layout-Elementen). Man hat also in SGML dasselbe hierarchische Dokumentenmodell zur Verfügung wie in ODA, das Modell ist jedoch nicht Bestandteil des Standards.

Das ursprüngliche Konzept von SGML sah nur logische Definitionen vor. Alle Layout-Angaben sollten zugunsten der dezentralen Dokumentenverarbeitung außerhalb des Dokumentes in den Formatierprozeduren festgelegt werden. Zur Erzeugung unterschiedlicher Layouts sollten unterschiedliche Prozeduren verwendet werden. Die Möglichkeit mehrere Strukturen und die zugehörigen Relationen innerhalb eines Dokumentes anzugeben wurde erst aufgrund von Harmonisierungsbestrebungen zwischen SGML und ODA/ODIF geschaffen.

Mit der generischen logischen Definition einer Dokumentenklasse wird gleichzeitig eine Markup-Sprache festgelegt, die vom Benutzer zur Erzeugung spezifische logischer Strukturen verwendet wird. Die Elemente dieser Markup-Sprache werden wie die Kommandos von Formatiersystemen (siehe Kapitel 2) in den Text des Dokumentes eingestreut. Die Semantik des Markup wird durch die verarbeitenden Prozeduren festgelegt. Sie ist nicht Bestandteil der generischen Definition.

Während in ODA Attribute und ihre Wertebereiche Bestandteil der Norm sind, können in SGML alle gewünschten Attribute frei definiert werden. Das hat zur Folge, daß vor dem Austausch von SGML-Dokumenten zwischen den Kommunikationspartnern Absprachen getroffen werden müssen, die die Semantik von Elementen und Attributen, sowie deren Wertebereich festlegen. Um diese Absprachen zu erleichtern bzw. völlig unnötig zu machen, soll ein weiterer Standard unter dem Titel "Registration of Markup Constructs" entwickelt werden. Hier sollen die am häufigsten benötigten Elemente mit ihren Attributen sowie ganze Dokumentenklassen registriert werden.

Während in ODA/ODIF die möglichen Dokumenteninhalte in den *Content Architectures* festgelegt sind, sind in SGML die Dokumenteninhalte nicht Bestandteil der Norm. Dadurch hat der Benutzer mehr Freiraum und kann heute schon Dokumententeile realisieren, die in ODA bisher noch nicht vorgesehen sind (z.B. Formeln und Tabellen). Aber auch hier müssen zwecks Austausch wieder spezielle Absprachen getroffen werden, die bei der Verwendung von ODIF nicht notwendig sind.

SGML kennt nur zwei Datentypen für den Dokumenteninhalt: *Character Data (CDATA)* für die reinen Textteile und *Non-SGML Data (NDATA)* für den Rest. Mit NDATA können Faksimile, Tabellendaten, Graphiken und vieles mehr kodiert werden. Der Empfänger muß jedoch die Art der verwendeten Kodierung kennen. Um den Austausch von SGML-Dokumenten ohne weitere

Absprachen zu ermöglichen, wird ein weiterer Standard unter dem Titel "SGML Interchange Format" entwickelt werden.

Graphik kann in SGML auf mehrere Arten integriert werden:

Bei Verwendung einer Klartextkodierung kann ein Metafile direkt im Dokument enthalten sein. Die Verarbeitungsprozedur für das entsprechende Element muß nur "wissen", daß es sich nicht um Text sondern um graphische Informationen handelt. Abbildung 12 zeigt hierzu ein Beispiel basierend auf der Klartextkodierung des CGM.

Ein Metafile mit anderen Kodierungen (z.B. CGM in Character-Kodierung) kann über eine Referenz in das Dokument integriert werden.

Ein SGML-Element vom Typ NDATA könnte anstelle der graphischen Informationen in Form eines Metafiles auch Daten zur Erzeugung von Graphiken enthalten.

```
<graphic sizex="40" sizey="60" frame>
<cgm>
BEGMF "NIKOLAUS";
VERSION 1;
ELEMLIST "DRAWINGPLUS";
VDCTYPE REAL;
BEGPIC OFF,1,"BILD 1";
BEGPICBODY;
LINE (0.7000000E+00,0.0000000E+00),
(0.3000000E+00,0.0000000E+00),
(0.7000000E+00,0.5000000E+00),
(0.3000000E+00,0.5000000E+00),
(0.7000000E+00,0.0000000E+00),
(0.7000000E+00,0.5000000E+00),
(0.5000000E+00,0.9000000E+00),
(0.3000000E+00,0.5000000E+00),
(0.3000000E+00,0.0000000E+00);
ENDPIC;
ENDMF;
</cgm>
```

Abbildung 12: CGM in Klartextkodierung innerhalb eines SGML-Dokumentes

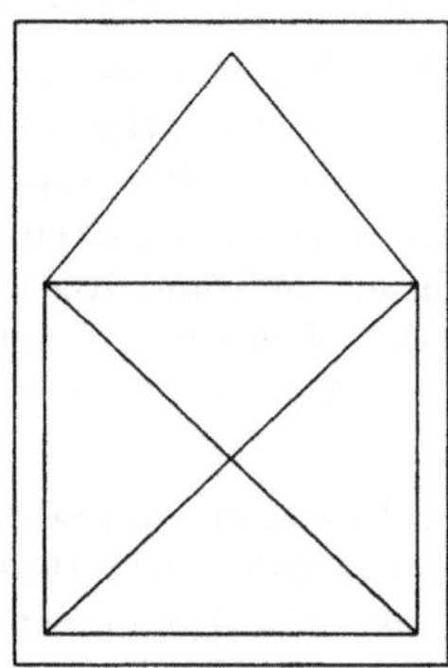

Abbildung 13: Durch den CGM in Abbildung 12 erzeugte Graphik

Es gibt Bestrebungen, ein Element *graphics* zu registrieren, das dieselben Attribute enthält wie die *Geometric Graphics Content Architecture* für ODA. Die Attribute werden es zum Beispiel erlauben, Ausschnitte aus Bildern zu definieren, sowie diese zu skalieren und die Orientierung von Bildern zu variieren.

5.3 Standards der CCITT

In der CCITT gibt es zahlreiche Standards, die sich mit dem Austausch von Dokumenten im weitesten Sinne befassen. Für den Teletex-Bereich sind hier zum Beispiel T.60, T.61 und T.62 [T.62] zu nennen. Da keinerlei Graphikfähigkeiten enthalten sind, wird hier nicht näher auf diese Standards eingegangen.

Das "Document Interchange Protocol for the Telematic Services" T.73 [T.73] legt ein Austauschformat für mixed-mode-Dokumente fest. Mixed-mode bedeutet in diesem Fall, daß ein Dokument Teletex- und Faksimile-Informationen gemischt auf einer Seite enthalten kann. In T.73 kodierte Dokumente eignen sich jedoch nur noch zur Darstellung. Der Empfänger ist nicht in der Lage, Änderungen am Dokument vorzunehmen.

In der Reihe von Empfehlungen für den Message Handling Bereich wurde unter dem Titel X.420 "Message Handling Systems: Interpersonal Messaging User Agent Layer" [X.420] neben einem Message-Austauschformat auch ein einfaches Austauschformat für Dokumente in weiterverarbeitbarer Form festgelegt: "Simple Formattable Documents" (SFD).

Bisher gibt es in sämtlichen Empfehlungen der CCITT keine Möglichkeit Graphik in Dokumente zu integrieren, abgesehen von Faksimile in T.73. In der jetzigen Studienperiode (1984-1988) sollen sowohl T.73 als auch X.420 weiterentwickelt werden. Durch Doppelmitgliedschaften einiger Mitarbeiter in ISO, ECMA und CCITT wurden T.73 und SFD von früheren ODIF-Versionen beeinflußt. Eine weitere Orientierung an ODA/ODIF, und hier speziell an der Geometric Graphics Content Architecture, wäre wünschenswert.

6. Ausblick

In diesem Artikel konnten bei weitem nicht alle Aktivitäten im Bereich der Integration von Graphik in Dokumente erwähnt werden. Es gibt unzählige systemabhängige Lösungen, von denen in diesem Tagungsband noch einige vorgestellt werden.

Neben diesen meist nur lokal anwendbaren Systemen gibt es einige Pilotprojekte, die einen Austausch von Dokumenten auf der Basis der oben beschriebene Standards realisieren. In diesem Zusammenhang ist das Deutsche Forschnungsnetz DFN zu erwähnen, in dessen Rahmen ein Dokumentendienst auf der Basis von SGML zur Verfügung gestellt wird [DFN]. Wegen der benötigten Absprachen zwischen Sender und Empfänger eines Dokumentes ist der Austausch mit diesem Dienst zunächst auf den Anwenderkreis des DFN beschränkt. Es wird wohl noch einige Jahre dauern, bis der Austausch von Dokumenten einschließlich Graphiken in offenen Rechnernetzen zwischen beliebigen Kommunikationspartnern mit der benötigten Funktionalität möglich sein wird.

Literatur

ACM82 : "*Special Issue on Editing and Formatting Systems*"; ACM Computing Surveys, Vol. 14, No. 3, 1982.

DFN SCHELLER, A.; SMITH, C.: "*Verarbeitung von Dokumenten in offenen Rechnernetzen*"; Benutzeranleitung V02, September 1985.

DUCE DUCE, D. A.; GIBSON, D. R.: "*GKS Graphics and Text Processing*"; Computer Graphics Forum, Volume 4 No. 3, September 1985.

HORN HORN, K.: "*Integration von Graphik in TEX*"; Tagungsband "Graphik in Dokumenten", Springer Verlag, Heidelberg, 1986.

IBMA —: "*Document Composition Facility: Users Guide*"; SH20-9161-3.

IBMB : "*Document Composition Facility: Generalized Markup Language*"; SH20-9187-2.

IBMC —: "*SCRIPT Mathematical Formula Formatter*"; SH20-6453-0.

ISO7942 ISO 7942: "*Graphical Kernel System*"; Functional Description, Juli 1985. Description, Dezember 19

ISO8613-1 ISO DP8613 PART 1: "*General Introduction*"; März 1985.

ISO8613-2 ISO DP8613 PART 2: "*Office Document Architecture*"; Juli 1985.

ISO8613-3 ISO DP8613 PART 3: "*Document Profile*"; März 1985.

ISO8613-4 ISO DP8613 PART 4: "*Office Document Interchange Format*"; April 1985.

ISO8613-5 ISO DP8613 PART 5: "*Positioning and Imaging*"; August 1985.

ISO8613-6 ISO DP8613 PART 6: "*Character Content Architecture*"; August 1985.

ISO8613-7 ISO/TC97/SC18/WG5 N381: "*Raster Graphics Content Architecture*"; November 1985.

ISO8613-8 ISO/TC97/SC18/WG5 N378: "*Geometric Graphics Content Architecture*"; November 1985.

ISO8613-9 : "*Conformance Levels*"; .

ISO8632 ISO/DIS 8632: "*Metafile for Storage and Transfer of Picture Description Information*"; Dezember 1985.

ISO8824 ISO DP8824: "*Specification of Abstract Syntax Notation One (ASN.1)*"; April 1985.

ISO8825 ISO DP8825: "*Specification of Basix Encoding Rules for Abstract Syntax Notation One (ASN.1)*"; April 1985.

ISO8879 ISO/DIS 8879: "*Standard Generalized Markup Language (SGML)*"; September 1985.

T62 CCITT/SGVIII: "*T.62 - Control Procedures for Teletex and Group 4 Facsimile Services*"; Juni 1983.

T73 CCITT/SGVIII: "*T.73 - Document Interchange Protocol for the Telematic Services*"; Oktober 1983.

X420 CCITT/SGVII: "*X.420 - Message Handling Systems: Interpersonal Messaging User Agent Layer*"; .

PRESTER PRESTER, F.-J.: "*Integration von Graphik in Wordstar*"; Tagungsband "Graphik in Dokumenten", Springer Verlag, Heidelberg, 1986.

KNU81 KNUTH, D. E.; PLASS, M. F.: "*Breaking Paragraphs into Lines*"; Software Practice and Experience,Vol. 11, 1981.

KNU84 KNUTH, D. E.: "*The TEXbook*"; Addison-Wesley Publ., 1984.

LATEX LAMPORT, L.: "*LATEXA Document Preparation System*"; Addison-Wesley Publ., 1986.

POST85A —: "*PostScript Language Reference Manual*"; Addison-Wesley, Reading, Mass., 1985.

POST85B —: "*PostScript Language Tutorial and Cookbook*"; Addison-Wesley, Reading, Mass., 1985.

ARCHITEKTUR EINES DOKUMENTEN-EDITORS IN EINER OBJEKTORIENTIERTEN BENUTZERUMGEBUNG

Anton Seigis
Siemens A.G.
Otto-Hahn-Ring 6
8000 München 83

0. Einleitung

Der Dialog zwischen Mensch und Maschine wird im erheblichen Maße über Editoren abgewickelt. Editoren gestatten es Dokumente zu erzeugen und zu manipulieren.
Der Bereich, in dem Editoren zur Dokumentenerstellung künftig einsetzbar sein sollen, ist weit gespannt: Angefangen von allgemeinen Bürodokumenten (Briefe, Formulare,...) über Dokumente die im Verlagswesen üblich sind (Manuskripte für Bücher, Zeitschriften,...) und Dokumente des EDV-Bereichs (System- und Programm-Entwürfe, Programmtexte,...) bis in den CAD/CAM Bereich hinein.
Standard-Editore für Texte waren (und sind) an die streng diskrete Zeilen/Spalten-Struktur von alpha-numerischen Symbolterminals gebunden. Diese Struktur konnte erst mit der Einführung und Verbreitung von hochauflösenden Rasterbildschirmen und Zeigehilfen (pointing-devices) auf modernen Arbeitsplatzrechnern aufgebrochen werden, wodurch die Erzeugung und Manipulation von typographisch hochwertigen Texten und Graphiken hoher Auflösung auf einem Bildschirm erst möglich wurde.
Ein idealer Dokumenten-Editor sollte, die Features moderner Arbeitsplatzrechner ausnutzend, einen möglichst großen Teil des oben skizzierten Bereichs abdecken.

Dieser Aufsatz soll über Erfahrungen berichten, die bei der Implementierung und beim Einsatz eines Dokumenteneditor-Prototypen für Texte und Graphiken gesammelt wurden. Bevor auf die Komponenten des Dokumenten-Editors eingegangen wird, soll zunächst der Begriff des Dokuments etwas klarer abgegrenzt werden.

1. Dokument

Ein Dokument besteht im allgemein aus einer Menge von Teildokumenten unterschiedlichster Datentypen. Im Gegensatz zum Standard-Editor der nur den Datentyp TEXT kennt, müssen nun weitere Datentypen wie GRAPHIK, VOICE, FAKSIMILE, PROGRAMM,... in Betracht gezogen werden. Diese Datentypen werden außerdem noch mit Attributen versehen (z.B. im Datentyp GRAPHIK graphische Attribute wie Linientyp, Liniendicke, Linienfarbe, Schattierung, Schraffur, ... oder im Datentyp TEXT typographische Attribute wie Font, Schrifthöhe, Ausrichtung, Fett-, Kursivdruck,...).

Die interne Darstellung (= Inhalt eines Dokuments) muß für den Dokumenten-Editor interpretierbar sein (Attributauswertung) und er muß sie dem Anwender in dieser interpretierten Form darbieten (auf Papier wie auf dem Bildschirm). Das aktuelle Stichwort hierzu ist "*What you see is what you get*". Diese "WYSIWYG"-Anforderung verlangt von einem Dokumenten-Editor, daß nach jedem Editierschritt das Dokument (oder zumindest der gerade sichtbare Teil) am Bildschirm so erscheint, wie es später ausgedruckt wird.
Sollen die Attribute der Datentypen in bestehenden Dokumenten verändert werden, so heißt dies, daß die Interpretation seiner Datentypen verändert wird: Die Interpretation der Datentypen muß editierbar sein.
Der Dokumenten-Editor besteht aus einer Reihe von Tools, von denen im folgenden die wesentlichen skizziert werden sollen.

2. Layout-Tool

Ein Dokument besteht im allgemeinen aus einer Menge von Teildokumenten unterschiedlicher Datentypen, die logisch und layoutspezifisch voneinander abgegrenzt sind. Logische Abgrenzungen sind z.B. Kapitel, Paragraphen, Absätze, etc. Layoutspezifische Abgrenzungen sind z.B. Aufteilung des Dokuments auf physikalische Seiten, Aufteilung einer Seite in Spalten, Kopf und Fußzeilen, etc.
Es ist offensichtlich, daß die Verwaltung solcher Teildokumente keine leichte Aufgabe ist. Insbesondere für den Benutzer müssen Vorkehrungen getroffen werden, damit er in einer klaren und transparenten Weise mit Teildokumenten arbeiten kann. Er muß für die Aufgabe der räumlichen Einbettung der einzelnen Teildokumente in ihre Umgebung ein möglichst einfaches aber dennoch leistungsvolles Werkzeug anwenden können. Dieses Werkzeug ist duch das Layout-Tool gegeben.

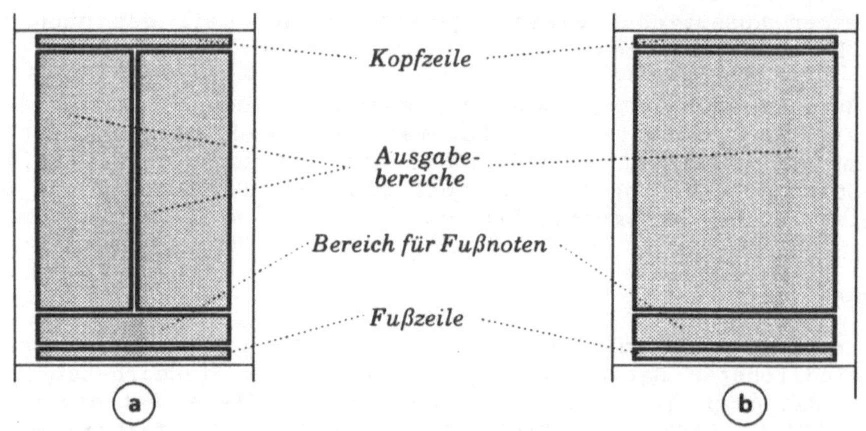

Layout für eine Dokumentenseite mit Ausgabebereiche für das Dokument incl. Kopf-, Fußzeile und Fußnoten.
a) Dok. mit zweispaltigem Ausgabebereich für den Dok.-Inhalt
b) Dok. mit einspaltigem Ausgabebereich für den Dok.-Inhalt

Bild 2.1

Abhängig von der Geometrie des Ausgabemediums (Papierformat, Windowgröße), bettet das Layout-Tool Teildokumente in die Ausgabeflächen des Dokuments ein. Dies bedeutet für den Dokumenten-Editor, daß gewisse "*Ausgabebereiche*" zu verwalten sind, die Texte und/oder Graphiken aufnehmen (vgl. Bild 2.1). Diese Ausgabebereiche bestimmen das Layout eines Dokuments.
Hinsichtlich der flexiblen Arbeitsweise im Dokumentenaufbau wird das Layout-Tool der zentrale Aspekt des Dokumenten-Editors sein.
Im Prototypen können fest definierte Dokumenten-Layoute menuegesteuert ausgewählt werden. Komfortabler, aber wesentlich schwieriger zu realisieren, wäre ein separater Layout-Editor innerhalb des Dokumenten-Editors. Dieser würde es ermöglichen das Layout individuell zu gestalten [Krönert 1985].
Eine Besonderheit stellen Ausgabebereiche dar, die nicht direkt während der Editierphase mit Daten gefüllt werden können (wie etwa die Ausgabebereiche für Kopf-, Fußzeile oder Fußnoten). Diese Ausgabebereiche werden entweder programmgesteuert mit Daten gefüllt (wie eine Seitennummerierung in der Fußzeile oder Fußnoten, die über Referenzen eingetragen werden) oder aber es wird durch spezielle Kommandos bestimmt, welche Daten aufzunehmen sind (z.B. eine auf vielen Seiten immer wiederkehrende Kopfzeile, die etwa den Namen des Dokuments und des momentan aufgeschlagenen Kapitels trägt). Dieses Vorgehen erspart dem Anwender viele monotone Arbeiten (wie das Nummerieren von Seiten) und trägt viel zu fehlerfreien Dokumenten bei.

3. Formatierungs-Tool

Während die Verwaltung der Geometrie der Ausgabebereiche und ihre Anordnung auf dem Ausgabemedium Aufgabe des Layout-Tools ist, wird ihr Inhalt durch das Formatierungs-Tool verwaltet.
Ausgabebereiche sind als Behälter für Daten eines definierten Datentyps ausgezeichnet. Sie nehmen also Texte oder Graphiken auf. Sollen sie nun zusätzlich Daten eines anderen Datentyps aufnehmen, so ist hierfür ein sogenannter Rahmen aufzuspannen (vgl. dazu Bild 3.1b: im Ausgabebereich für Text ist ein Rahmen für eine Graphik aufgespannt). Gleiches gilt auch für Rahmen: Sollen in einem Rahmen Daten eines fremden Datentyps untergebracht werden, so ist hierfür ein neuer Rahmen aufzuspannen (vgl. dazu Bild 3.1a: im rechten Ausgabebereich für Texte, d.h. in der rechten Spalte, ist ein Graphik-Rahmen aufgespannt und in diesem wieder ein Text-Rahmen für einen zweizeiligen Text).
Rahmen können während der Editierphase zu jeder Zeit generiert, innerhalb ihres Ausgabebereichs oder ihres umfassenden Rahmens verschoben und in ihrer Größe verändert werden. Sie sind also, im Gegensatz zu den Ausgabebereichen, während der Editierphase dynamisch veränderbar. Ferner sind Rahmen nicht wie Ausgabebereiche an die Geometrie des Ausgabemediums gebunden.

Die Anordnung von Text-Rahmen in Graphiken bereitet keine Schwierigkeiten: Durch eine Positionsangabe (z.B. für die linke untere Ecke des Text-Rahmens) wird der Ort und durch eine zweite Positionsangabe (z.B. rechte obere Ecke des Text-Rahmens) die Ausdehnung des Text-

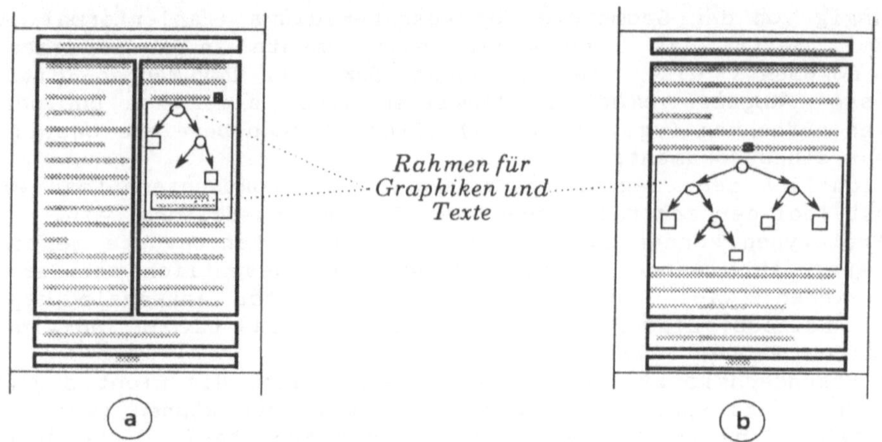

Editierte u. formatierte Dokumenten-Seiten mit Ausgabebereiche für Kopf-, Fußzeile, Fußnoten sowie Rahmen für Graphiken und Texte mit Anzeige der Rahmen- und Ausgabebereichs-Grenzen

Bild 3.1

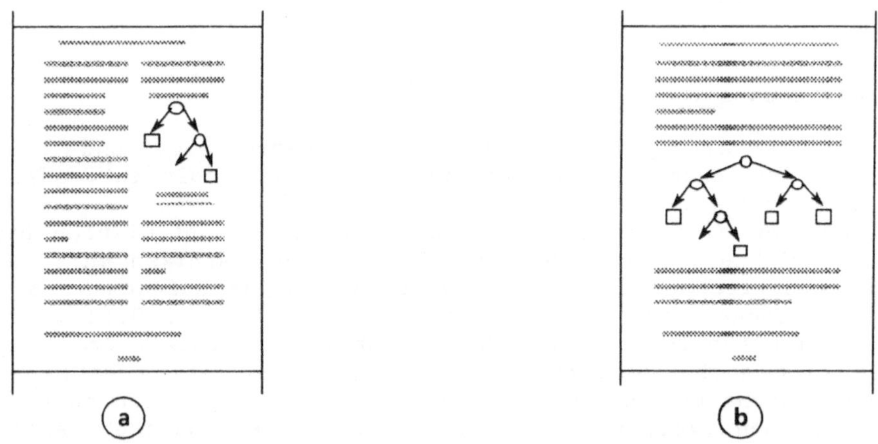

Editierte u. formatierte Dokumenten-Seiten mit Ausgabebereiche für Kopf-, Fußzeile, Fußnoten sowie Rahmen für Graphiken und Texte ohne Anzeige der Rahmen- und Ausgabebereichs-Grenzen, d. h. in der Form wie das Dokument am Bildschirm erscheint und ausgedruckt wird

Bild 3.2

Rahmens bestimmt. Es muß nur noch überprüft werden, ob der Text-Rahmen vollständig im Graphik-Rahmen bzw. im Graphik-Ausgabebereich liegt und gegebenfalls eine Korrektur vorgenommen werden. Damit ist

die Lage des Textes in der Graphik geometrisch fixiert (vgl. Bild 3.1a).
Anders verhält es sich bei einer Graphik, die innerhalb eines Textes Platz finden soll. In einem Dokument ist eine Graphik nicht ortsgebunden, sondern kontextgebunden. D.h. eine Graphik soll an einer bestimmten Stelle des Textes erscheinen (oder zumindest in deren "Umgebung"). Diese Stelle markiert man i.a. durch ein ausgezeichnetes Zeichen, das später bei der Ausgabe des Dokuments auf Papier nicht erscheint (etwa durch einen Anker (†)). Der Grund für dieses Vorgehen liegt in den "Fließeigenschaften" des Textes. Wird nämlich im Dokument an einer beliebigen Stelle ein neuer Text eingefügt, dann verschiebt sich (fließt) der nachfolgende Text über alle nachfolgenden Seiten in Richtung Dokumentenende. Da Graphiken an ihrem Textkontext und nicht geometrisch an einen Ort gebunden sind, können sie "mitfließen". Es kann dabei allerdings vorkommen, daß eine Graphik mehr Platz beansprucht, als auf einer Dokumentenseite hinter ihrem Anker noch zur Verfügung steht. In diesem Fall ist es nicht zu vermeiden, sie aus ihrem Kontext heraus, auf die nächste Seite des Dokuments zu verlagern (oft zum Ärger des Anwenders).
Neben der Einbettung von Texten und Graphiken in Ausgabebereiche und/oder Rahmen, führt das Formatierungs-Tool Zeilen-, Spalten- und Seitenumbrüche durch und löst Referenzen u. Verweise auf (z.B. zur Generierung von Fußnoten, Inhaltsverzeichnis, Register,...).
Von diesen Aktivitäten können Seitenumbrüche nicht mehr interaktiv während der Editierphase durchgeführt werden. Sie erfordern i.a. eine hohe Rechnerleistung und müssen deswegen in einem gesonderten Formatierungslauf auf Benutzeranforderung hin vorgenommen werden. Dabei liegt es nahe, nicht immer das gesamte Dokument erneut in Seiten einzuteilen, falls es schon einmal formatiert aber anschließend wieder verändert wurde. Es muß nur dort formatiert werden, wo es notwendig ist; also beginnend bei der Seite, in der neue Daten eingefügt oder gelöscht wurden. Ist dies die letzte Seite, so sind max. zwei Seiten neu zu formatieren. Dagegen kann schon die Einfügung eines einzigen Buchstabens in die ersten Seite eine Formatierung des gesamten Dokumentes nach sich ziehen. Da dies bei langen Dokumenten wegen der dazu notwendigen hohen Rechnerleistung sehr viel Zeit in Anspruch nehmen kann, sollte soweit möglich während der Editierphase der sichtbare Teil des Dokuments samt seiner "Umgebung" direkt und der Rest (d.h. die nicht sichtbaren Dokumententeile) im "Hintergrund" formatiert werden. Damit kann die vom Editprozeß nicht benötigte Rechenzeit voll vom Formatier-Tool genutzt werden (inkrementelles Formatieren [Krönert 1985]). Diese Maßnahmen genügen auch der WYSIWYG-Anforderung (vgl. Kap. 1), weil das Dokument stets druckfertig formatiert auf dem Bildschirm erscheint.

4. Programminterne Datenverwaltung

Programmintern muß das Dokument verschlüsselt in einem Datenpool abgelegt und verwaltet werden. Hier sind insbesondere die logische Struktur, die Layoutstruktur, Relationen innerhalb und zwischen den Strukturen und natürlich der Dokumenteninhalt selbst abgelegt. Die Norm ECMA 101 ODA (= Office Dokument Architecture) [ODA 1985] be-

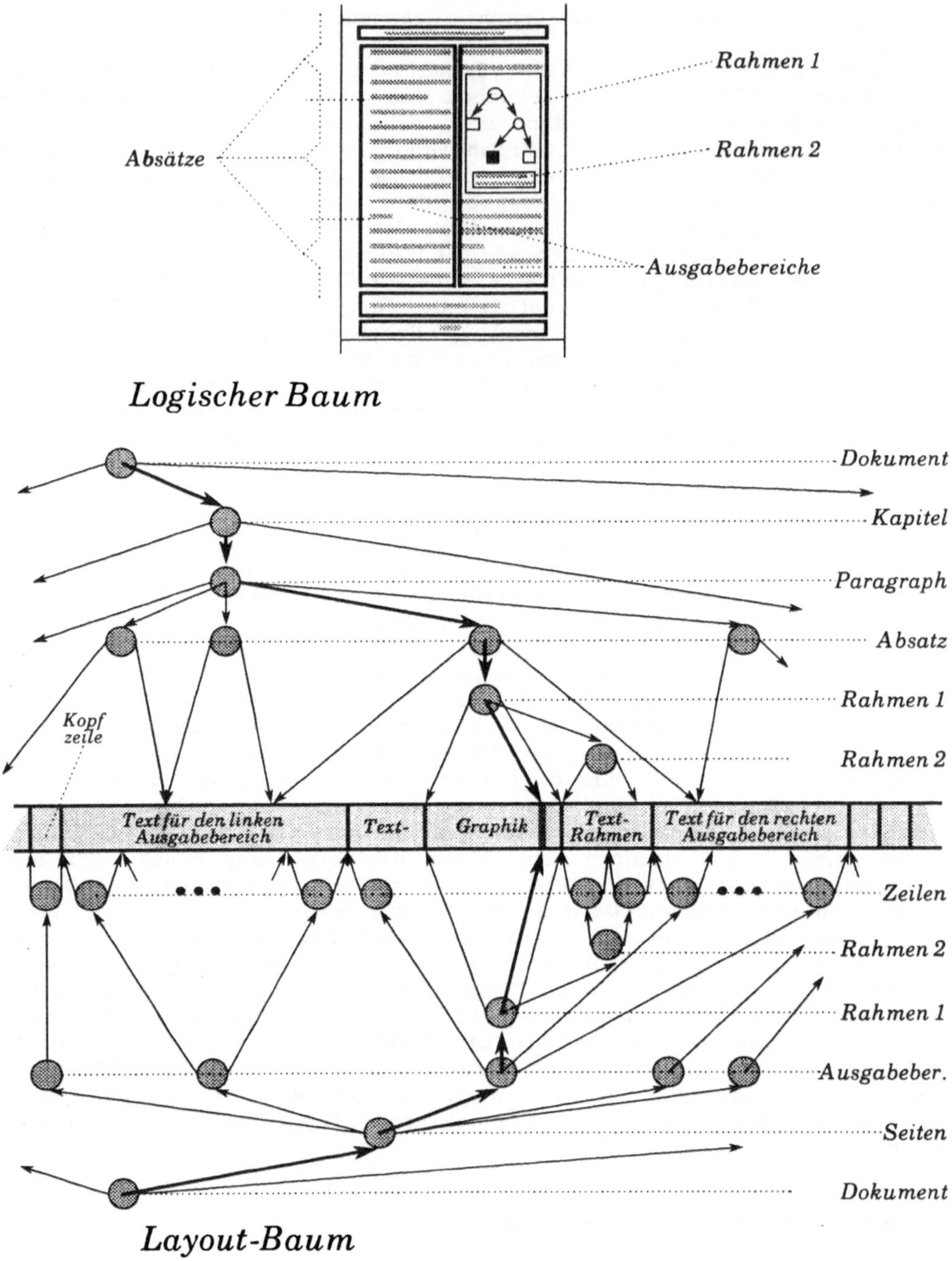

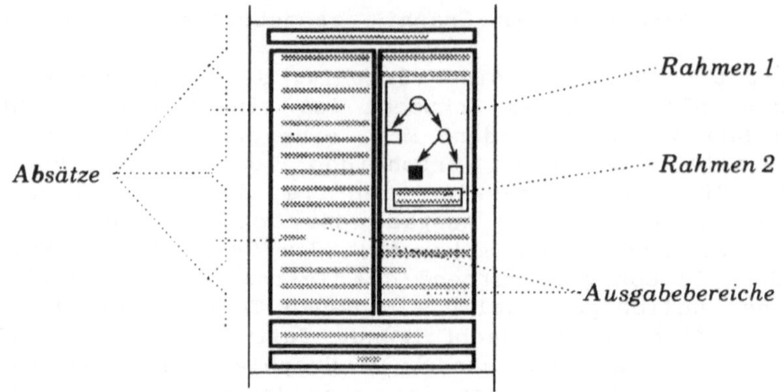

Rahmen 1
Absätze
Rahmen 2
Ausgabebereiche
Logischer Baum
Dokument
Kapitel
Paragraph
Absatz
Rahmen 1
Rahmen 2
Kopf zeile
Text für den linken Ausgabebereich
Text-
Graphik
Text-Rahmen
Text für den rechten Ausgabebereich
Zeilen
Rahmen 2
Rahmen 1
Ausgabeber.
Seiten
Dokument
Layout-Baum

Ausschnitt einer Dokumentenseite aus der internen Datenstruktur eines Dokuments.

Für das selektierte graphische Objekt im Graphik-Rahmen (schwarzes Quadrat) ist der Selektionspfad im Doppel-Baum durch dicke Pfeile markiert.

Bild 4.1

schreibt hierzu ein Dokumenten-Architektur-Modell, das in geeigneter Form zu realisieren ist.
Logische- und Layout-Struktur sind hier in einem Doppelbaum realisiert, dessen gemeinsame Blätter den Dokumenteninhalt bilden (Bild 4.1 mag einen Eindruck von der Komplexität einer solchen Datenstruktur vermitteln). Die Kodierung des Dokumenteninhalts wird unter Berücksichtigung der Normen [VDM 1985] und [TEXT 1979] vorgenommen.
Für größere Dokumente, die nicht komplett im Hauptspeicher Platz finden, muß ein geeignetes Verfahren gefunden werden, zeitlich nicht benötigte Dokumententeile auf einem Sekundärspeicher auszulagern (paging). Dieses Verfahren muß natürlich auf die Struktur des nach ODA strukturierten Dokuments abgestimmt werden. Für die Aufnahme in den Hauptspeicher bieten sich dazu immer solche Dokumententeile an, die nach Möglichkeit im logischen Baum, wie im Layoutbaum von jeweils einem Knoten erreicht werden können. Auf diese Weise findet man im Hauptspeicher stets einen (nahezu) vollständigen Unter-Doppelbaum.

5. Display-Tool und Sub-Editore

Layout- und Formatierungs-Tool manipulieren nur die interne Repräsentation des Dokuments. Für die Ausgabe des jeweils "sichtbaren" Teils eines Dokuments (z.B. eine Seite) auf dem Bildschirm ist das Display-Tool zuständig. Sub-Editore ermöglichen es, Teildokumente eines bestimmten Datentyps zu editieren.
Es wurde gezeigt, daß Teildokumente eines Datentyps in feste Ausgabebereiche und/oder variable Rahmen untergebracht werden. Das Display-Tool verwaltet diese Ausgabebereiche und Rahmen auf dem Bildschirm, was insbesondere bei Überlappungen keine leichte Aufgabe ist. Es liest Teildokumente aus der internen Datenverwaltung, interpretiert sie und gibt sie in die entsprechenden Ausgabebereiche bzw. Rahmen aus. Ausgabebereiche und Rahmen sind intern als virtuelle Terminals organisiert. Dabei handelt es sich entweder um ein graphisches Terminal, das eine graphische Schnittstelle, wie in [VDI 1984] beschrieben, besitzt oder um ein alpha-numerisches Terminal, das mit einer Text-Schnittstelle, wie in [TEXT 1979] angegeben, ausgestattet ist.
Ein Sub-Editor (für Graphik oder Text) agiert auf Rahmen bzw. Ausgabebereichen. Er ermöglicht es erst, daß z.B. eine Graphik innerhalb eines Graphik-Rahmens editiert werden kann. Ein Sub-Editor arbeitet eng mit dem Display-Tool und der internen Datenverwaltung zusammen. So kann er vom Anwender eingegebene Daten einerseits der internen Datenverwaltung zum gezielten Einfügen in die interne Repäsentation des Dokuments und andererseits dem Display-Tool zur Bildschirmausgabe übergeben (vgl. Bild 7.2).

6. Übermittlung von Dokumenten

Wegen zunehmender Dezentralisierung ist es nötig, Dokumente über lokale u/o öffentliche Netze zwischen Rechnern, Print/Plot- oder File-Servern austauschen zu können. Dazu muß die intern verschlüsselte Darstellung des Dokuments (Dokument-Inhalt und Dokument-Struktur) in einen Bytestrom umgesetzt werden. Hierzu ist ein Umsetzer nötig, der ein nach ODA strukturiertes Dokument in ein Austauschformat umsetzt

(ODA/ODIF-Umsetzer) und umgekehrt. Ein solches Austauschformat (Office Dokument Interchange Format) ist in [ODA 1985] beschrieben. Ein

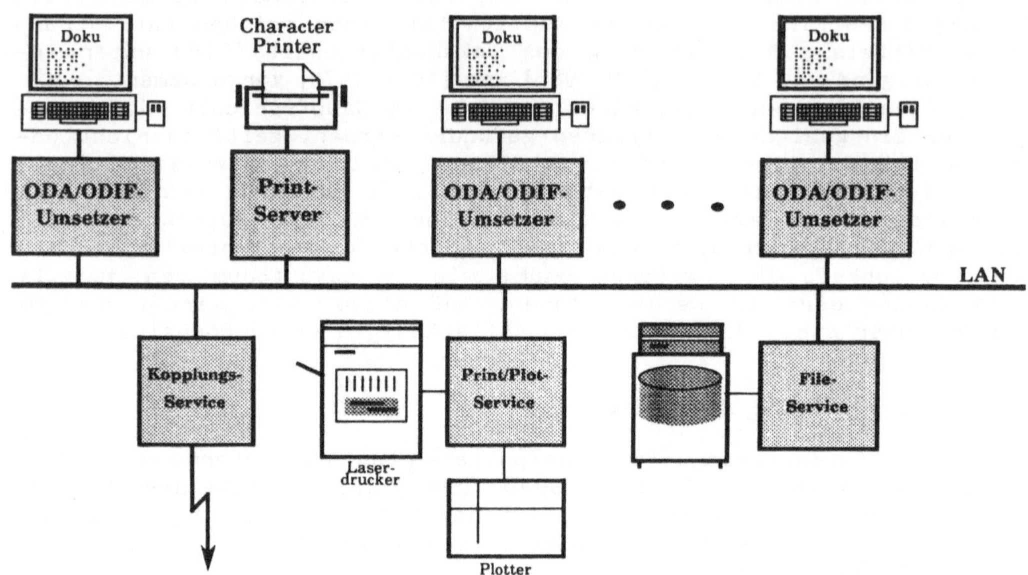

typisches Dokumenten-Bearbeitungssystem

Bild 6.1

in Bild 6.1 dargestelltes Netz bietet die Möglichkeit Dokumente zentral abzulegen bzw. abgelegte Dokumente vom File-Service anzufordern. Ferner wird der Austausch von Dokumenten zwischen Arbeitsplatzrechnern im gleichen oder in anderen Netzen unterstützt (z.B. per Mail-Service). Erst hochwertige Plotter und Drucker (z.B. Laserdrucker), die von allen Arbeitsplatzrechnern genutzt werden können, ermöglichen eine qualitativ hochwertige Ausgabe der Dokumente auf Papier.
Hier wird deutlich wie wichtig ein einheitliches Austauschformat für Dokumente ist: Sollen nämlich Dokumente aus fremden Systemen übernommen werden, so erfordert jedes anderes Austauschformat auch eine individuelle Umsetzung in das interne Dokumentenformat. Zudem können solche Umsetzer nicht immer invers arbeiten, da nicht sichergestellt ist, daß ein nach ODA strukturiertes Dokument auch vollständig in ein fremdes Austauschformat umgesetzt werden kann.

7. Einbettung d. Dokumenten-Editors in eine objektorientierte Umgebung

Um die oben skizzierte Architektur effizient realisieren zu können, ist ein leistungsstarkes User Interface Management System (UIM-System) unabdingbar.
Es übernimmt auf der Systemseite, insbesondere für den Dokumenten-Editor, Aufgaben wie:

- Aufblenden, Vergrößern, Verkleinern, Verschieben von Dokumentenfenstern.
- Verwaltung sich überlappender Dokumentenfenster.
- Aufspannen von Ausgabebereichen und Rahmen.
  Untergeordnete Windows mit den Datentypen TEXT u. GRAPHIK. Diese Windows sind wie virtuelle Terminals organisiert: Für textuelle Daten arbeiten sie wie ein X3.64-Terminal (vgl. Kap. 5 und [Text 1979]) und für graphische Daten wie ein VDI-Terminal (vgl. Kap. 5, [VDI 1984] und [VDM 1985]).
- Selektionsbehandlung
  Selektieren von Text und Graphik. Hier werden interne Mechanismen der VDI- und X3.64-Terminals ausgenutzt.
- vertikales und horizontales Verschieben des Dokuments
  per Scroll-Bar am rechten und unteren Fensterrand.
- Jumping
  springen an eine andere Stelle des Dokuments ebenfalls per Scroll-Bar.

Auf der Benutzerseite bildet das UIM-System ein objektorientiertes Human Interface. Die Objekte werden gebildet aus:

- Windows
  aktive Objekte, z.B. eröffnetes Dokument = inkarnierter Dokumenten-Editor.
- Icons
  passive Objekte, z.B. geschlossenes Dokument.
- Tools
  besondere Icons, die z.B. für Drucker, Mailboxen etc. stehen.

Diese Objekte werden zur gleichen Zeit zur Verfügung gestellt und stehen damit für Interaktionen mit dem Anwender bereit. Dies bedeutet praktisch, daß der Anwender z.B. parallel ein Dokument editieren, ein zweites Dokument formatieren, Post lesen und zudem noch in einem SHELL-Fenster ein Programm compilieren kann (vgl. Bild 7.1).

Zur einheitlichen Behandlung der Objekte auf der Benutzerseite werden eine Reihe von sogn. generischen Kommandos angeboten, die auf alle Objekte angewendet werden können (z.B, KOPIERE, ÜBERTRAGE, LÖSCHE, WIEDERHOLE,...). Die Wirkung eines generischen Kommandos ist jedoch von Objekt zu Objekt verschieden. So bewirkt das KOPIERE-Kommando, angewendet auf ein Icon für ein Dokument und auf ein Icon für ein Tool zweierlei. Im ersten Fall wird das Dokument kopiert, also eine neue Datei angelegt. Im zweiten Fall wird nur eine zweite Referenz auf dasselbe Tool (z.B. auf einen Plotter oder Drucker) gebildet. Die Notation generischer Kommandos ist infix, d.h.

<selektiere 1. Objekt> <Kommando> <selektiere 2. Objekt>.

Beispiele:

- selektiere Icon für ein Dokument, gebe Kommando ÜBERTRAGE, selektiere eine beliebige Zielposition auf dem Bildschirm

(⇒ das Icon wird lediglich an eine andere Stelle des Bildschirms plaziert).

- selektiere Icon für ein Dokument, gebe Kommando KOPIERE, selektiere als Ziel ein Icon für einen Drucker
  (⇒ eine Kopie des Dokuments wird zum Drucker gesendet und dort ausgedruckt: Man erhält eine Kopie des Dokuments auf Papier).
- Selektiere einen Text-Absatz im Dokument, gebe Kommando ÜBERTRAGE, selektiere eine Zielposition im Dokument
  (⇒ der selektierte Text wird im Dokument an eine andere Stelle kopiert und an der ursprünglichen Stelle gelöscht).

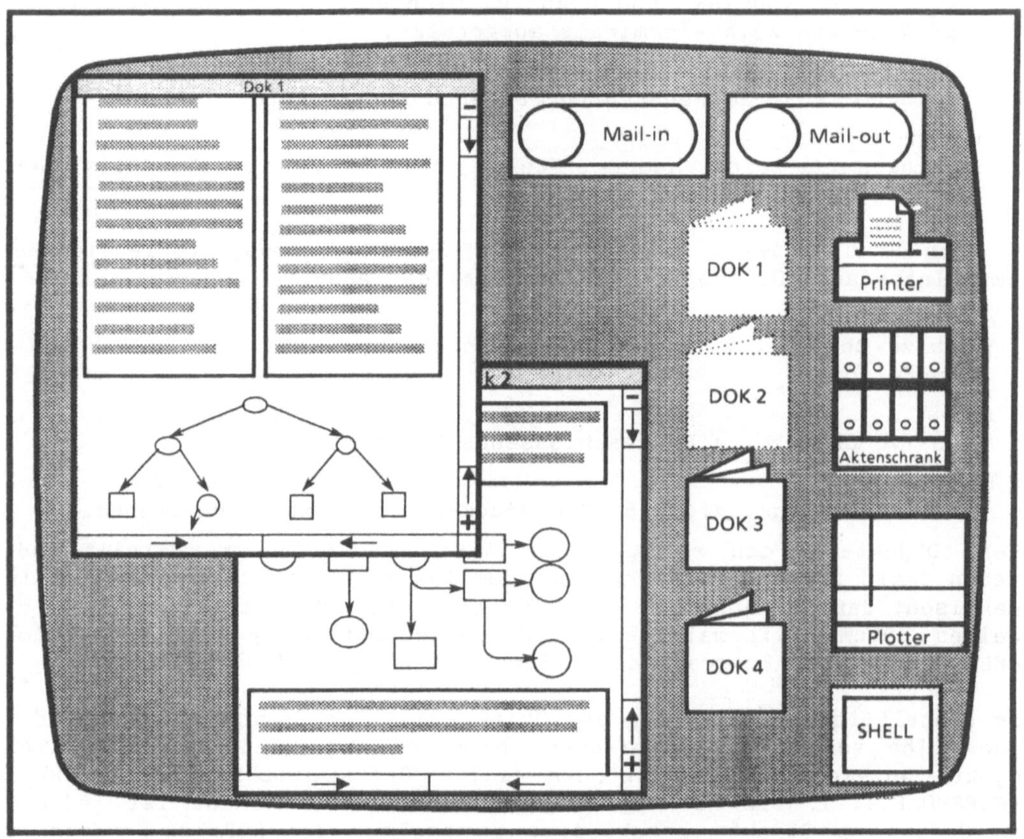

Beispiel einer Benutzeroberfläche für einen Dokumenteneditor mit:

zwei eröffneten Dokumente,
vier Icons für Dokumente,
ein Aktenschrank für eine kompakte Ablage von Dokumenten,
Mail-Boxen für ankommende und abgehende Post,
zwei weitere Tools: ein Printer und ein Plotter
ein Icon für ein SHELL-Fenster.

Bild 7.1

bzw. falls das Kommando nur ein Objekt benötigt

<selektiere 1. Objekt> *<Kommando>*

Beispiele:

- selektiere Icon für ein Dokument, gebe Kommando LÖSCHE (⇒ das gesamte Dokument wird gelöscht).
- Selektiere einen Text-Absatz im Dokument, gebe Kommando LÖSCHE (⇒ der selektierte Text wird gelöscht).

Da der Objektbereich generischer Kommandos auf Objekte des Dokumenten-Editors erweitert wurde, ist es möglich Texte und Graphiken bzgl. generischer Kommandos einheitlich zu behandeln (ähnlich den Objekten des UIM-Systems).
Schließlich ist noch die parallele Bearbeitung mehrerer aktiver Objekte hervorzuheben. Erst so wird es möglich, zwei Dokumente zu eröffnen (zwei Inkarnationen des Dokumenten-Editors) und über das generische Kommando KOPIERE Teildokumente aus dem einem Dokument ins andere zu kopieren.
Zusammenfassend soll nun eine Übersicht über die Hauptkomponenten des Dokumenten-Editors gegeben werden.

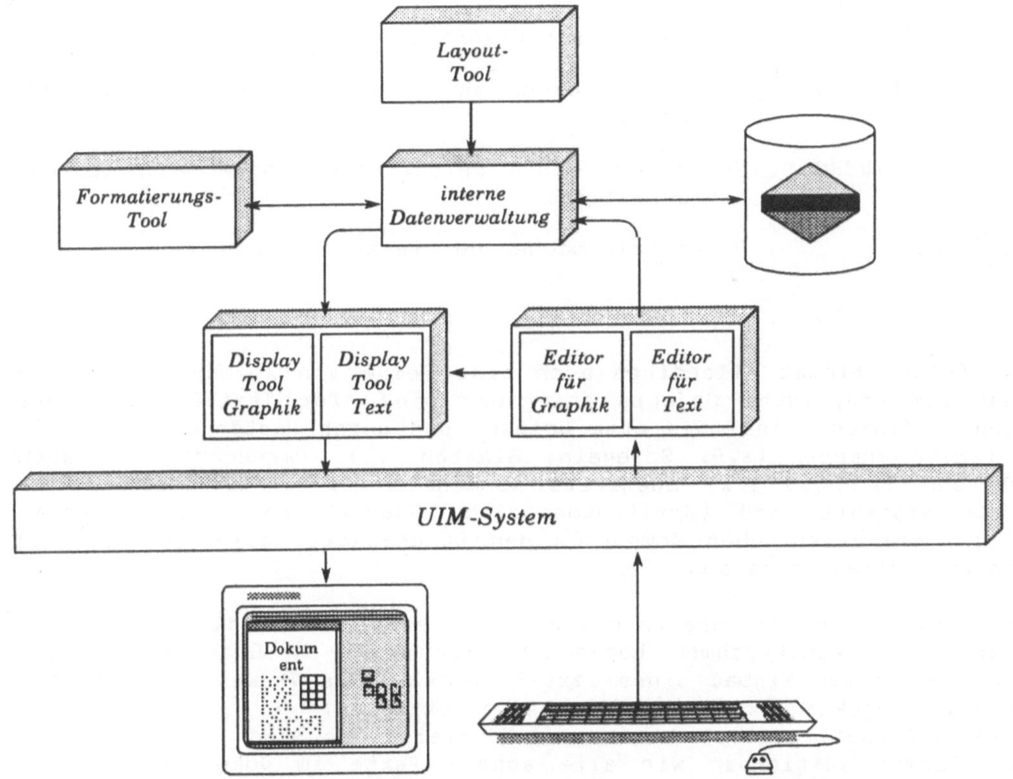

Übersicht über die Hauptkomponenten des Dokumenten-Editors

Bild 7.2

8. Probleme bei der einheitlichen Behandlung von Text und Graphik

Im vorangegangenen Kapitel wurde gezeigt, wie durch generische Kommandos Texte und Graphiken z.T. einheitlich behandelt werden können. Folgende generische Kommandos sind für einen Dokumenten-Editor von Belang:

KOPIERE	Kopieren eines selektierten Objekts innerhalb eines oder zwischen mehreren Dokumenten.
ÜBERTRAGE	Übertragen eines selektierten Objekts innerhalb eines oder zwischen mehreren Dokumenten.
LÖSCHE	Löschen eines selektierten Objekts.
SUCHE	Suchen nach einem weiteren Vorkommen eines selektierten Objekts.
WIEDERHOLE	Wiederholen des letzten Kommandos.
EIGENSCHAFTEN	Verändern von Eigenschaften. Abhängig vom selektierten Objekt wird ein spezielles Menue mit Attributen angeboten.
GLEICH	Angleichen der Eigenschaften zweier Objekte.
VERGRÖSSERN	Vergrößern eines selektierten Objekts in diskreten Schritten.
VERKLEINERN	Verkeinern eines selektierten Objekts in diskreten Schritten.
UNDO	Rückgängig machen des letzten Kommandos.

. . .

Der Editor bietet allerdings auch eine Reihe von Kommandos an, die zwar auf graphische Objekte anwendbar sind, für Text-Objekte aber nicht definiert sind (wie etwa Drehen) und unter Umständen auch keinen Sinn ergeben (z.B. Spiegeln, Glätten,...). Umgekehrt sind auch für den Datentyp TEXT spezielle Kommandos definiert, die nur für Texte sinnvoll sind (Spaltenausgleich, Tabulatoren,...). Insgesamt bilden die generischen Kommandos den Durchschnitt aller graphischen und textuellen Kommandos.

Im 3. Kapitel wurde bereits die unterschiedliche Behandlung erzeugter Text- und Graphik-Rahmen behandelt. Für Texte in Graphiken bietet sich, neben dem Einbau eines Text-Rahmens, durch Verwendung des graphischen Objekts Text eine zweite Alternative an.
Beide Alternativen bieten Vor- und Nachteile. So sind Texte in einem Text-Rahmen editierbar wie alle andere Texte im Dokument (wie in einem Text-Editor). Dies trifft für graphische Objekte vom Typ Text

nicht zu. Sie können nur als ganze Objekte erzeugt und gelöscht werden. Auf einzelne Character hat der Benutzer keinen Zugriff (hier wird eine Aneinanderreihung von Charactern, die jeweils in ein Segment gepackt werden, wegen des großen Overheads nicht in Erwägung gezogen). Insbesondere sind im graphischen Text keine Formatierungen, kein Randausgleich, etc. möglich. Dafür verfügen graphische Objekte vom Typ Text aber über eine wesentlich größere Attribut-Menge (wie etwa PRECISION, ORIENTATION, PATH, ALIGNMENT,..). Ferner lassen sich graphische Kommandos anwenden: Wenn ein Text logisch an ein graphisches Objekt gebunden ist (z.B. eine Beschriftung an einem Maschinenteil), so kann es manchmal sinnvoll sein den Text zu drehen, wenn das graphische Objekt gedreht wird.
Um aber den Benutzer des Dokumenten-Editors nicht durch zwei verschiedene Texttypen (editierbare und nicht editierbare) zu verwirren, wurde beim Prototypen nur die Anordnung von Texten in Graphiken durch den Einbau von Text-Rahmen zugelassen und die andere Alternative verworfen.
Es zeigte sich, daß solche Text-Rahmen in den meisten Fällen ausreichend waren. Als störend wurde allerdings immer wieder empfunden, daß in einer Graphik zuerst ein Rahmen aufgespannt werden muß, bevor ein Text eingefügt werden kann. Als Lösung dieses Problems bietet sich die Möglichkeit an, nach Aufruf des Kommandos INSERT_TEXT einen (unsichtbaren) Text-Rahmen zu generieren. Dieser müßte zunächst von minimaler Ausdehnung sein und sich dann dynamisch dem wachsenden Text anpassen.

9. Ausblicke

Um einen möglichst großen Anwendungsbereich für einen Dokumenten-Editor zu gewinnen, ist es unbedingt erforderlich weitere Datentypen zu integrieren. Dadurch bekommt der Anwender die Gelegenheit Rahmen für Formulare, Tabellen, Spreadsheets, math. Formeln, Rasterbilder, etc. aufzuspannen. Für solche Rahmen könnten spezielle "Sub-Editoren" die Erzeugung von Teildokumenten solcher zusätzlichen Datentypen organisieren. In diesem Zusammenhang wäre es auch sinnvoll vorhandene Datentypen aufzusplitten. So wären spezielle Datentypen für komplexere Graphiken z.B. für den CAD-Sektor (VLSI-Entwurf, elektronische Schaltkreise, Maschinenbau, graphische Programmierung, etc.) oder für Business-Graphiken interessant. Im EDV-Bereich würden gewiß syntaxgesteuerte Editoren, die auf dem Datentyp PROGRAMM operieren Beachtung finden. Programmentwicklung und Programmdokumentation könnten hier von <u>einem</u> Editor unterstützt werden.

Die Erfahrung zeigt, daß die Akzeptanz eines (neuen) Dokumenten-Editors steigt, wenn er fremde, von einem anderen Editor erstellte Dokumente bearbeiten kann [Winkelmann 1985]. Hier ergibt sich die meist schwere Aufgabe, solche Fremddokumente in den Dokumenten-Editor "einzuschleusen". Dazu ist jeweils ein spezieller Umsetzer zu schreiben, der z.B. ein nach NROFF strukturiertes Dokument in eine ODA-Struktur umsetzt.

Es ist gewiß wünschenswert einen Dokumenten-Editor so zu implementieren, daß er mit vertretbarem Aufwand auf andere Rechner portiert werden kann. Dem stehen aber leider die z.T. erheblich voneinander abweichenden User Interface Management Systeme (UIM-Systeme) heutiger Arbeitsplatzrechner entgegen. Es wäre deshalb wünschenswert in Zukunft zu einem Standard für UIM-Systeme zu kommen. Denn erst auf der Grundlage eines standardisierten UIM-Systems können Fragen zur Portierung von Dokumenten-Editoren ernsthaft diskutiert werden [PCTE 1985].

10. Referenzen

ODA 1985 — ECMA/TC29/85/16: Office Document Architecture
Final Draft,
April 1985

TEXT 1979 — ANSI X3.64: Additional Controls for use with American National Standard Code for Information Interchange
1979

PCTE 1985 — ESPRIT-Projekt: A Basis for a Portable Common Tool Environment
Functional Specification
Mai 1985

VDI 1984 — ISO TC97/SC5/WG2: Vitual Device Interface
Working Draft,
December 1984

VDM 1985 — DIN 66293: Datei für die Speicherung und Übertragung von Bildinformationen
Entwurf,
Juni 1985

Krönert 1985 — Krönert, G.
Anforderungen an ein Textverarbeitungssystem auf der Basis des Standard-Dokumentenarchitekturmodells
Informatik Fachberichte 108
GI/OCG/ÖG - Jahrestagung, Wien 1985
Springer 1985

Scheiterer 1984 — Lauber, G.; Scheiterer, E.; Woborschil, W.
Normen zur Bürodokumenarchitektur
Überblick und Möglichkeiten zur Einbettung von Graphik
MICROGRAPHICS, Fachgespräch der Gesellschaft für Informatik e.V.
Bonn-Bad Godesburg 1984

Winkelmann 1985 Winkelmann, E.
CAD im Verlagswesen - Praktische Erfahrungen aus den USA
Proceedings CAMP'85
Computer Graphics For Management And Productivity
Berlin 1985

Bedeutung der Graphik bei der Gestaltung der Systemoberfläche eines TEXTFAX-Arbeitsplatzrechners

Peter Szabo
Arkadiusz Lesniewski
Horst Rößler

Standard Elektrik Lorenz AG
7530 Pforzheim

Zusammenfassung: Dokumenterstellung und -bearbeitung in einer direkt manipulativen Umgebung verlangt die Schaffung einer Systemoberfläche, auf denen Objekte und ihre Strukturen durch geeignete Metaphern repräsentiert und die Objektmanipulationen visuell unterstützt werden. Das Identifizieren von anwendungsunabhängigen Darstellungselementen ist eine wichtige Orientierungshilfe bei der Gestaltung solcher Systemoberflächen und es werden intensiv bestimmte Möglichkeiten der "Raster(Pixel)-Graphik" genutzt.

1. Einleitung

Bei der Realisierung integrierter Büroinformationssysteme steht zunehmend ein Multifunktionaler Arbeitsplatzrechner im Mittelpunkt, der die Charakteristik einer "Multimedia-Machine" - M^3 - hat [MAEKAWA 83].
Im Gegensatz zu herkömmlichen Arbeitsplatzrechnern, die hauptsächlich alphanumerische Daten verarbeiten, kann eine M^3 Daten verschiedener Medien, wie z. B. Text, Bild und Sprache, integriert behandeln (Fig. 1).

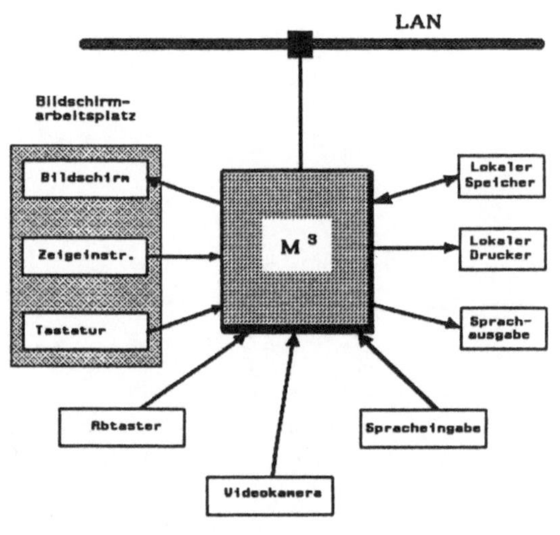

Fig. 1 Multimedia Machine [M^3].

Ein TEXTFAX-Arbeitsplatzrechner ist eine spezielle M^3, die durch folgende Anforderungen gekennzeichnet ist:

(i) **integrierte Behandlung von Dokumenten**, wobei das Dokument als **Träger** all jener Informationen betrachtet wird, die austauschbar sind und eine "audio-visuelle" Repräsentation besitzen.

(ii) **Vereinheitlichung der Handhabung** für Benutzer mit verschiedenen Vorkenntnissen und Tätigkeitsgebieten.

Im Rahmen des BMFT-geförderten Projektes TEXTFAX befassen wir uns mit der Entwicklung eines multifunktionalen Büroarbeitsplatzes zur Bearbeitung von Dokumenten, der auch die Kommunikation mit zukünftigen Netzen (ISDN) erlaubt [SEL 82].
Bei der Modellierung der Dokumente und deren Verarbeitung orientieren wir uns an dem "Office-Dokument-Architektur"-Modell [ECMA 85], [ISO 85], sowie an einem "Document-Processing-Modell", wie in [FURUTA 82], [KIMURA 84] und ECMA/ISO vorgeschlagen wurde.
Für den "Software-Design-Process" wurde eine **Prototyp-Entwicklungsumgebung** aufgebaut, bestehend aus einer kommunikationsfähigen (LAN) "Bit-Map-Workstation" (Lisp-Maschine), einem Abtaster/Drucker und einer Videokamera.
Einer der Schwerpunkte im Projekt ist die benutzergerechte Gestaltung des Arbeitsplatzes, insbesondere die **visuelle** Unterstützung der Interaktion. Die wichtigsten Konzepte und Verfahren hierfür sind unter dem Begriff der **"DIREKTEN MANIPULATION"** bekannt [SHNEIDERMAN 83].
Bei der direkten Manipulation ist das Bild auf der Systemoberfläche eine metaphorische Darstellung der Erwartungen und Vorstellungen des Benutzers über das Verhalten des Systems. Wird das Bild auf bestimmte Art und Weise manipuliert, so erlebt man die Wirkung unmittelbar und das veränderte Bild repräsentiert den neuen Systemzustand.
Weiterhin verbindet man mit dem Konzept der direkten Manipulation die **objektorientierte** Präsentation der Information, die durch eine klare Trennung in Objekte (mit zugehörigen Eigenschaften) und die entsprechende Menge der erlaubten Operationen charakterisiert ist.
Durch Bildung von "instances", werden konkrete Objekte mit speziellen Eigenschaften erzeugt.
Die Selbsterklärung des Systems stützt sich auf Verfahren und Techniken, die das Arbeiten mit Vorstellungsbildern (aus der Realität entnommene) erlauben.

Viele der Ideen der visuellen Interaktion wurden beim "XEROX-STAR"-System realisiert [SMITH 82], der die Entstehung einer neuen Generation von Arbeitsplatzrechnern in Gang setzte. Bei der Gestaltung der Interaktion auf der Systemoberfläche spielen zur Zeit die folgenden Darstellungselemente eine wichtige Rolle: Fenster, Logischer-Cursor, Menü, Piktogramm, Miniatur, Propertysheet und Spreadsheet [SZABO 85].
Bei der Entwicklung des Basis-Prototypen sammelten wir Erfahrungen mit oben aufgeführten Darstellungselementen. Im nächsten Kapitel dieses Beitrages werden die Konzepte kurz beschrieben und anhand von Bildschirmkopien illustriert. Die vorgestellten Szenarien versuchen ein Bild von dem Basis-Prototypen zu vermitteln. Dieses ist der Anfang einer Prototypfolge, bestehend aus Benutzerevaluierung und Designkorrektur. Anschließend geben wir hierfür einen kurzen Ausblick.

2. Grafik in TEXTFAX

Bei der Dokumenterstellung in einer direktmanipulativen Umgebung sehen wir zwei entscheidende Aspekte der Verwendung von Graphik:

- einheitliche Behandlung von Text und Graphik mit Hilfe entsprechender "Content"-Editoren,
- Gestaltung der Systemoberfläche um die Selbsterklärungsfähigkeit wesentlich zu verbessern.

In diesem Beitrag konzentrieren wir uns auf den letztgenannten Aspekt, wobei wir uns von dem Gedanken leiten lassen wollen:

der Rechner ist das, was für den Benutzer visuell wahrnehmbar ist.

2.1. Der TEXTFAX-Bildschirmarbeitsplatz

Für die TEXTFAX-Systemoberfläche (TFX-SOF) unterscheiden wir zwei Gestaltungsbereiche; TFX-SOF als

- **Arbeitsfeld** für die physikalische Interaktion,
- **Präsentationsmedium** für die Selbsterklärung.

Während die Hardwaretechnologie bei der Gestaltung des Arbeitsfeldes eine dominierende Rolle spielt, ist die Behandlung der SOF als Präsentationsmedium für die Interaktion ein Softwareergonomisches Problem.
Der TFX-Arbeitsplatz besteht aus den Komponenten:

- **Bit-Map-Display**
- **Tastatur** mit LCD-Display
- **Zeigeinstrument**

Die folgende Abbildung (Fig.2) zeigt das "Erscheinungsbild" des von uns zum Ziel gesetzten Bildschirmarbeitsplatzes.

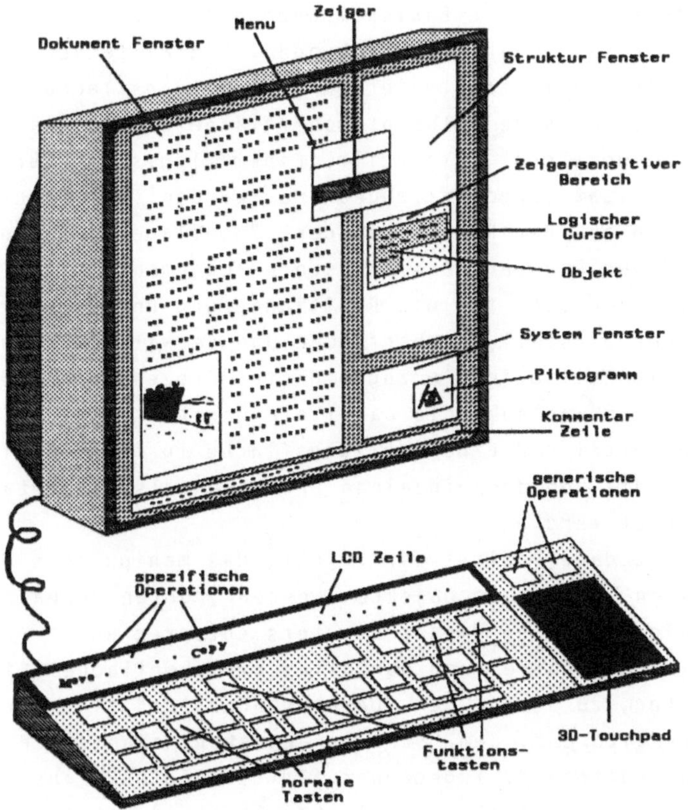

Fig. 2 Der TEXTFAX-Bildschirmarbeitsplatz - SOF

Die von uns bevorzugte Interaktionstechnik verlangt die Schaffung einer "Benutzeroberfläche", auf denen Objekte und ihre Strukturen durch geeignete **METAPHERN** repräsentiert und durch den Benutzer "direkt manipuliert" werden können. Diese Art der symbolischen Repräsentation von Objekten und Objektmanipulationen spielt eine entscheidende Rolle bei der Gestaltung des TFX-Arbeitsplatzes.

2.2. Dialogbeispiele auf dem Basis-Prototyp

Im Folgenden werden die verwendeten Konzepte mit zugehörigen Gestaltungsbeispielen erläutert. Wir gehen dabei so vor, daß wir zuerst die Darstellungselemente kurz beschreiben und dann die spezifische Anwendung (Dokumenterstellung) an realen Szenen (Bildschirmkopien des Basis-Prototyps) zeigen. Anschließend wird die Folge der Elementaraktionen einer direktmanipulativ erstellten Dokumentseite ("first" im Bild 6) zusammenfassend dargestellt.

(1) **FENSTER** eine fundamentale Basiskomponente interaktiver, insbesondere direktmanipulativer Umgebungen. Mit Hilfe von Fenstern wird das Arbeiten auf strukturierten Informationsflächen verwirklicht. Die physikalische Bildschirmoberfläche wird in rechteckige, sog. "logische Bereiche" aufgeteilt. Einem "logischen Bereich" kann dann eine Aktivität (Process) zugeordnet werden. Die Strukturierung resultiert dann aus den Relationen der "Überlagerung" und "Verschachtelung" der Fenster. Das "Fenster-Managementsystem" (Window-System) sorgt dann u.A. für die Positionierung und Geometrie der Fenster auf der Darstellungsoberfläche und verwaltet die oben genannten Relationen, sowie die zugeordneten Prozesse.
Das Fensterkonzept erlaubt die parallele Darstellung von Informationen und unterteilt die Darstellungsfläche in mehrere **virtuelle Bildschirme"**, die von den einzelnen Prozessen als Präsentationsmedium verwendet werden.
Ein Fenster ist dabei selbst ein Objekt, das manipuliert werden kann und dessen Inhalt aus Objekten besteht, deren Verhalten den speziellen Eigenschaften dieses Fensters entsprechen.
In Bild 1, ist die Aufteilung der Bildschirmoberfläche (Fig. 2) in fünf Fenster, zu sehen. Dem "Dokument-Fenster" sind die Prozesse der "Content-Editoren", dem "Struktur-Fenster" sind die Prozesse der "Struktur-Editoren", zugeordnet. Im "Bibliothek-Fenster" arbeitet der "File-Editor". Das "System-Fenster" ist aus drei Teilfenstern zusammengesetzt: im Oberen sind die Systemkomponenten (Editoren und Peripherie) symbolisch dargestellt, in dem Mittleren initiiert das System bestimmte Interaktionen und im Unteren sieht man die aktuellen Koordinaten. Das "Kommentar-Fenster" enthält erklärende Informationen zum aktuellen Objekt (angezeigt durch den "Logischen-Cursor"). Das Beispiel soll zunächst nur den Eindruck einer Bildschirmaufteilung in "Virtuelle Terminals" vermitteln.

(2) **LOGISCHER-CURSOR** diese Komponente wird realisiert durch das Prinzip der ZEIGERSENSITIVITÄT. Sie kann als spezielle Fenstereigenschaft aufgefasst werden, d.h. bestimmte Bereiche des Fensters werden visuell hervorgehoben, wenn der Zeiger diesen Bereich überfährt ("Zeigersensitive Bereiche") - z.B. durch Umrahmung, oder Darstellung in reverse video. Der Logische-Cursor (in Bild 1) identifiziert im System-Fenster den Abtaster und im Bibliotheks-Fenster den Dokumentnamen "schiff".
Der Benutzer führt eine Aktion im Sinne der Objektorientierung aus, indem er ein Objekt auf der Darstellungsfläche manipuliert.

Typische Manipulationen sind das **Identifizieren, Kreieren, Löschen und Modifizieren** von Objekten bzw. deren Attribute. Das Problem der Identifikation und der eventuellen **Selektion** eines Objektes auf der Oberfläche besteht darin, daß dieser Vorgang selbst visuell wahrnehmbar sein soll, d.h. gesucht ist ein Verfahren, das ein Objekt aus seiner Umgebung visuell "heraushebt". Das Prinzip des "Logischen-Cursor" besagt unter Anderem, daß

- der Cursor von einem Objekt zu einem anderen Objekt "bewegt" werden kann. Zwei Möglichkeiten werden dazu angeboten:
  - (i) **indirekt** , d.h. mit Hilfe eines Kommandos,
  - (ii) **direkt** , d.h. ein Zeigeinstrument "schleppt" den Cursor über die Oberfläche des Bildschirms.
- der Cursor das ganze Objekt "umhüllt" bzw. "überdeckt".

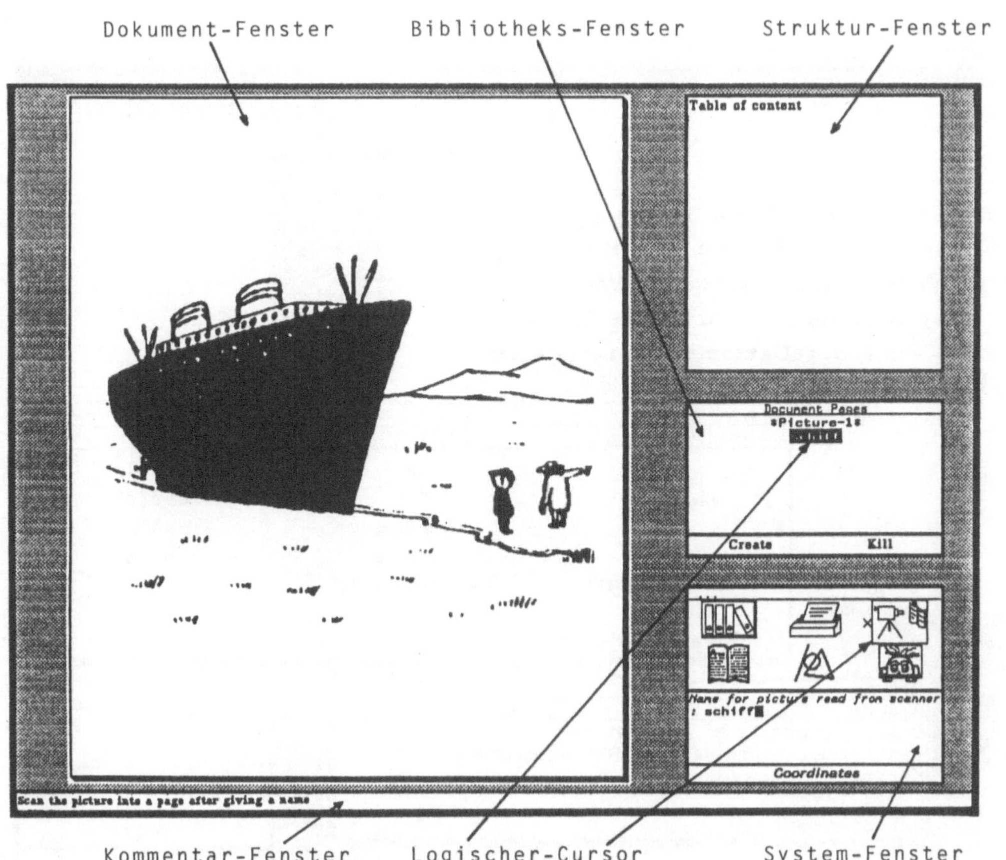

Bild 1 Bildschirmoberfläche des TEXTFAX-Basis-Prototyps

(3) Menü eine auf die Intuition des Benutzers abgestützte Dialoggestaltung. Charakteristikum dieser Technik ist eine Anordnung von visualisierten Objekten, sog. "Menu-Items", auf der Systemoberfläche verbunden mit der Möglichkeit einige der Objekte auszuwählen. Die Objekte werden durch symbolische Namen (d.h. Text), oder Piktogramme (auf die wir später noch eingehen) anschaulich dargestellt.
Die Menü-Wahl ist eine systemgesteuerte Interaktion und trägt wesentlich zur Gestaltung der direkten Selbsterklärung bei: Menüs auf der Systemoberfläche bilden einen Teil der Beschreibung des aktuellen Systemzustandes und bieten die Mittel um ihn zu verändern. Durch eine geeignete Organisation der Menüs können Kommandos konstruiert werden. Die Kommandostruktur spiegelt sich in der Aufeinanderfolge der möglichen Menüselektionen wieder.

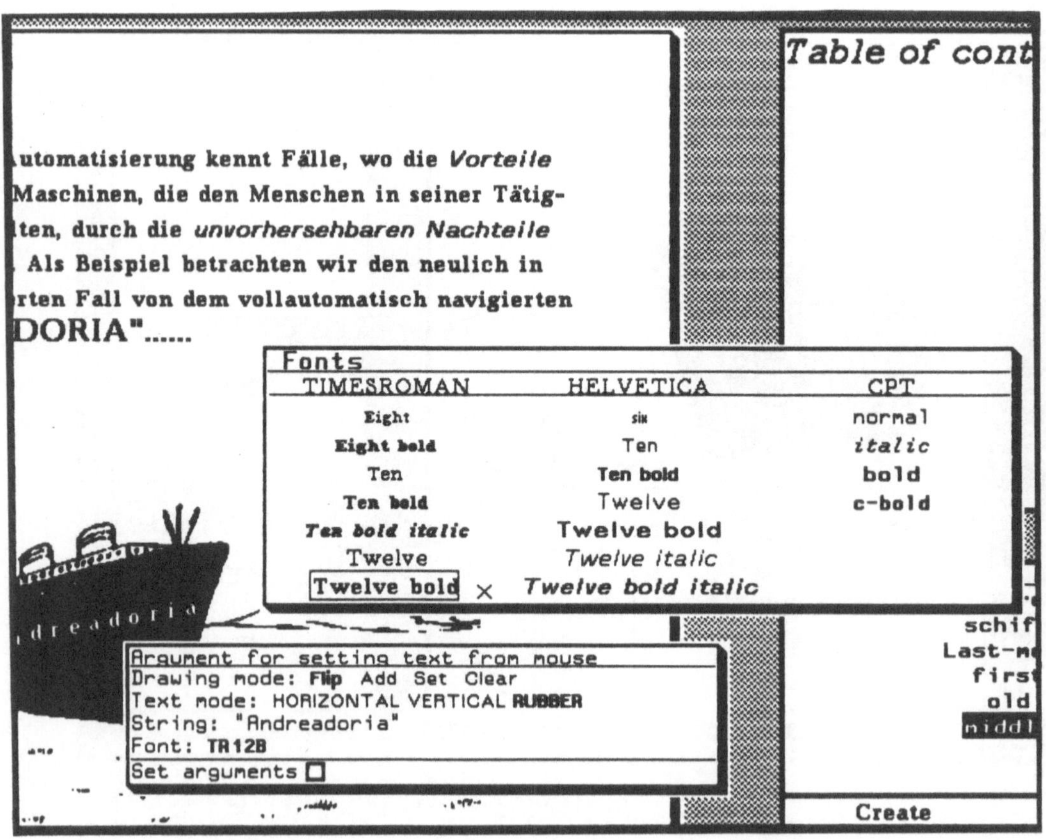

Bild 2 Font-Menü und Propertysheet

Für bestimmte Aufgabentypen lassen sich mit entsprechendem Einsatz von Graphik geeignete "Spezialmenüs" entwickeln. Aus Effiziensgründen werden dabei sog. "flache" Menüs (d.h. maximal zweistufig in der Hierarchie der Menüaufrufe) bevorzugt. Auf den folgenden Bildern (Bild 2 - Bild 7) sind solche Spezialmenüs zu sehen.
Die Menüeinträge sind spaltenweise geordnet. Diese tabellarische Gestaltung dient nicht nur zur besseren Übersicht, sondern gestattet eine Gruppierung nach bestimmten Charakteristiken (Ortskodierung der Information). Eine Hinzunahme von graphischen Ausdrucksmitteln sieht man im Font-Menü (Bild 2), bei dem eine Reihe von Fontattribut-Werten metaphorisch dargestellt sind (siehe z.B. Fontclass: TIMESROMAN, Fontinstance: Twelve bold).

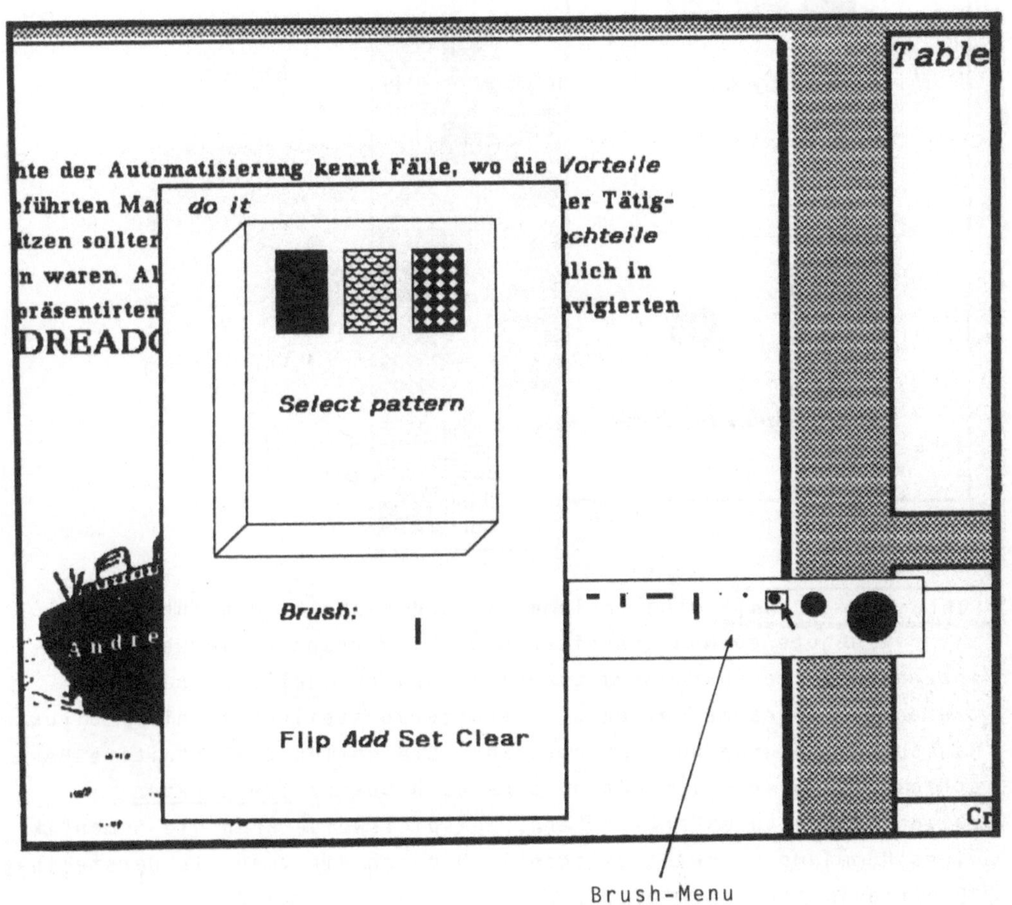

Bild 3 Spezialmenü mit Grafikelementen

Aus objektorientierter Sicht betrachtet, verhalten sich die bisher gezeigten Menüs wie kleine Fenster. In vielen Implementierungen ist es tatsächlich so, daß diese Menüvarianten Spezialisierungen eines "minimalen Fensters" sind. Diese Spezialisierungsart von Fenstern zur Gestaltung von komfortableren Menüs soll an weiteren Menüvarianten aufgezeigt werden. Die möglichen Attribut-Werte für "Brush" in Bild 3, sowie für "pattern" in Bild 4 werden durch ein Menü mit reinen graphischen Elementen angeboten.

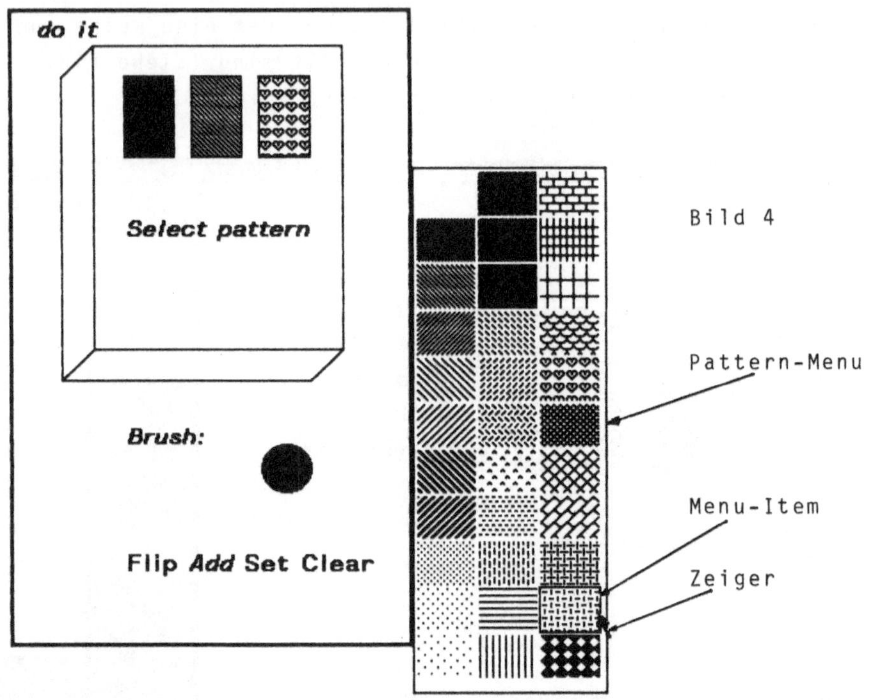

Bild 4

(4) Piktogramm (Icon) eine Implementierungstechnik, die intensiv die gebotenen Möglichkeiten der "Pixelgraphik" verwendet, um interne Objekte (Datenstrukturen) extern (visuell) zu repräsentieren. Piktogramme sollen die Benutzervorstellung in einer direkt-manipulativen Umgebung unterstützen. Sie sollen die intuitive Beschreibung von Ähnlichkeiten, oder noch besser <u>Identitäten</u> zwischen Strukturen erleichtern. Beispielsweise kann die Semantik eines Kommando-Objektes gelegentlich durch die visuelle Darstellung "Funktioniert wie ein(e) . . . " erklärt werden.
Auf unserer Bildschirmoberfläche (z.B. Bild 1) sind Piktogramme für die Objekte, "Bibliothek", "Drucker", "Abtaster" und die "Content-Editoren" (Character, Graphic, Photographic) zu sehen.

Es ist keineswegs trivial expressive Piktogramme zu gestalten, denn sie sind visuelle Darstellungen individueller Denkvorgänge (meistens des Software-Designers). "Rapid-Prototyping" scheint eine geeignete Design-Strategie zu sein, die die Entwicklung von Piktogrammen unterstützt. Es sind vor allem Regeln und Darstellungsarten gesucht, die zur "Versinnbildlichung" ganzer Problemklassen beitragen.
Das folgende Beispiel zeigt in diese Richtung. Dazu nehmen wir an, daß ein Menü die Kommandos

"MOVE and ADD" "MOVE and HIDE" "MOVE and SET"

als Piktogramm enthalten soll. (Bemerkung: man überlege sich wieviel Textaufwand nötig ist, um die Bedeutung (Semantik) der Instruktionen so zu erklären, wie Bild 5 es tut.)
Die Darstellung basiert auf dem Prinzip der "Vorher-Nachher-Szene", in der man noch eine Kennzeichnung der zu manipulierenden Objekte braucht (hier "Zeigefinger").

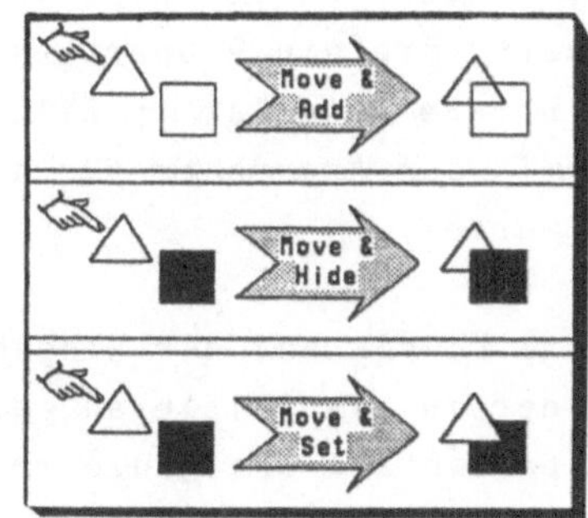

Bild 5 Beispiel einer Vorher-Nachher-Szene

(5) Miniatur eine Weiterentwicklung der Piktogramme, um komplexe Zusammenhänge (z.B. Strukturen) zu visualisieren. Miniaturen sind meistens hierarchisch aufgebaute Piktogramme. Sie sind in zeigersensitive Bereiche unterteilt um die "Bausteine" identifizieren zu können. Beispiel einer Miniatur auf der SOF ist das FREEHAND-Objekt. Es beschreibt, wie die Maus zu einem "Pinsel" wird. Dabei ist BRUSH die "Pinselstärke", BUTTONS die drei möglichen "Farben" und DRAWING-MODE die Art wie sich der Pinselstrich in die Umgebung einbettet (siehe Bild 3 und 4).
Eine andere Miniatur (siehe Bild 8 in 3.1.) zeigt eine mögliche Darstellung der Komposition von "Layout-Objekten". Diese Art von Miniaturen entstehen dadurch, daß die für die Darstellung irrelevanten Informationen eliminiert werden. Im Beispiel haben sich die für die Layoutinformation unwesentlichen Inhaltsstücke "verdünnt".

(6) **Propertysheet** ein typisches Beispiel für das Designkonzept des "XEROX-STAR"-Systems [SMITH 82]:

" ... the Star world is organised in terms of **objects** that have **properties** and upon which actions can be performed...
In order **to make properties visible**, we invented the notion of a property sheet."

Es ist im Wesentlichen eine **formularorientierte** Interaktionstechnik für die Manipulation von Objekteigenschaften. Die aktuellen Eigenschaften eines Objektes sind durch die Menge der im Formular aufgeführten Attributwerte bestimmt. Es gibt zwei Möglichkeiten die Werte zu spezifizieren. Für ein Teil der Attribute werden alle möglichen Werte in einem Menü zusammengefaßt (sog. "choice-parameters"). Für die Anderen besteht die Möglichkeit, die Werte (z.B. Zahl, Zeichenkette) direkt einzugeben (z.B. über Tastatur, oder über ein Menü - siehe Font: TR12B in Bild 2).
Es ist gerade diese Eigenschaft, die ein Propertysheet gegenüber einem Menü auszeichnet. Das untere Formular in Bild 2 zeigt eine Variante des Propertysheet, mit der Argumente für das Kommando-Objekt Text-Drawing gesetzt werden.

(7) **Spreadsheet** ein Mittel um die Konsistenz der Eingaben des Benutzers in die Formularfelder zu visualisieren, d.h. die Änderung bestimmter Werte wirkt unmittelbar auf das **ganze** im Spreadsheet definierte Netzwerk von Abhängigkeiten - "constraint propagation". Die Bedeutung eines allgemeinen Spreadsheet ist in [LEWIS 85] treffend beschrieben:

"..... constraint propagation should be thought of as a basic mechanism in the construction of direct manipulation interfaces, because of its ability to propagate the effects of changes that users make when they edit parts of a large structure. Spreadsheet interface technique provides a framework for constraint propagation ...."

Tatsächlich ist es so, daß im Bild 2 das Propertysheet bereits Eigenschaften eines Spreadsheet besitzt: würde man den "Text mode" von RUBBER auf VERTICAL umschalten, so ändern sich konsistent dazu die Werte, die mit dem VERTICAL-mode spezifiziert wurden.
Durch die Einbeziehung der semantischen Abhängigkeiten ("Wissen") der Argumente und der Erinnerungsfähigkeit auf vorhergehende Zustände entwickelt sich das Propertysheet im Bild 2 zum Spreadsheet.

Wie in der Einführung von 2.2. erwähnt, wird nun die Folge der wichtigsten Aktionen beschrieben, die zu der fertigen Dokumentseite in Bild 6 geführt hat.

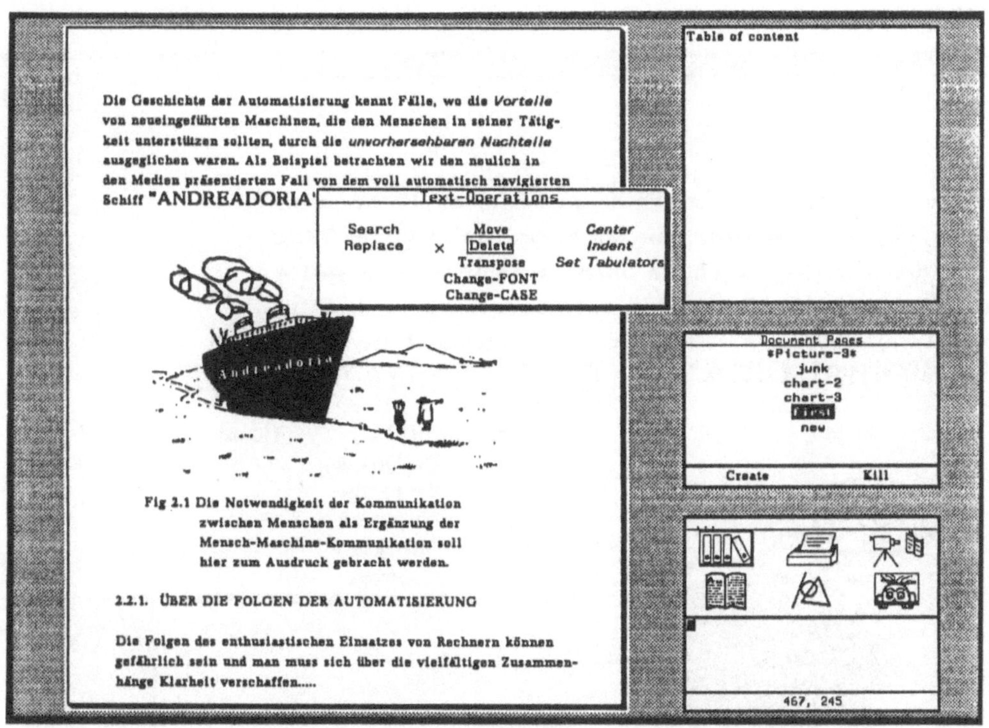

Bild 6 Dokumentseite "first"

Um das Kartoon von Loriot zu erfassen, wurde das Piktogramm selektiert und der Dokumentname "schiff" spezifiziert.
Bild 1 dokumentiert diesen Vorgang. Danach wurde die Seite "first" erzeugt, durch das Selektieren des Menuitems "Create" im Bibliotheks-Fenster und durch anwählen des Piktogramms die Eingabe des ersten Paragraphen eingeleitet (siehe Bild 6, Menü der Textoperationen). Das Faksimilebild wurde aus der Dokumentseite "schiff" ausgeschnitten, verkleinert und in "first" auf die gewünschte Position geklebt. Die erforderlichen Elementaraktionen sind Implode und PutDown (Bild 7, Menü der Bildoperationen).
Die Taufe des Schiffes auf den Namen "Andreadoria" erfolgte durch die Anwendung der Bildoperation Text mit entprechenden Argumenten.

Die Aktionen hierzu sind: selektieren des Menu-items Text (Bild 7), setzen der notendigen Argumente im Propertysheet (Bild 2).
Das Ergebnis ist ein elastischer Text den man frei positionieren und ausrichten kann.

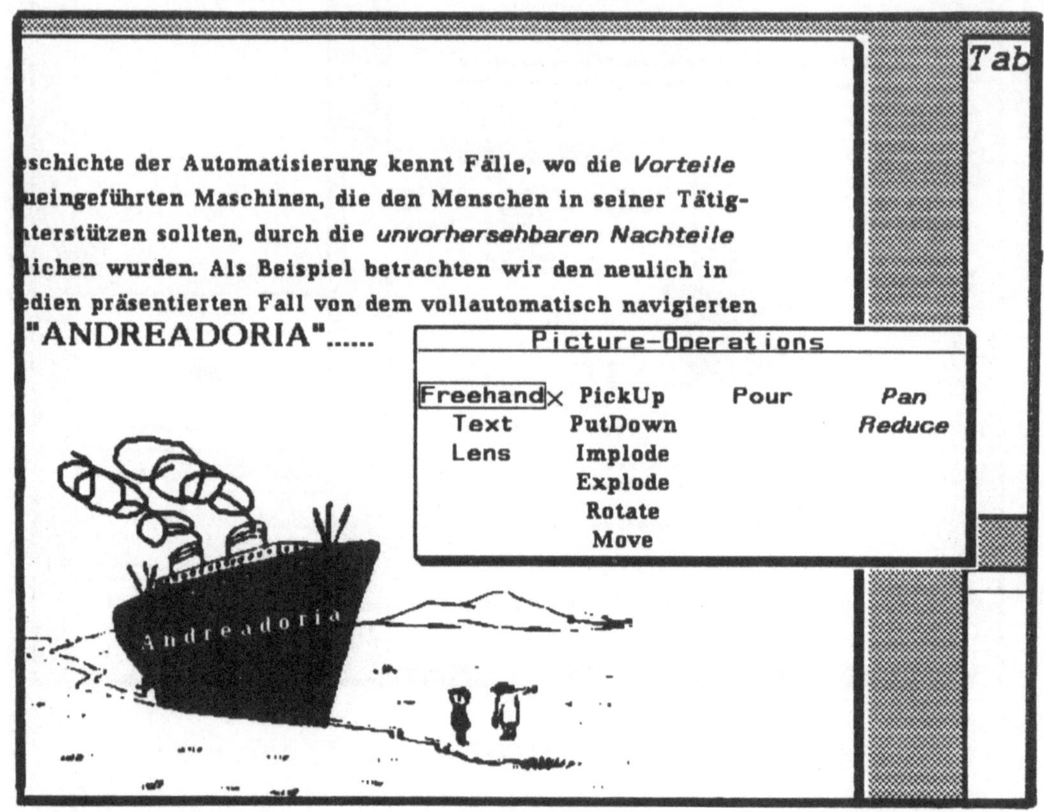

Bild 7 Menü der Bildoperationen

Der Rauch aus den Kaminen der "Andreadoria" entstand durch die Verwendung des Kommandos - Freihandzeichnen. Die Argumente für dieses Kommando sind durch die graphischen Menüs spezifiziert, die im Bild 3 und 4 zu sehen sind. Den Rest erstellten wir mit dem Character-Content-Editor.
Zusammenfassend kann man sagen, daß der Einsatz von Grafik bei der Gestaltung einer direkt manipulativen Oberfläche die Selbsterklärungsfähigkeit wesentlich verbessern kann. Bis jedoch solch eine direkt-manipulative Umgebung zum Einsatz kommt, bedarf es einer gründlichen Evaluierung in der Anwendungsumgebung.

3. Ausblick

In diesem Kapitel wollen wir die nächsten Schritte der Prototypisierung kurz beschreiben um dann etwas über die zukünftigen Ziele zu sagen.

3.1. Die nächsten Prototypen

Die bisher vorgestellten Manipulationen von Dokumenten berücksichtigen noch nicht die höheren Dokumentstrukturen d.h. die Anordnung in Logische bzw. Layout-Objekte. Um die beiden zueinander orthogonalen Strukturen zu manipulieren werden entsprechende Editoren entwickelt. Ein interaktives **Inhaltsverzeichnis** präsentiert eine direkt manipulative Umgebung für die logische Struktur eines Dokumentes.
Im Strukturfenster von Bild 8 zeigt der Logische- Cursor das Objekt Abschnitt 2.2. Erlaubte Operationen auf solch ein logisches Objekt sind z.B. Delete, Copy und Transpose.

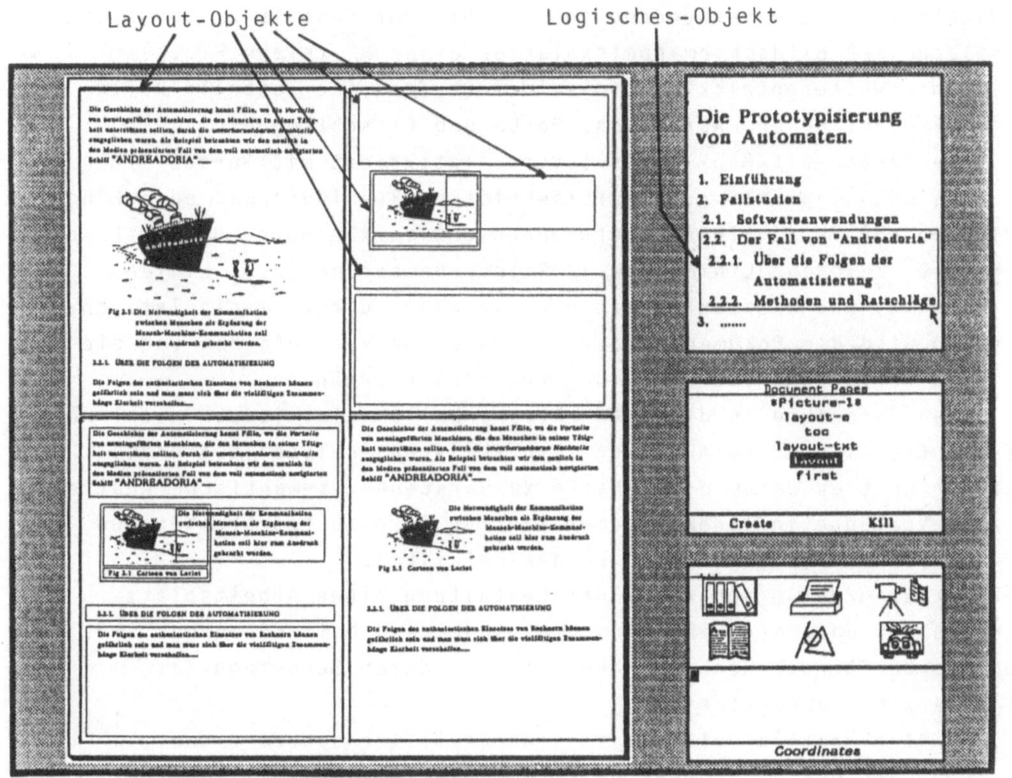

Bild 8 Visualisierung von Dokumentstrukturen

Besonders deutlich wird der Einsatz von Graphik bei der Darstellung und Manipulation von Layout-Strukturen. Im Dokument-Fenster von Bild 8 sehen wir vier miniaturisierte Bilder einer Dokumentseite.
Der erste Quadrant zeigt die Ausgangssituation für die Layout-Änderung. Im zweiten Quadranten sehen wir die veränderten Layout-Objekte, die mit Hilfe eines graphischen Layout-Editors ("Rechteck-Editor") entstanden. Der dritte Quadrant zeigt das Ergebnis des Formatierungsprozesses mit zugehörigen Layout-Objekten. Das Endergebnis steht dann im letzten Quadrant.
Einer unserer Ansätze hierbei ist es, daß im Dokumentfenster die vier Miniaturen mit den zugehörigen "Layout-Directives" einen Spreadsheet definieren. Dieser Ansatz wird zur Zeit prototypisert.

3.2. Die Zukunft der Dokumentenverarbeitung

Die schnelle Entwicklung der Hardware-Technologie führt zu neuen Möglichkeiten, Multimedia-Machines zu realisieren.
Im Hinblick auf die Verwendung von Graphik zur Gestaltung der Systemoberfläche des Bildschirmarbeitsplatzes einer M^3 (siehe Fig.1) spielt die Weiterentwicklung folgender Geräte eine zentrale Rolle

Display: höhere Auflösung, Farbe und Bidschirmgröße
Tastatur: Bit-Map-Tasten (event. integriert mit Sprach-E/A)
Zeigeinstrument: z.B. multisensitives 3-D-Toutchpad oder Finger.

Verfahren für "stufenloses" Vergrößern und Verkleinern, Objekt-Erkennung (z.B. Zeichen, Linien usw.), Bildverbesserung (z.B. Linienbegradigung) und exaktes Formatieren in einer direkt manipulativen Umgebung wird die Dokumenterfassung erheblich vereinfachen und die Qualität der Dokumentverarbeitung wesentlich erhöhen.
Die Herausforderung an die Dokumentverarbeitung ist jedoch nicht nur auf die Erstellung und Änderung (syntaktische Analyse) begrenzt, vielmehr geht es darum die Inhalte zu verstehen (semantische Analyse), um z.B. Vorgänge in einem automatisierten Büro zu beschreiben und die Konsistenz von Dokumenten zu gewährleisten.
Die Bedeutung der Graphik bei der Gestaltung eines Arbeitsplatzrechners ist unserer Meinung nach entscheidend beim Lösen des Problems der Mensch-Rechner-Schnitstelle, deren Bedeutung das folgende Zitat unterstreicht:

> "the critical element in a whole-office system - one that serves professionals and executives as well as clerk/typist - is a common software interface that is transparent to all users." [STROLL 83]

Anmerkung: Wir danken Herrn Dr. G. Enderle für die Anregung und die freundliche Unterstützung, sowie unserem Kollegen H. Jerke für sein Interesse und seine Korrekturvorschläge.

4. Literaturhinweise

[ECMA 85] Standard ECMA-101
Office Document Architecture, 1985

[FURUTA 82] Furuta R., Scofield., Shaw A.:
Document Formatting Systems: Survey, Concepts, and Issues
Computing Surveys Vol. 14, No. 3, 1983, pp. 417-472.

[ISO 85] ISO/DP 8613/ Information Processing - Text and office systems - Document structures - Part 1 - 6, 1985

[KIMURA 84] Kimura G., Shaw A.C.:
The Structure of abstract document objects.
Proc. of the ACM-SIGOA Conf. on Office Automation Systems 1984, pp. 161-169

[LEWIS 85] Lewis C.,
Extending the Spreadsheet Interface to Handle Approximate Quantities and Relationships
Proc. of CHI´85, 1985, pp. 55-59

[MAEKAWA 83] Maekawa M., Sakamura K., Ishikawa C., Shimizu T.:
Multimedia Machine
Information Processing 83, 1983, pp. 71-77

[SEL 82] SEL Forschungszentrum
TEXTFAX-Labormodell für eine kombinierte Text- und Faksimile-Bearbeitung und Kommunikation an digitalen Netzen
Anlage A1 zur Vorhabenbeschreibung, 1982

[SHNEIDERMAN 83] Shneiderman B.:
Direct Manipulation: A Step beyond Programing Languages.
IEEE Computer 16, Nr 8, 1983, pp. 57-69

[SMITH 82] Smith C., Irby C., Kimball R., Harslem E.:
The STAR user Interface
National Comp. Conf., 1982, pp. 515-528

[STROLL 83] Stroll D.M.:
A common interface, the heart of office automation,
Computer Design, 1983, pp. 69-71

[SZABO 85] Szabo P.:
Neue Mittel und Verfahren zur Benutzerführung,
Manuskript für die NTG-Diskussionssitzung
München Okt. 1985

ÜBER DIE POTENTIELLE VITALITÄT FEHLERHAFTEN HANDELNS IM ERKENNTNISINTERESSE EINER HUMANEN GESTALTUNG VON MENSCH-MASCHINE-INTERAKTIONEN

Theo Wehner und Helmut Reuter*
Wissenschaftliche Einheit: "Handlung und Wahrnehmung"
Studiengang Psychologie der Universität Bremen
2800 Bremen 33

Vorbemerkung

Die Auseinandersetzung mit scheinbar dichotomen Kategorien (hier der Polatrität zwischen Richtig und Falsch) fordert zwei Betrachtungsperspektiven: eine soziokulturelle und eine individuell transaktionale.
Im ersten Teil wird ein systemübergreifender Standpunkt bezogen und zu argumentieren versucht, daß weder richtig noch falsch Wesensimmanentes widerspiegeln, bzw. Systemeigenes beinhalten, sondern sich kollektiver Konsens, soziale Wertordnung oder Ideologie dokumentieren: richtig und falsch werden vom Beobachterstandpunkt aus festgelegt.
Im zweiten Teil nehmen wir bei der Betrachtung von interaktionsbedingten Handlungsfehlern einen systemimanenten Standpunkt ein und wollen zeigen, daß die Analyse von Handlungsfehlern als methodisches Werkzeug zur Erforschung von Handlungs-, Wahrnehmungs-, Denk- und Gedächtnisstrukturen dienen kann.
Im Vortrag selbst werden wir (den vorliegenden Text als Basis wissend) empirische Befunde vorstellen, die konkrete Handlungsfehler (von Novizen und Experten) aus Mensch-Maschine-Dialogen reflektieren. Die Verallgemeinerung dieser Befunde kann in handlungspsychologisch begründete Gestaltungsvorschriften übersetzt werden.

1. Ontologische und kulturpsychologische Aspekte des Handlungsfehlers

Obwohl fehlerhaftes Handeln zu den grundlegenden Möglichkeiten des Menschen gehört, hat die psychologische Wissenschaft ihm befremdliches Desinteresse entgegengebracht (Wehner 1984a).

*
Wir danken den Mitarbeitern der WE: "Handlung und Wahrnehmung" (insbesondere Dipl.-Psych. Klaus Mehl) für ihre Mitarbeit und Diskussionsbereitschaft.

Wo jedoch existentiale Paradigmen in einer ihnen unangemessenen Weise betont oder vernachlässigt werden, liegt der Verdacht nicht nur zufälliger (wenngleich auch oft unbewußter) Entscheidungen nahe.
Fehlerhaftes Handeln ist in vielfacher Hinsicht problematisch: Im alltäglichen Bewußtsein überwiegt es als Störendes, Lästiges, eben als humane Unvollkommenheit zu Ertragendes. Bestreben und Aufmerksamkeit gelten der Vermeidung. Die Negation eines eigenständigen Wertes des Fehlers ist daher umfassend: In Sprichwörtern wie "aus Fehlern lernt man" wird die Negation durch vermeintliches Annehmen der Unausweichlichkeit noch betont. Es liegt keine selbstbewußte Bejahung, sondern eine versteckte Resignation darin.
Direkt verständlich wird die kognitive Belastetheit der Fehlerwertschätzung durch die kulturellen Verdikte, die über fehlerhaftem Handeln liegen: Bekenntnis, Strafe, Sühne und Wiedergutmachung.
In Gesellschaften und Zeiten, in denen das Funktionale hoch im Kurs steht, in denen Bedenken hinsichtlich der Nützlichkeit und Tolerierbarkeit eigenständiger kreatürlicher Prozesse bestehen (die verkürzten Ordnungsvorstellungen zu widersprechen pflegen), ist eine positive Einschätzung des Handlungsfehlers notwendig gering.
Dies ist der von Günther Anders früh visionierte Weg in die Automation: "Die endgültige Ersetzung des Gewissens durch die Gewissenhaftigkeit der mechanischen Funktionen." (1981, 350).
Im Lichte des Funktionalen ist der Fehler ein Unding, und der technische Fortschritt soll für Minimierung sorgen. Besagter Fortschritt umfaßt jedoch nicht die menschliche Entwicklung (weder phylo- noch ontogenetisch), und infolgedessen gab es auf diesem Sektor auch nichts zu forschen, da eine ontologische Akzeptanz des Handlungsfehlers die positivistische Forschung relativiert hätte.
Der Ausschluß der Fehleranfälligkeit - von 'Fehlerbereitschaft' wäre innerhalb dieser Ideologie nicht zu reden - kann auf der apparativen Seite durch kontinuierliche Verbesserung versucht werden und auf der humanen Seite durch quasi-apparatives Training, wobei die Grenzen der Übung durch die Psychologie hervorgehoben werden.
Für den verbleibenden Rest humaner Unzulänglichkeit bleibt der pädagogisch-weltanschauliche Regelkanon zuständig, der in absoluter Setzung zwischen Richtig und Falsch unterscheidet und diese Unterscheidung verbindlich macht. Interessanterweise bildete sich die naturalistisch-positivistische Weltanschauung stets ein, Verbindlichkeiten, die dem religiösen oder gar mystischen Bereich entstammten, durch kritische Aufklärung überlegen zu sein und übersah dabei ihren eigenen Ideologisierungsprozeß. Auf diese Weise rückte das funktional 'Richtige' an die Stelle des göttlich 'Rechten'.
Die Durchsetzungsmechanismen zur Einhaltung dieses 'Richtigen' (oder der Vermeidung des 'Falschen') ähneln einander.
Der Versündigung im traditionell-theologischen Regelkanon entspricht die Störung durch fehlerhaftes Handeln, die innerhalb des funktionalen Systems 'nicht wiedergutzumachen ist'. Beide Systeme setzen voraus, daß die Grundlagen nicht hinterfragt werden: So wie es eben einen Gott gibt, muß das technologische System funktionieren. Es ist kein Wunder, daß der Mensch in seiner ontischen Mangelhaftigkeit unter solchen numinosen Anforderun-

gen sich nicht nur "prometheisch" schämt (die Scham für das Unterlegenheitsgefühl des Menschen seinen Gerätschaften gegenüber, Anders 1981), sondern sich in umfassender Weise schuldig fühlen muß, bevor der eigentliche Akt der Versündigung eingetreten ist. Auf diesen Zusammenhang verweist die gelegentlich anzutreffende Apotheose mikroelektronischer Geräte, deren Vorstufe die häufiger anzutreffende Antropomorphisierung ist. Eine entscheidende Dehumanisierung des neuen Regelkanons gegenüber dem theologisch-mystischen kam hinzu: Das alte System sah den Fehler, die 'Verfehlung', als unvermeidlich an und wußte im Instrument der Vergebung Kompensation (auch wenn willkürliche institutionelle Setzungen dessen, was Fehler (Sünde) sein sollte, und den Voraussetzungen, die über die Vergebung entscheiden, dieses Gefüge zu einem bloßen Machtinstrument verkommen ließen).

Die neuen Systeme sind prekärer: Eigentlich darf der vom Programmierer nicht vorgesehene Fehler gar nicht mehr vorkommen. Viele Handlungsfehler sind innerhalb ihres Wirkungsbereiches zwar verbesserbar (unwirksam zu machen), aber die umfassende technologische Perfektion kennt die nicht korrigierbaren Fehler: Harrisburg ist ein prominentes Beispiel hierfür. Zudem widerlegt die bloße Bereitstellung von Technologien, deren 'fehlerhafte' Verwendung unkorrigierbar wäre, die ohnehin schon ideologische Unterscheidung von Richtig und Falsch. Denn was wäre innerhalb der Gentechnologie etwa richtig und was falsch?

Das Freiwerden von solchem Regelkanon ist nun gewiß eine human ebenso problematische Zumutung wie die macht-mißbräuchliche Verwendung dieses Regelkanons (Feyerabends Wissenschaftsphilosophie erscheint hier eher als ein Akt der Verzweiflung).

Die Angst vor solcher Freiheit führt zu einer merkwürdigen Kontamination der Wertwelten. Das Beharren auf dem 'nicht wiedergutzumachen' eines allfälligen Fehlers hat eine deutlich ethisch-moralische Dimension, die entweder im Gewand der Ethik des funktionalen Sollzustandes daherkommt, oder sich ungehemmt aus der theologisch enlehnten Absolutsetzungen bedient. Wie soll sich nun aber ein Mensch orientieren, der aus der Eigendynamik des technologisch-funktionalen Systems (und innerhalb dieser Wertwelt) 'gefehlt' hat und dem gesagt wird, er habe gleichzeitig gegen die göttliche Ordnung verstoßen? Wäre ihm nur das letztere passiert (und dies etwa im Wertgefüge des Mittelalters), wäre seinem Seelenfrieden kein 'nicht wiedergutzumachender' Schaden entstanden. Seine heutige Situation ist hingegen aussichtslos.

Der Verstoß gegen das funktionale System gewissermaßen in Tateinheit mit dem Verstoß gegen das numinose System hat eine Dimension, die sich in der Ratlosigkeit der Kunst dieses Jahrhunderts widerspiegelt. Es scheint, daß das Überleben unter solcher Bedrohung nur durch ihre Ignoranz möglich ist.

Ignoranz nun hat empfindsamere Geister nicht geschützt: Es ist nicht mehr nötig, daß das verstrickte Individuum noch einen Begriff vom Ausmaß seines Fehlers hat. Art der Schuld und sühnendes Urteil können ihm unbewußt bleiben, wie es bei Kafka "In der Strafkolonie" heißt: "Es wäre nutzlos, es ihm zu verkünden. Er erfährt es ja auf seinem Leib" (1970, 118). Die verzeiflungsvolle Lage hat hier ihre höchste Verdichtung gefunden. Gnade und Erleichterung sind unberechenbarer Willkür anheim gefallen und die Institutionen, die darüber zu befinden haben, sind in sakrosankte Fernen gerückt.

So erklärt sich die fortbestehende Unlogik der oben beschriebenen Kontamination der Wertbezüge. Sie ist im übrigen den Interessen unterworfen: Von der absoluten Vorrangigkeit des Lebens etwa ist nur da die Rede, wo der Zwang zur Fehlervermeidung ideologisch gestützt werden muß (etwa weil die Vervollkommnung der Techniken noch zu wünschen übrig läßt). Lebensgefährdende Handlungsfehler im technologischen Bereich stehen unter mächtigem Tabu.
Die Rückverweisung des im strengen Sinne Menschenunmöglichen in den individuellen Verantwortungsbereich hat etwas Bizarres: Industrie und Werbung nötigen dem mit hierfür höchst unvollkommener Psychomotorik ausgestatteten Menschen Apparate bspw. in Form von Autos und Motorrädern auf, deren Möglichkeiten zur Energieentfaltung die durchschnittlichen psychophysischen Kräfte leicht überfordern. Lassen wir alle Formen willkürlicher oder grob fahrlässiger Verhaltensfehler beiseite und beschränken wir uns auf die unglücklichen aber oft folgenschweren Fehler aus psychomotorischem Unvermögen: Die gesellschaftliche Sanktion führt an dieser Stelle Kategorien der Moralität (fahrlässige Tötung etc.) ein, die dort fehl am Platze sind. Die Wortwahl in richterlichen Urteilsverkündungen stellt hier reiches Quellenmaterial.
Die Drohung, leben zu müssen unter dem Schatten, einen 'nicht wiedergutzumachenden' Fehler begangen zu haben, ist in höchstem Maße wirksam: Das technologische System mildert nichts an diesem Fehler, die numinose Vergebung hat ihre Verbindlichkeit eingebüßt. Die Wirksamkeit liegt in der Verbindung des scheinbar Unverbindbaren: Das Ausfüllen des objektiv wertneutralen funktionalen Bereichs mit ethisch-moralischen Verbindlichkeiten.
Auflösung erfährt das Problem durch Vergewisserung über die tatsächliche Natur des Handlungsfehlers: Ist der Handlungsfehler von solcher Art, wie sie die empirische Gestalttheorie (s. unten) nahelegt, so ergibt sich aus der ontischen Eingebundenheit die Absurdität der Verknüpfung von funktionalem Fehler und ethisch-moralischem Versagen.
Entweder ist die ontologische Situation selbst nicht wiedergutzumachen, oder es tritt endlich eine Ganzheitlichkeit der Betrachtung in Kraft, die die Diffamierung und Ideologisierung fehlerhaften Handelns offenlegt, den Wunsch nach Verbindlichkeit des Regelkanons als Schwächezustand feststellt (wobei die Rigorosität der Verbindlichkeit eine Funktion der Schwäche ist) und die Vorläufigkeit und den humanistischen Aspekt des handelnden Suchens (notwendig fehlerbehaftet) an die gebührende Stelle rückt.

Die Fehlervermeidung nun ist das Projektionsfeld, auf dem die Frage der humanen Angemessenheit des gestalterischen Prozesses zwar nicht entscheidbar ist, aber dennoch konkret diskutiert werden kann.
Während in diesem Text die humane Angemessenheit grundsätzlich reflektiert wurde, soll der folgende Teil darauf verweisen, daß hieraus keine Handlungsverweigerung oder Werkzeugnegierung folgt.

2. Methodologische und pragmatische Aspekte des Handlungsfehlers

2.1 Menschliche Handlungsfehler und Zielabweichung als Erkenntnisvoraussetzung

"Pierre Parcu, der im E-Werk von Metz in der Schaltzentrale arbeitet, sagte mir: Das Schlimmste ist aber, wir können nichts mehr falsch machen. Denken Sie sich mal da hinein, ganz fest hineindenken: Wir machen immer alles richtig. Das ist zum Verrücktwerden."

In diesem Porträtausschnitt, den Max von der Grün (1981, 97) zeichnete, wird die von uns intendierte Sichtweise zur Betrachtung menschlicher Handlungsfehler auf den Punkt gebracht: es gilt, den Handlungsfehler zu vitalisieren, statt ihn zu eliminieren.

Dieses Postulat geht von einer dialektischen Beziehung zwischen Richtig und Falsch aus. Damit wird auch aus psychologischer Sicht eine einseitige Gewichtung des fehlerfreien Handelns negiert und der Entwicklungs- sowie Lernaspekt fehlerhaften Handelns ins Zentrum der Forschung gestellt.

Dieser Standpunkt wirkt zunächst kontraintuitiv, da im Alltag der Handlungsfehler häufig als Unterbrechung des Handlungsflußes erlebt wird. Nur in Ausnahmefällen erfolgt danach eine systematische Fehlerätiologie, um hieraus erkenntnisstiftende Potenzen zu extrahieren. Es wird vielmehr in erster Linie versucht, den Handlungsfehler zu korrigieren, unter Umständen sogar nach dem 'trial and error' Verfahren.

Eine psychologische Fehleranalyse hingegen muß die spontan auftretenden, nicht intendierten Zielverfehlungen in erster Linie empirisch erfassen und systematisieren, um ein überindividuell valides Erklärungsmodell zu gewinnen. Fehlervermeidungsstrategien wiederum werden aus solchen Modellen abgeleitet und führen nicht nur zu individuellen Verhaltensvorschriften, sondern bspw. auch zu Umstrukturierungen von Gewohnheiten, Stereotypen, Routinen bzw. dem Umgestalten von Arbeitssituationen oder Hilfsmitteln. Aus der Analyse von Irrtümern werden hingegen (entsprechend der folgenden Umschreibung) vorrangig pädagogische Maßnahmen abzuleiten sein.

Zunächst ist es nur notwendig, den Fehler vom Irrtum und der Störung abzugrenzen: Die Störung verweist auf die Tatsache, daß das antizipierte Ziel aufgrund eines Defektes, der zu einer Unterbrechung führt, nicht erreicht werden kann.

Fehler und Irrtum hingegen drücken eine Zielverfehlung aus; hier wird ein anderes als das antizipierte Ziel erreicht. Qualitativ trennen wir den Fehler vom Irrtum bereits im Sprachgebrauch: Man befindet sich im Irrtum, aber man macht eien Fehler.

Damit wird der Fehler als ein Produkt des Augenblicks gekennzeichnet, während der Irrtum der Handlung vorausgeht und auf Unkenntnis bzw. falschen Annahmen beruht.

Dem Irrtum kann wiederum eine fehlerhafte oder bereits irrtümliche Aneigung zugrundeliegen, so daß er meta-analysiert werden muß.

2.2 Der maschinelle Defekt und Dialogfehler als Störgröße

Im Gegensatz zur psychologischen Fehlerforschung steht die Analyse und Überwindung von Störungen bzw. Defekten technischer Systemfunktionen.
Ausgehend von einer allgemeinen Theorie der Automaten formulierte John von Neumann (1967, 160): "Wir bemühen uns, die Automaten so einzurichten, daß Fehler möglichst auffallend werden und Eingriff und Ausbessern unmittelbar folgen." Mit dieser Charakterisierung wird das Lebendige und essentiell Menschliche im Handlungsfehler im Unterschied zum maschinellen Defekt hervorgehoben. Von Neumann betonte, daß lebendige Organismen so gebaut sind, "daß Fehler möglichst unauffällig und harmlos werden" und fügte hinzu, daß sie trotz des Auftretens von Fehlern nicht nur arbeitsfähig bleiben, sondern die Form der Maßnahmen und den Zeitpunkt der Überwindung selbst bestimmen können. Fehler in Automaten hingegen müßen extern bestimmt, monokausal gedacht, unmittelbar diagnostiziert und rigoros eliminiert werden: Automaten verfügen nicht über ein Selbstregulativ.
Wenn zur Zeit jedoch versucht wird, auch eine automatische Fehlererkennung und Fehlerbeseitigung im Mensch-Maschine-Dialog zu implementieren, so muß das technisch Machbare mit dem human Notwendigen 'abgestimmt' werden; nur so bleibt die Möglichkeit zur Kompetenzerweiterung aufgrund von Zielverfehlungen erhalten.
Ansonsten würde gelten, was Pierre Parcu in dem eingangs geschilderten Zitat beklagt: "Wir machen immer alles richtig. Das ist zum Verrücktwerden."

2.3 Handlungsfehler aufgrund interferierender Absichten oder Strukturinterferenzen

Die wissenschaftliche Auseinandersetzung mit dem Gegenstand wird zu Recht mit Freuds "...Psychopathologie des Alltagslebens" (1981) in Verbindung gebracht.
Zweifellos ist es sein Verdienst, darauf hingewiesen zu haben, daß jede Handlung nicht nur ein Ziel und Motiv birgt, sondern vor allem Sinnhaftigkeit dokumentiert.
Falls ein anderes als das intendierte Ziel erreicht wird, geht die psychoanalytische Theorie davon aus, daß sich in diesem realisierten Ziel unbewußt verdrängte Motive dokumentieren, die der Deutung zugänglich sind.
Um handlungsdeterminierend zu werden, benötigen die unbewußten Motive nach Freud begünstigende psychophysische Bedingungen, wie etwa Aufregung, Müdigkeit, Eile, etc.
Der Effekt der Fehlleistung wird als voll gültiger psychischer Akt angesehen, der sein eigenes Ziel und Motiv verfolgt und das bewußt geplante Ziel substituiert: <u>Die Fehlleistung verweist auf interferierende Absichten.</u>

Im Gegensatz zu den Psychoanalytikern untersuchen wir den fehlerhaften Verlauf einer Handlung in Bezug auf situationsabhängige strukturelle Eigenschaften und Gesetzmäßigkeiten.
Ausgehend von der gestalttheoretischen Grundauffassung, wonach die Subjekt-Objekt-Re-

lation keineswegs beliebig, sondern durch Strukturgesetzmäßigkeiten bestimmt ist, betrachten wir den Fehler als Ausdruck einer Handlungsanforderung, die diesen Gesetzmäßigkeiten gegenüber inadäquat ist: Der Handlungsfehler verweist auf interferierende Strukturen.
Solche Strukturinterferenzen können zwar durch Konzentration auf die geforderte Handlungsausführung 'überdeckt' werden, bergen aber stets die potentielle Möglichkeit eines 'Verfehlens' beim Absinken des psychophysiologischen Regulationsniveaus.
Diese Aussage wird durch empirische Befunde bestätigt, die zeigen, daß es einerseits nicht unendlich viele Möglichkeiten des Versprechens, Verhörens oder Fehlhandelns gibt, und daß sich andererseits diese Fehlleistungen innerhalb des Handlungskontextes nicht zufällig auf abgrenzbare Teilhandlungen verteilen.
Dennoch birgt die Aussage keinesfalls einen Reiz-Reaktions-Determinismus, sondern verweist auf das 'psychische Gesamtfeld' und die wechselseitig bedingten Strukturbildungsprozesse. Diesen wiederum wird von den kognitiven Fehlerforschern Norman (1981), Reason (1984), Reason und Mycielska (1982), Rasmussen (1980, 1981) der Vorrang bei der Analyse sog. "slips" gegeben, d.h. sie werden dort vor allem als "window to the mind" aufgefaßt und bilden von daher die 'ökologische Gesamtsituation' oft nur verkürzt ab.

2.4 Über empirisches Arbeiten: I. Der singuläre Einzelfall

Die Unterschiede, aber auch die Gemeinsamkeiten zwischen den beiden Ansätzen seien an einigen Beispielen erläutert.
Freud schildert in seinem Werk einen Vorfall, wie er dem Leser aus eigenem Erleben bekannt sein könnte: "In einem bestimmten Hause, wo ich seit sechs Jahren zweimal täglich zu festgesetzten Zeiten vor einer Tür im zweiten Stock auf Einlaß warte, ist mir während dieses langen Zeitraumes zweimal (mit einem kurzen Intervall) geschehen, daß ich um einen Stock höher gegangen bin, also mich 'verstiegen' habe.
Das eine Mal befand ich mich in einem ehrgeizigen Tagtraum, der mich 'höher und immer höher steigen' ließ. Ich überhörte damals sogar, daß sich die fragliche Tür geöffnet hatte, als ich den Fuß auf die ersten Stufen des dritten Stockwerks setzte. Das andere Mal ging ich wiederum 'in Gedanken versunken' zu weit; als ich es bemerkte, umkehrte und die mich beherrschende Phantasie zu erhaschen suchte, fand ich, daß ich mich über eine (phantasierte) Kritik meiner Schriften ärgerte, in welcher mir der Vorwurf gemacht wurde, daß ich immer 'zu weit ginge', und in die ich nun den wenig respektvollen Ausdruck 'verstiegen' einzusetzen hatte" (1981, 132).

Ein vom Ablauf her ähnliches Beispiel befindet sich auch in unserer Fehlersammlung. Aufgrund der unterschiedlichen theoretischen Sichtweisen führte die Recherche jedoch zu einer anderen Rekonstruktion und Erklärung: Ein Bewohner der dritten Etage eines Mietshauses 'landete' beim nach oben gehen in der zufällig offenstehenden Wohnung einer Nachbarin aus dem zweiten Stock. Erst die Fremdheit des Flures löste eine Orientierungs-

reaktion aus, die ihm seinen Handlungsfehler bewußt werden ließ.
Eine genauere Analyse ergab, daß die betreffende Person gewohnheitsmäßig nach dem Abstellen des Fahrzeugs in der Garage den Eingang des Erdgeschosses benutzt, sich mitunter durch ein Klingelzeichen ankündigt und nach oben geht. An dem besagten Tag änderte er diese Routinehandlung. Bevor er nach oben ging, ging er in den Keller, um von dort etwas mitzunehmen und sich so einen späteren Gang zu ersparen: Nach dieser eingefügten Nebenhandlung realisierte er dennoch sein routinisiertes Handlungsprogramm.

Gemeinsam ist den beiden Erklärungsansätzen, daß die Recherche sich auf den umfassenderen Handlungskontext und nicht nur auf die fehlerhafte Sequenz bezieht. Zudem geht aus den beiden Schilderungen hervor (und ist durch andere Fehlerprotokolle belegt), daß der Fehler im 'unbetonten Mittelteil' einer umfassenderen 'Handlungsganzheit' passierte.
Während die Freudsche Deutung im Ziel der fehlerhaften Handlung ein unbewußtes Motiv findet,rekurriert die von uns gelieferte Rekonstruktion auf eine Strukturgleichheit (Keller, II. Stock = Erdgeschoß, III. Stock).
Aus handlungstheoretischer Sicht ist die Strukturgleichheit (auf der Bewegungsebene als kinästhetisches Echo) zwischen dem fehlerhaft ausgeführten und dem routinisierten, situationsunabhängig gespeicherten Handlungsprogramm erklärungsrelevant.

Die folgenden beiden Beispiele gehen nun stärker auf die Text-Graphik Synthese ein.
An dem ersten Fall läßt sich eine Alltagserfahrung verallgemeinern: Vielen Interaktionsgegenständen fehlen sog. 'Umgangsqualitäten'. Von solchen Hilfsmitteln geht kein eindeutiger, den Dialog strukturierender 'Aufforderungscharakter' aus, so daß es zu Desoriertierung und in der Folge zum Auftreten von Handlungsfehlern kommt: Im Psychologen-Kalender ist seit 1983 das linke obere Feld jeder Doppelseite für Eintragungen von Wochennotizen vorgesehen. Es folgen dann in gleicher Notation die Rubriken für die einzelnen Wochentage.
Wie uns berichtet wurde, führte dies zu folgenden Handlungsfehlern: Montagstermine wurden gelegentlich in die Rubrik Wochennotizen, Dienstagstermine in das Montagsfeld eingetragen. Dieses Beispiel zeigt, daß der Designer, der dieses 'Schnittstellenproblem' zu lösen gehabt hätte, die Handlungsbedürfnisse der Benutzer nicht antizipierte.
Natürlich gehen wir keineswegs davon aus, daß die fehlersuggerierende Strukturvorgabe nicht angeeignet und fehlerfrei gehandhabt werden könnte; sie tritt allerdings mit einer erfahrungsgeneralisierten Struktur oder individuellen Strukturierungen* in Interferenz, so daß sich die potentielle Gefahr einer 'Fehleintragung' erhöht, bzw. Aufmerksamkeit und Konzentration benötigt werden, wo aufgrund von Erfahrung Entlastung möglich wäre.

* Wegen der mehrdeutigen Gestaltungsvorgaben für die jeweils erste Textseite des vorliegenden Sammelbandes müssen mit Sicherheit Fehlgestaltungen erwartet werden. Die verschiedenen Anweisungen (zwischen Verlag und Herausgeber) sind so inkompatibel, daß sie individuelle Lösungen fordern und keinen eindeutigen Handlungsfehler 'ermöglichen'.

An diesem Beispiel zeigt sich ferner, daß vom Handelnden keine strikte Trennung in Text und Graphik vorgenommen wird: Der Text 'Wochennotizen' wird nicht seiner Textbedeutung entsprechend interpretiert; die Doppelseite wird vielmehr als graphisches Dokument 'gelesen'. Dabei werden die semantisch und pragmatisch wohl unterscheidbaren 'Startpunkte' (Beginn einer neuen Woche, Beginn einer neuen Seite) aufgrund sozialer Erfahrungen äquivalent gesetzt.

Auch das folgende Beispiel zeigt, daß die Text-Graphik Synthese nicht nur der unsystematisierten Intuition von Graphikern und Planern überlassen, sondern psychologisches Wissen hinzugezogen werden sollte. Die Handlungsfehlerforschung hat hierfür paradigmatischen Charakter.

Ohne auf die Verkehrsschilderproblematik (wie sie auch in der Abb. 1 aufscheint) im allgemeinen eingehen zu können, sei ein spezieller Aspekt herausgegriffen:

Beim 'Verarbeiten' der Hinweistafel in Abb. 1 passierte es überzufällig oft, daß die Text-Graphik Redundanz nicht erkannt wurde; Fehlinterpretationen häuften sich. Autofahrer, die zum Flughafen wollten, fuhren weiter in Richtung Bonn, obwohl sie die anderslautende Information keinesfalls übersehen hatten.

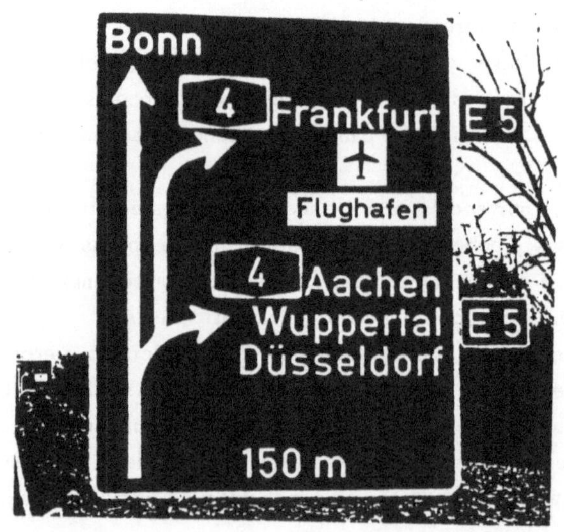

Abb. 1: Erläuterungen siehe Text

Während das Piktogramm auf der Abb. 1 lediglich ein schnelleres 'Lesen' der Tafel ermöglichen sollte, wurde es von Autofahrern simultan als Richtungsweiser interpretiert: Text und Pfeil ohne die unreflektierte Verwendung eines graphischen Symbols wären hier hilfreicher gewesen. Das graphische Symbol, das in dem Beispiel nur Verwirrung stiftet, ist zur Wahrnehmungsoptimierung durchaus geeignet, da es eine gestalthafte Informationsverarbeitung ermöglicht. Dabei aber muß die 'Doppelbelegung' - das Flugzeug als Piktogramm wird sowohl als Text (Flughafen) wie auch als Richtungsweiser (geradeaus) rezipiert - im Design berücksichtigt werden. Wird das Piktogramm etwa nach rechts gedreht, kann es Streß und Gefahr auslösende Handlungsfehler vermeiden helfen: Lernen nämlich kann man aus solchen Fehlerfallen nur über die mangelnde Antizipationsfähigkeit der Planer. Die beschriebene Fehlerfalle wurde inzwischen zumindest mancherorts beseitigt, indem das Symbol um 90° gedreht wurde. Noch besser wäre allerdings eine Drehung um 45°, so daß lediglich das Abbiegen signalisiert würde und die eindeutige Zuordnung (nach rechts) aus dem Text hervorginge.

Das Beispiel zeigt, daß die potentielle Möglichkeit zur Zielverfehlung strukturell bedingt ist und menschliche Informationsverarbeitungsprozesse nicht berücksichtigt wurden. Es wird zudem deutlich, daß Text und Graphik sich keinesfalls additiv zueinander verhalten, sondern einer je eigenen Verarbeitungsspezifik unterliegen.

Die Gestaltgesetze (Gesetz der Nähe, der durchgehenden Kurve, der Prägnanz etc.), wie sie von Metzger (1936) beschrieben wurden, sollten bei der Text-Graphik Synthese unbedingt beachtet werden.

2.5 Über empirisches Arbeiten: II. Die experimentelle Absicherung

Während wir hier nur auf spontane Handlungsfehler aus dem individuellen Alltagshandeln eingegangen sind, die sicher noch stärker zu berücksichtigende individuelle Varianzen bergen, arbeiten wir im allgemeinen anders: phänomenologisch-experimentell.

Am Ausgang solcher Experimentalserien steht beim phänomenologisch-experimentellen Ansatz die sorgfältige Beobachtung und wenn möglich, die Rekonstruktion durchaus singulärer Einzelfälle, die dann in Experimentalanordnungen transformiert werden. Durch gezielte Bedingungsvariationen sowie die Einhaltung zusätzlicher Postulate (Wiederholbarkeit und Intersubjektivität) lassen sich auf dieser Ebene des empirischen Forschens verallgemeinerbare Modelle und Gestaltungsvorschriften ableiten.

In den Arbeiten von Wehner et al. (1985) und Wehner (1985b) werden solche 'Basisfehler' vor allem zum Bereich des gewohnheitsbedingten Handelns (es umfaßt ca. 80% unserer täglichen Verrichtungen), und entsprechende experimentelle Umsetzungen beschrieben. Hier verzichten wir deshalb auf ein Referieren, stattdessen soll eine momentan noch laufende Untersuchung an Mensch-Maschine-Digitalpartnern skizziert werden. Die vollständigen Ergebnisse werden wir auf der Tagung vorstellen.

Wir interviewen zur Zeit verschiedene EDV-Benutzergruppen (Anfänger, Gelegenheitsbenutzer, Experten, Problemberater), um u.a. eine verallgemeinerbare Fehlerklassifikation zu erarbeiten, experimentelle Paradigmen zu erschließen, daraus abgeleitete 'Pflichtenkataloge' zu erstellen und Fehlervermeidungs- sowie Fehlerverarbeitungsstrategien zu erfassen.
Dabei zeichnen sich bereits jetzt qualitative Befunde ab, die eher mit dem ersten Teil des Textes, dem kulturpsychologischen Part, als mit der Theorie des zweiten Teils korrespondieren:
Schon in anderen Untersuchungsbereichen und akzentuiert in dem beschriebenen fällt auf, daß Interakteure über ein mangelndes 'Fehlerbewußtsein' (im Sinne einer vitalisierenden Verarbeitung und Erkenntnisgewinnung) verfügen. Wenn Handlungsfehler auftreten, werden sie schicksalshaft als lästige Selbstverständlichkeiten, sozusagen als zum 'Handwerk' gehörig, aufgefaßt und nach dem 'trial and error' Verfahren behoben; eine systematische Aufarbeitung und eventuelle Rückmeldung an Planer, Designer oder Systemingenieure fehlen vollständig.
Im Gegenteil: Antropomorphisierungen im Sinne von 'manchmal spinnt er auch' sind weder selten, noch werden sie - im späteren Gespräch etwa - als Scheinattribuierungen erkannt.
Dort wo zumindest eine bewußte Wahrnehmung und Recherche stattfindet, fällt auf, daß die Benutzer den 'exakten' Fehlerkontext (wo komme ich her, wo will ich hin?) nicht ermitteln, sondern das partialisiert aufgefaßte Fehlerereignis bagatellisieren. Die Zielfehlungen werden zu Tippfehlern oder Irrtümern (nicht im Sinne der obigen Abgrenzung sondern als Synonym zum Fehlerbegriff) deklassiert und sogenannten Fehler<u>formen</u> (Verwechslung, Kontamination etc.) zugeordnet.
Solche Klassifikationen spiegeln allerdings nur die 'Buntheit' der auftretenden Fehler wider und reflektieren keine psychischen Prozesse. Diese werden erst bei einer kategorialen Betrachtung von Fehler<u>arten</u> (gewohnheits-, streßbedingte Handlungsfehler, Antizipations-, Gestaltschließungsfehler etc.) unter Rückbezug auf psychologische Theorien erschlossen und führen zur Ableitung und Begründung adäquater Fehlervermeidungsstrategien. Fehlervermeidungsstrategien wiederum müssen in die Dialogstruktur integriert und nicht in vermeintlich 'bessere' Handanweisungen geschrieben werden; letztere spielen nämlich nach unseren Erfahrungen bei der Fehlersuche und Korrektur fast keine Rolle, da ihnen der Gebrauchswert hierfür fehlt.
Aus handlungstheoretischer Sicht (vgl. etwa Hacker 1973) ist die Vermutung berechtigt, daß das mangelnde Fehlerbewußtsein an einen Mangel an Handlungsspielräume geknüpft ist: Die Eingriffsmöglichkeiten der Benutzer zur Optimierung des Dialogs sind nicht transparent.
Die potentielle Vitalität des Fehlers kann nähmlich nur dort genutzt werden, wo Handlungskompetenzen <u>und</u> Gestaltungsspielräume vorhanden sind.

2.6 Eine Begriffsumschreibung statt einer Fehlerdefinition

Da wir Handlungsfehler als methodisches Werkzeug, das sich dynamisch verändert, auffassen, liegt es nahe, eine Begriffsumschreibung für die Bedingungen fehlerhaften Handelns vorzunehmen, statt eine allgemeingültige Fehlerdefinition zu versuchen.
In diese Begriffsumschreibung geht der theoretische Standort mit ein, so daß die jeweilige Kritik auf dieser Ebene und nicht auf der des Wortlauts formuliert werden muß:

> Handlungsfehler sind Ausdruck geistiger und manueller Fertigkeiten; sie treten vorrangig im unbetonten Mittelteil gestalthaft verschmolzener Handlungsganzheiten auf. Diese sind nach 'bestimmten' Gesetzmäßigkeiten strukturiert und an jeweils generallisierte Situationsinterpretationen gebunden.
> Die potentielle Möglichkeit zum fehlerhaften Handeln besteht dort, wo a) objektiv veränderte Situationsmerkmale als psychisch gleichartige erlebt werden und deshalb keine entsprechende Orientierungsreaktion ausgelöst wird, oder wo b) die Situationscharakteristika als mehrdeutige Handlungsanforderungen (im Sinne unprägnanter Gestalten) wirken; der Handelnde jedoch <u>eine</u> - unter Umständen eben fehlerhafte - Handlungsalternative ausführt.
> Gestalttheoretisch interpretiert fehlt in beiden Bedingungskonstellationen ein eindeutiger 'Aufforderungscharakter' der situativen Gegebenheiten.

Literatur

Anders, G. Die Antiquiertheit des Menschen. Beck, München, 1981.
Freud, S. Zur Psychopathologie des Alltagslebens. Fischer, Frankfurt, 1981.
Grün, M.v.d. Klassengespräche. Luchterhand, Neuwied, 1981.
Hacker, W. Allgemeine Arbeits- und Ingenieurpsychologie. Psychische Struktur und Regulation von Arbeitstätigkeiten. VEB, Deutscher Verlag der Wissenschaften, Berlin (DDR), 1973.
Kafka, F. Sämtliche Erzählungen. Suhrkamp, Frankfurt, 1970.
Metzger, W. Gesetze des Sehens. Kramer, Frankfurt, 1936.
Neumann, J.v. Allgemeine und logische Theorie der Automaten. Kursbuch, 8 (März 1967), 139-175.
Norman, D.A. Categorization of action slips. Psychol. Rev. 88, 1 (Jan. 1981) 1-15.
Rasmussen, J. What can be learned from human error reports? In Changes in working life. K.D. Duncan, M.M. Gruneberg, D. Wallis, Eds., Wiley & Sons, London, 1980, 97-113.
Rasmussen, J. Human errors. A taxonomy for describing human malfunction in industrial installations. RISØ-M-2304, Roskilde (Aug. 1981).
Reason, J.T. Littel slips and big disasters. Interdiscipl. Sci. 9, 2 (März 1984) 179-189.
Reason, J.T., Mycielska, K. Absent-Minded? The psychology of mental lapses and everyday errors. Prentice-Hall, Inc. (Spectrum), Englewood-Cliffs, N.J., 1982.
Wehner, T. Im Schatten des Fehlers - Einige methodisch bedeutsame Arbeiten zur Fehlerforschung. Bremer Beiträge zur Psychologie 34, Bremen (Nov. 1984a).

Wehner, T. Im Schatten des Handlungsfehlers - Ein Erkenntnisraum motorischen Geschehens. Bremer Beiträge zur Psychologie 36, Bremen (Nov. 1984b).

Wehner, T., Stadler, M., Mehl, K., Kruse, P. Action slips - An old theme from a new gestalt theoretical perspective. In Contemporary Psychology: Biological processes and theoretical. J.L. McGaugh, Ed., North-Holland, Amsterdam, 1985, 214-230.

BE- UND VERARBEITUNG VON
»REAL-OBJEKT-GRAPHIKEN« IN DOKUMENTEN

Wolfgang Vitovec
Telefon- und Adreßbuchverlag „HEROLD"
Wipplingerstraße 14
A-1010 Wien

Zusammenfassung

Neben den Computergraphiken, die aus abstrakten Mengen von Linien, Kurven und Flächen bestehen und eigentlich Graphiken synthetischer Objekte sind, gewinnen die „Graphiken realer Objekte" für viele Applikationen zunehmend an Bedeutung. In dieser Arbeit wird das Modell eines Druckvorlagenherstellungssystems für Bücher beschrieben, das automatisch Graphik-Bild-Text - Seiten erstellt.

Präambel

Für mich waren – noch vor wenigen Jahren – „Hochzeiten" und „Leichen" ausschließlich gesellschaftliche Ereignisse. Heute sind es für mich – neben „Hurenkindern" und „Fischen" – Ausdrücke des täglichen (Fach-) Sprachgebrauchs für „Ereignisse", deren Existenz zum einen Teil auf Eingabefehler (der Setzer) und zum anderen Teil leider auch auf „Programm-Fische" zurückgeht. Von den eben zitierten, – typographisch – eher traurigen Ereignissen abgesehen, erfreue ich mich (zunehmend) der sich absolut wie prozentuell vermehrenden „Jungfrauen" (das sind vom Korrektor unberührte Seiten!). Anders ausgedrückt: ich beschäftige mich mit der Automation der Herstellung von Satz bzw. Druckvorlagen.

Bei der Erstellung von Dokumenten treten die höchsten typographischen Ansprüche nach wie vor bei der Herstellung von Druckvorlagen auf. Die meisten der typographischen Regeln entspringen dabei dem Wunsch, etwas „ästhetisch Schönes" zu produzieren. Es ist interessant, daß der „schöne" Satz zumeist auch besser und leichter lesbar ist!

Die Probleme, die bei dem Versuch auftreten, ein den ästhetischen Werten und somit der Typographie entsprechendes Umbruchmodell zu erstellen, haben den Einzug von (weitreichenden) Automatismen in der Satztechnik lange Zeit gebremst.

Textverabeitungssysteme rückten dagegen den Lettern und deren automatischer Verarbeitung eher ungeniert und (typographisch) schamlos zu Leibe. Zunehmend wird jedoch auch hier auf die typographische Gestaltung verstärkt Wert gelegt.

Heute ist die Grenze zwischen Textverarbeitungssystemen und Satzsystemen teilweise schon sehr verschwommen. Beiden gemein ist zur Zeit der Wunsch, Graphiken jeder Form und Art [auf harmonische Weise(?)] zu integrieren. Im Rahmen dieser Arbeit wird vor allem die Formatier-Komponente eines integrierten Graphik-Bild-Satz-Systems betrachtet.

Terminologie

In der Folge wird der Begriff „Graphik" lediglich für „Graphiken realer Objekte" verwendet, wobei darunter z.B. Signets, Logos, Zierschriften und Zeichnungen verstanden werden. Für die „Graphiken synthetischer Objekte" wird in der Folge der Begriff „Computergraphik" verwendet (**Anm:** die Unterscheidung zwischen „Graphiken realer Objekte" und „Graphiken synthetischer Objekte" als auch die Bezeichnung selbst wurde von Foley [Foley / Van Dam 1984] übernommen). Abbildung 1 zeigt eine Auswahl von „Real-Objekt-Graphiken".

Abb. 1 Eine Auswahl von „Real-Objekt-Graphiken"

Die Bezeichnung „Bild" wird nur im Zusammenhang mit Halbtondarstellungen – also z.B. Photographien – verwendet (**Anm:** da sich im Rahmen dieser Arbeit die Verarbeitung der Bilder lediglich durch die notwendige, höhere Auflösung von den Graphiken unterscheidet, steht hier die Bezeichnung Graphik auch häufig für Bild!). Der Begriff „Text" wird in dieser Arbeit im engeren Sinne verstanden, also eher im Sinne von „Satz" und nicht im weiteren Sinne der Telematik, nämlich Graphik, Bild und Ton einschließend. Dies entspricht der in der Typographie und Reproduktionstechnik gebräuchlichen Terminologie. Wesentlich ist die Unterscheidung zwischen Werksatz – das ist der Satz von Romanen, wissenschaftlichen Arbeiten etc. – und Akzidenzsatz – darunter versteht man den Satz von Formeln, Tabellen Plakaten, Inseraten und dgl.

Einleitung und Problemstellung

Mein persönliches, spezielles Problem besteht in der möglichst schnellen Erstellung von aus Graphik, Bild und Satz (Text) bestehenden Druckvorlagen für Telefon- und Adreßbücher. Die Lösung dieses Problems ist nur durch eine vollautomatische Aufbereitung von kompletten, druckfertigen Seiten möglich, d.h. durch automatischen Umbruch und Montage des Satzes (Textes) mit den darin enthaltenen Graphiken und Bildern.

In den letzten Jahren habe ich mich mit der Automatisierung des Satzes befaßt und ein buch-orientiertes Satzsystem für einen Universalrechner entwickelt. Das von mir entwickelte Satzprogramm – in der Folge auch als Umbruchprogramm oder Formatierer bezeichnet – erstellt völlig automatisch Zeilen und Spalten, umbricht diese völlig automatisch zu mehrspaltigen Seiten (Kolumnen) und generiert völlig automatisch die laufende Pagina (Seitennummerierung) sowie zweistufige, lebende und vom Text-Inhalt abhängige Kolumnentitel, die ebenfalls automatisch positioniert werden.

Neu an diesem System ist die Philosophie der in einer „endlosen" Spalte eingebetteten „Kannbruchstellen", die entweder explizit vorgegeben sind oder vom System automatisch ermittelt werden. Diese Betrachtungsweise ermöglicht es, auch bei gemischtem Werk- und Akzidenzsatz einen hohen Automationsgrad beim Umbruch zu erreichen. Dies alles geschieht unter Einhaltung größtmöglicher ästhetischer Ansprüche. Der Anteil an nachträglich korrigierten, weil den ästhetischen Ansprüchen nicht genügenden, Seiten liegt derzeit nur mehr bei ca. 0,5% !

Seit der Implementierung der ersten Systemversion – vor ca. eineinhalb Jahren – wurden mit diesem System ca. 15.000 DIN A4 Seiten für die Telefon- und Adreßbuchproduktion erstellt.

Bei der Text- (Satz-) Erfassung bzw. -Bearbeitung werden dabei an Stelle der Graphiken und Bilder von den Setzern Freischläge (– das sind vertikale und/oder horizontale Leerräume) in den Text (Satz) eingefügt. Die entsprechende Größe des jeweiligen Freischlags entnimmt der Setzer dem Manuskript oder er erhält die Information (manuell) aus der Graphik-Abteilung. Das Programm läßt dann beim Umbruch in der richtigen Größe an der richtigen Stelle Platz für Graphiken (Signets, Logos, Zierschriften etc.) und Bilder (eigentlich Autotypien), die dann in der Montageabteilung in die belichtete Seite manuell eingeklebt werden.

Um auch diese letzte manuelle Montagetätigkeit zu vermeiden, ist es notwendig, Graphiken und Bildvorlagen zu digitalisieren und in den Umbruch- und Belichtungsprozeß zu integrieren. Graphik und Bild integrierende Satzsysteme stellen die in [Vitovec 1985] beschriebenen „Elektronischen Seitenmontage"- (ESM-) Systeme dar, die jedoch für die Buchherstellung nicht in Frage kommen, da sie sehr speicheraufwendig sind und über keine entsprechenden Umbruchautomatismen verfügen.

Die vorliegende Arbeit beschreibt eine Möglichkeit, wie Graphiken und Bilder, die in einer Datenbank gespeichert sind, automatisch in den Satz eingefügt und beim Umbruch automatisch berücksichtigt werden können, sodaß vollständige Graphik-Bild-Text - Seiten entstehen. Damit entfällt sowohl das manuelle Freischlagen der Graphiken und Bilder als auch das zeitaufwendige Einkleben der Graphiken und Bilder in die belichteten Seiten.

Das Modell

Bei den in Telefonbüchern enthaltenen Daten kann man zwischen redaktionellen und auftragsbezogenen Daten unterscheiden. **Redaktionelle** Daten („Nicht-Satz") sind zum Beispiel die Ortsdaten – mit Name, Postleitzahl, Bundesland, Kennzahl (Vorwahl) etc. –, die Branchenbezeichnungen (Bezeichnung der Rubriken), aber auch „normale" (d.h. unbezahlte) Teilnehmereintragungen. Da diese Daten für mehrere Werke (Bücher) und Werksteile benötigt werden – einerseits für z.B. regionale und überregionale Werke und andererseits für verschiedene Werksteile, die nach unterschiedlichen Kriterien aufbereitet sind (z.B. als Ortsteil oder als Branchenteil) –, werden diese Daten „satzunabhängig" verwaltet, d.h. sie werden ohne Bezug auf das spätere Layout der Werke in einer Datenbank gespeichert (**Anm:** die Werke bzw. Werksteile unterscheiden sich nicht nur in der Spaltenbreite, sondern auch in der Schrift und der Aufbereitung der Daten!).

Die **auftragsbezogenen** Daten (d.h. also die Inserate – „Satz") hingegen, die ja einem Kundenwunsch entsprechend für ein ganz bestimmtes Werk und damit für ein ganz bestimmtes Layout erstellt und individuell gestaltet werden, müssen bereits mit den Satz- (Formatier-) Befehlen versehen verwaltet werden und dürfen nach Erstellung des Bürstenabzuges in der Regel auch nur auf Wunsch des Kunden geändert werden. Ein solchermaßen „gesetztes" Inserat wird logisch ein oder mehreren Stellen in ein oder mehreren Werken zugeordnet. D.h., es wird festgelegt, in welchem Werk, in welchem Werksteil, in welcher Branche (Rubrik), in welchem Ort, unter welcher Kennzahl und welchem Namen das Inserat einzuordnen ist und ob es die entsprechende redaktionelle Teilnehmereintragung ersetzen soll. Diese Zuordnung ist für ein Inserat mehrfach möglich.

Graphiken und **Bilder** können nun einerseits in den redaktionellen Daten enthalten sein – z.B. in Form von Stadtwappen oder -Ansichten in Ortstexten – und andererseits in Inseraten als Logos, Signets, Zierschriften oder auch als Halbtonbilder (z.B. Photographien). Die eher umfangreichen Graphik- bzw. Bilddaten werden somit (entsprechend der Häufigkeit des jeweiligen Inserates) ein- oder mehrmals benötigt. Um Speicherplatz zu sparen, ist es notwendig, die mittels eines Scanners oder eines „Digitalen Kamera Systems" digitalisierten Graphiken mit einem Identifikationsschlüssel versehen in einer eigenen Datenbank unabhängig von den übrigen Daten zu speichern. Mit Hilfe eines Satzbefehles ist es dann möglich, eine bestimmte Graphik in den Text (Satz) einzubetten, wobei die spätere Positionierung der Graphik von der Positionierung des (die Graphik einbettenden) Satzbefehles abhängt.

Bei der Druckvorlagenherstellung für ein bestimmtes Werk werden dann die redaktionellen (in der dem Werk entsprechenden Aufbereitung) und die auftragsbezogenen Daten mit den Graphik-Daten zusammengeführt. Um jedoch die Datenmenge während des Umbruchs möglichst gering zu halten, werden nur die für den Umbruch notwendigen Graphikdaten – das sind vor allem die Höhe und Breite des kleinsten die Graphik umschreibenden Rechteckes – in die übrigen Daten eingefügt. Die tatsächliche (physische) Integration der Graphiken bzw. Bilder erfolgt erst bei Ausgabe der umbrochenen (und konvertierten) Seiten an den Typesetter oder Drucker.

Die folgende Abbildung zeigt deutlich die Trennung der verschiedenen Komponenten bei der Bearbeitung und deren „Verschmelzen“ für die Ausgabe. „DFÜ“ und „Fernkopie“ sind Komponenten zukünftiger Systemerweiterungen.

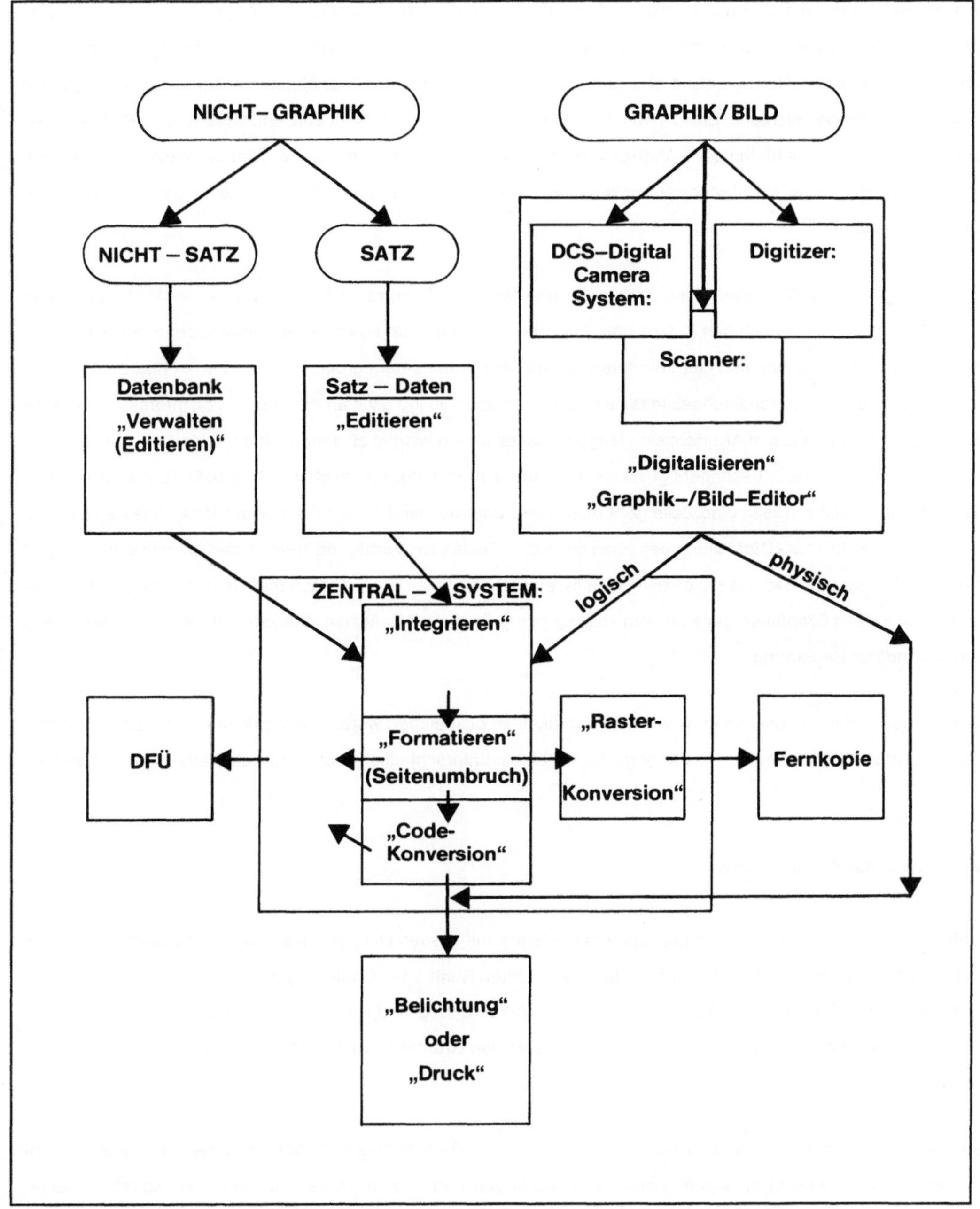

Abb. 2 Die Komponenten eines integrierten Graphik-Bild-Satz-System

Ein wesentliches Problem dieses Modells besteht darin, daß so ein System nur dann effizient ist, wenn es möglich ist, geeignete Darstellungsformen für Satz, Bild und Graphik in den einzelnen Verarbeitungsstufen zu finden. – Sind z.B. für das Speichern und Übertragen von Graphik und Bild Runlängen-Codierungen optimal – weil speicherbedarf-minimierend –, so ist für das Editieren (Randkorrekturen etc.) von Graphiken eine Bit/pixel- bzw. Byte/pixel-Codierung besser geeignet [Foley / Van Dam 1984]. Für das Formatieren selbst genügt es hingegen zu wissen, welche horizontalen und vertikalen Ausmaße Bild und Graphik besitzen – i.A. genügt es, Bild und Graphik durch das kleinste umschreibende Rechteck zu beschreiben. Dem Setzer, der zu einer vorgegebenen Graphik (bzw. Bild) einen Text zu setzen hat, genügen i.A. die Konturen der Graphik, mindestens benötigt er jedoch das umschreibende Rechteck. Es ist also i.A. nicht notwendig und auch nicht effizient, Graphik und Bild dem Setzer 1:1 darzustellen, da für ihn der Bildinhalt von untergeordneter Bedeutung ist. Es ist lediglich das logische Textobjekt „Bild", das einen spezifischen Raum einnimmt – also auf eine spezifische topologische Struktur abgebildet wird – relevant.

Ähnliches gilt für die Darstellung des Satzes: für den Setzer ist beim rechnerunterstützten Werksatz (also beim glatten Text) höchstens noch das Setzen von diskreten Trennfugen und damit eine Beeinflussung der Silbentrennung interessant – er hat also hier kein Interesse an der nur mit einem großen Aufwand erreichbaren 1:x - Darstellung des späteren Erscheinungsbildes des Satzes, sondern ist lediglich an der Information interessiert, wie die Wörter geteilt werden. Beim Akzidenzsatz hingegen ist es für ihn wichtig zu sehen, ob ein oder mehrere bestimmte Wörter (z.B. ein Titel in besonders großen Buchstaben) in die dafür vorgesehene Zeile paßt. Er muß am Terminal zumindest sehen, was in eine Zeile geht oder nicht. Dagegen wird er den Formelsatz am leichtesten bewältigen, wenn ihm eine 1:x - Darstellung des eben gesetzten Textes zur Verfügung steht (Appelt beschreibt in [Appelt 1985] ein Textsystem, das das gleichzeitige Editieren und Darstellen des umbrochenen Textes ermöglicht). Andererseits ist für den Graphiker, der zu einem vorgegebenen Text ein Signet zu entwickeln hat, der Inhalt des Textes von sekundärer Bedeutung.

In der Folge wird näher beschrieben, wie die Graphikdaten gespeichert werden und welches Umbruchmodell dem Formatierer zu Grunde liegt, der es ermöglicht, Daten mit unterschiedlicher Struktur automatisch zu umbrechen.

Verwaltung der Graphik-Daten

Liefert der Scanner (oder das „Digitale Camera System"), mit dessen Hilfe die Graphiken digitalisiert werden, die Daten nicht runlängencodiert oder nicht in der gewünschten Runlängen-Codierung, so müssen die Daten erst entsprechend aufbereitet werden. Die Art und Weise der Aufbereitung sind weitgehend von der jeweiligen Hardware abhängig. Die digitalisierten und entsprechend aufbereiteten Graphiken werden dann in einer Datenbank gespeichert.

Bei dem vorliegenden (derzeit noch Test-) System wird eine 8-Bit-Runlängen-Codierung verwendet. Jede der digitalisierten Graphiken wird mit einem Identifikationsschlüssel versehen und unter diesem in der Datenbank abgelegt, wobei je Graphik ein Stammsatz und ein oder mehrere „Runlängen-Sätze" gespeichert werden.

Der Stammsatz einer Graphik umfaßt folgende Daten:

.) die Graphik-Identifikationsnummer (als eindeutigen Schlüsselbegriff)

.) einen alphabetischen Suchbegriff (z.B. den Kundennamen für ein Signet)

.) das Datum der letzten Änderung oder der Anlage

.) das Kurzzeichen des Sachbearbeiters, der die letzte Änderung durchgeführt hat

.) die Auflösung (in Form eines Schlüssels)

.) die Anzahl der (Runlängen-) Zeilen

.) die Anzahl der Spalten (= die Anzahl der Bildelemente pro Runlängen-Zeile)

.) ein Kennzeichen, das definiert, ob es sich um eine positive oder negative Darstellung handelt

.) ein Kennzeichen für ein Hintergrundmuster

Aus der Zeilen- bzw. Spalten-Anzahl und der Auflösung ergeben sich die für den Seitenumbruch wichtige Höhe bzw. Breite der Graphik.

Die Runlängen-Datensätze enthalten die eigentlichen Bildinformationen, nämlich – wie der Name schon sagt – die Runlängen. Diese werden sequentiell in den Datenbank-Datensätzen gespeichert, d.h. ein Datenbank-Datensatz kann einen Teil einer „Graphik-Zeile“ oder auch mehrere Zeilen beinhalten.

Entsprechend den verschiedenen Arten von Graphiken – d.h. ob es sich um flächige handelt oder nicht – minimieren verschiedene Runlängen-Codierungen den Speicherbedarf. Es kann daher durchaus vorteilhaft sein, innerhalb einer Applikation mehrere Runlängen-Codierungen zu verwenden. Einige der vielen Runlängen-Codierungen werden von Springstein in [Springstein 1982] beschrieben.

Verwaltung der Bild-Daten

Das Verwalten der Bilddaten erfolgt weitgehend analog zu jenem der Graphik-Daten. Der einzige Unterschied besteht darin, daß der „Farbton“ der Runs nicht vordefiniert ist – da sich weiße und schwarze nicht abwechseln, sondern die einzelnen Runs beliebige Tonwerte aufweisen können. Deshalb muß der jeweilige Tonwert für einen bestimmten Run zusätzlich zur Länge des Runs gespeichert werden.

Im Allgemeinen wird man mit einem 8-Bit-Codewort für den Tonwert auskommen, das eine Feinheit von 256 Tonstufen – von 0 = weiß bis 255 = schwarz – bietet.

Der Seitenumbruch

Aufbau und Funktionsweise des Umbruchsystems (**Anm:** in der Terminologie der Textverarbeitung werden Systeme, die Text umbrechen [formatieren] als „Formatierer“ oder „Formatiersysteme“ bezeichnet!) stellen eine wesentliche Grundlage des vorliegenden integrierten Systems dar. Die Grundidee des Formatierers des vorliegenden Systems besteht darin, daß der zu umbrechende Text als „aus lauter Blöcken bestehend“ betrachtet wird, wobei die Blöcke aus Textteilen bestehen, die nicht in verschiedene Spalten oder Seiten plaziert werden dürfen. Blöcke, deren Textteile auf verschiedenen Spalten positioniert werden dürfen – die also in einer Spalte beginnen und in einer anderen enden dürfen –, stellen eine Ausnahme dar und werden gesondert behandelt.

Wesentliche Ziele des Umbruchs sind:

.) die Länge der umbrochenen Spalten soll der jeweils vorgegebenen Spaltenlänge entsprechen;

.) die Seitenanzahl soll möglichst gering gehalten werden – d.h. es soll möglichst platzsparend umbrochen werden;

Weiters besteht die für alphabetische Nachschlagewerke notwendige (aber ziemlich einschränkende) Nebenbedingung:

„Die alphabetische Reihenfolge der Blöcke ist unbedingt einzuhalten!"

Die nachstehend ausführlich behandelten Umbrucharten „Blockumbruch", „Fußleistenumbruch" und „HKF-Umbruch" treten im Allgemeinen selten in reiner Form auf, sondern häufiger als Mischform.

Der Blockumbruch

Während man beim Zeitungs- und Akzidenzsatz von einer endlichen Datenmenge ausgeht, stellt sich beim Werksatz das Problem einer quasi „endlosen" Datenmenge dar – das Werk kann drei, 80, 1000 oder mehr Seiten umfassen.

Für den mehrspaltigen Werksatzumbruch wurde nun von einer „endlosen" Spalte ausgegangen, in der Textobjekte enthalten sind, die während des Umbruches in ihrer Gestalt nicht verändert werden dürfen – als Beispiele seien Akzidenzsatzteile, Graphiken und Bilder genannt. In der endlosen Spalte sind somit Textobjekte enthalten, die nicht geteilt werden dürfen, d.h. daß Teile des Objektes nicht in verschiedene Spalten oder Seiten abgebildet werden dürfen. (Reine „Text"-Blöcke, die nicht geteilt werden dürfen oder sollen, sind z.B. Textteile, die eine logische Einheit bilden – wie etwa Aufzählungen, mehrzeilige Formeln oder eine komplette, mehrzeilige Telefonbucheintragung bestehend aus Name, Adresse und Telefonnummer.)

Formuliert man dieses Problem anders, so kann man sagen, daß in der endlosen Spalte sogenannte „Kannbruchstellen" enthalten sind, an denen eine neue Spalte oder Seite begonnen werden darf.

Die zwischen den Kannbruchstellen liegenden Textobjekte werden in der Folge als „Blöcke" bezeichnet. Um die gewünschte Spaltenhöhe zu erreichen, werden vom Formatierer an den Kannbruchstellen „Keile" geeigneter Größe eingefügt. Die Keile sind vergleichbar mit dem „glue" und die Blöcke mit den „boxes" von Knuth [Knuth 1979 und Knuth 1984].

Berechnung der Blocklänge

Die Blocklänge ergibt sich aus der Dicktenrechnung und expliziten Satz- (Formatier-) Befehlen, die eine vertikale Bewegung (in positiver oder negativer Richtung) bewirken. Unter „Dicktenrechnung" versteht man die exakte Bestimmung der Wort- bzw. Zeilenlängen und die sich daraus ergebende Zeilenformatierung. Aus der Dicktenrechnung ergibt sich also der Zeilenfall.

Graphiken und Bilder werden bei der Berechnung der Blocklänge als Satzbefehle behandelt, die eine vertikale Bewegung in positiver Richtung bewirken, die der Höhe der Graphik bzw. des Bildes entspricht.

Der Spaltenaustrieb

Beim Blockumbruch werden nun die Blöcke (aus der „endlosen" Spalte) so lange aneinandergereiht, so lange die Länge der neuen Spalte nicht größer als die vorgegebene Spaltenlänge (auch Sollspaltenlänge genannt) ist. Dabei ergibt sich am Ende der Spalte zumeist ein nicht ausgefüllter Platz (der Spaltenrest), der der Forderung, daß die umbrochenen Spalten die vorgeschriebene Spaltenlänge aufweisen sollen, nicht entspricht. Der Vorgang zur Erreichung der Sollspaltenlänge wird als „Austreiben" bezeichnet. Per definitionem darf nur bei den Kannbruchstellen, also zwischen den Blöcken ausgetrieben werden.

Zunächst wird jedem Block ein unmittelbar davorliegender „Keil" (das ist ein Leerraum von variabler Größe – hier in vertikaler Richtung) zugeordnet. Die Größe des Keiles ist gleich Null, wenn der Block zum ersten Block einer Spalte wird, und gleich einem Minimumwert im Normalfall. Bei Bedarf vergrößert der Formatierer die Keile, sodaß die gewünschte Spaltenlänge erreicht wird (wobei die für die Keile vorgeschriebenen Maxima nicht überschritten werden dürfen). Durch Definition verschiedener Keiltypen – und somit verschiedener Blocktypen – mit unterschiedlichen Minimum- und Maximum-Keilwerten wird eine hierarchische Gliederung der Blöcke (in Bezug auf das Layout) ermöglicht. Wenn man also z.B. für verschiedene Ebenen einer logischen Hierarchie – wie sie z.B. Kapitel / Paragraph / Absatz darstellen – verschiedene Keil- bzw. Blocktypen verwendet, und den verschiedenen Keiltypen unterschiedliche Minima- und Maxima-Werte zuordnet, so erreicht man automatisch eine Hierarchie im Layout: die Abstände vor einem Kapitelanfang sind dann stets größer als die vor einem Paragraphen und die wiederum größer als die vor einem Absatz.

Knuth [Knuth 1979] geht davon aus, daß es für die Keile einen optimalen Wert K_{opt} sowie einen Minimalwert K_{min} und einen Maximalwert K_{max} gibt. Berücksichtigt man den ökonomischen Faktor „je weniger Seiten, desto geringere Produktionskosten", so ergibt sich, daß K_{opt} gleich K_{min} sein muß. Geeignete Werte für die Minimum- und Maximum-Keile der verschiedenen Keiltypen für verschiedene Werksarten (Dokumentenarchitekturen) können nur empirisch ermittelt werden.

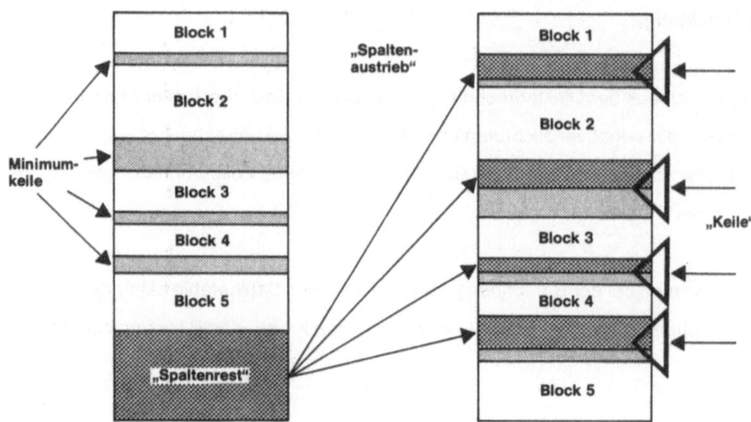

Abb. 3 Der Spaltenaustrieb

Für das Aufteilen des Spaltenrestes auf die einzelnen Keile sind verschiedene Algorithmen möglich. In der derzeitig implementierten Version werden zuerst die hierarchisch höher stehenden Keile bis zum Maximum ausgetrieben – es wäre jedoch genauso ein proportionaler Austrieb möglich (ergibt ein völlig anderes Erscheinungsbild!).

Nach dem Spaltenaustrieb wird die Spalte in das Ausgabefile ausgegeben. Dabei besteht eine letzte Möglichkeit vertikale Werte zu berücksichtigen, die erst nach dem Spaltenaustrieb bekannt sind (da ja die Blöcke beim Spaltenaustrieb verschoben werden). Die Ausgabe der Spalten ist bis zum Seitenabschluß zunächst temporär – in einigen Fällen werden die Daten tatsächlich nochmals gelöscht (z.B. beim „Fußleistenumbruch").

Konfliktsituationen beim Blockumbruch

Bei dem oben beschriebenen Algorithmus ergeben sich zunächst zwei Konfliktsituationen:

1.) die Länge eines Blockes ist größer als die Sollspaltenlänge
2.) die Summe aller Maximum-Keile (einer auszutreibenden Spalte) ist kleiner als der Spaltenrest

Konfliktsituationen der 1. Art sind beim reinen Blockumbruch zunächst nicht lösbar. In bestimmten Fällen besteht jedoch eine Lösungsmöglichkeit – siehe HKF-Umbruch.

Bei verschiedenen Umbruchsystemen wird versucht, Konfliktsituationen, die jenen der 2. Art ähnlich sind, dadurch zu beheben, daß vorangegangene, bereits umbrochene Seiten mit geänderten Werten – etwa für den Wortabstand – neu umbrochen werden, um noch Platz zu sparen für die aktuelle Spalte. Da bei dem vorliegenden System die Zielsetzung (siehe oben) besteht, „möglichst platzsparend" zu umbrechen, kann durch einen neuerlichen Umbruch der vorangehenden Seiten kein Platz für die aktuelle Spalte eingespart werden. Tritt also eine Konfliktsituation der 2. Art auf und entsteht ein leerer Platz am Ende einer Spalte, so wird dieser derzeit noch manuell in der Montage durch ein Eigeninserat (oder anderes „Füllmaterial") gefüllt (dieser Vorgang soll noch automatisiert werden).

Generell ergibt sich beim Blockumbruch eine mögliche Problemsituation, wenn die Summe der Blocklängen zweier aufeinanderfolgender Blöcke größer als die vorgegebene Spaltenlänge ist. Im Allgemeinen wird also der Blockumbruch dann ein optisch optimales Ergebnis liefern, wenn die Blocklängen im Verhältnis zur vorgegebenen Spaltenlänge relativ kurz sind.

Der Fußleistenumbruch

Eine Besonderheit stellen die Fußleisten dar, wobei darunter Blöcke zu verstehen sind, deren Breite gleich der Seitenbreite ist, und die am Ende der Seite (wie z.B. Fußnoten) plaziert werden. Tritt eine Fußleiste auf, so verkürzt sich die Sollspaltenlänge um die Höhe der Fußleiste. Wurden bereits eine oder mehrere Spalten der Seite umbrochen und (temporär) ausgegeben, so müssen diese gelöscht und neuerlich umbrochen werden. Kann eine Fußleiste auf der laufenden Seite nicht plaziert werden (weil z.B. die Blöcke auf dieser Seite zu lang sind), so wird die Fußleiste auf die nächste Seite übernommen.

Einen Sonderfall stellen Fußleisten dar, deren Höhe gleich der vorgegebenen Seitenhöhe ist. Allgemein kann man sagen, daß beim Fußleisten-Umbruch die Konfliktsituationen des Blockumbruches wegen der verkürzten Spaltenlänge verstärkt auftreten.

Der HKF- („Hurenkind-freie"-) Umbruch

Zur Reduktion der Konfliktsituationen beim Umbruch von langen Textblöcken, die aus „glattem Text" (also aus reinem Werksatz – wie z.B. bei Romanen etc.) bestehen, wurde die Möglichkeit geschaffen, den Blockumbruch zu unterbrechen. Wird der Block-Umbruch-Modus ausgeschaltet, so generiert das Umbruchsystem automatisch eine Kannbruchstelle an jedem Zeilenende (im Gegensatz zu den expliziten Kannbruchstellen des Blockumbruchs darf an diesen Kannbruchstellen nicht ausgetrieben werden!). Dabei kann der nicht-ästhetische Fall eintreten, daß die letzte Zeile eines Absatzes zur ersten Zeile der nächsten Spalte oder Seite wird. So eine einzelne Zeile wird in der Fachsprache als „Hurenkind" bezeichnet – im Bleisatz wurden zur Vermeidung der Hurenkinder sogar Absätze umgesetzt, Wörter eingefügt oder gestrichen! Analog dazu kann der ebenso unästhetische Fall eintreten, daß die erste Zeile (oder Überschrift) eines Absatzes allein am Spalten- bzw. Seitenende steht. Zur Vermeidung all dieser Fälle wurde der HKF-Umbruch entwickelt.

Der Algorithmus des HKF-Umbruchs

Bei dem vorliegenden integrierten System wird mit dem Befehl „Block-Modus-Ende" angegeben, wieviele Zeilen am Spaltenende bzw. -anfang stehen müssen. Zunächst wird die Zeilenanzahl des Blockes und die natürliche Bruchstelle ermittelt. Die natürliche Bruchstelle ist das Ende jener Zeile, die – unter Einhaltung der Minimum-Keile – gerade noch in die Spalte paßt, und wird durch die Anzahl der Zeilen vor dem Spaltenende beschrieben.

Ist die Zeilenanzahl vor und nach der natürlichen Bruchstelle nicht kleiner als vorgegeben, so wird an der natürlichen Bruchstelle geteilt. Ist die Zeilenanzahl vor der natürlichen Bruchstelle kleiner als das geforderte Minimum, so wird der Blockanfang in die nächste Spalte übernommen. Falls die Zeilenanzahl nach der natürlichen Bruchstelle kleiner als erlaubt ist, so wird versucht, die Bruchstelle so zu verschieben, daß vom Blockanfang (d.h. also von den Zeilen vor der natürlichen Bruchstelle) Zeilen in die nächste Spalte übernommen werden. Ist dies nicht möglich, ohne die geforderten Minima zu unterschreiten, so wird der Blockanfang in die nächste Spalte übernommen. Liegen zwischen Blockanfang und -ende ein oder mehrere Spalten, so gilt das eben gesagte für die Zeilen bis zur ersten natürlichen Bruchstelle bzw. ab der letzten. Der Mittelteil – also der Teil zwischen der ersten und der letzten natürlichen Bruchstelle – braucht dabei nicht berücksichtigt werden – „er wandert mit".

Der hier beschriebene HKF-Umbruch hebt den im obigen Abschnitt erläuterten Blockumbruch nicht auf, sondern bezieht sich jeweils nur auf jenen Block, der nicht mehr zur Gänze in die jeweilige Spalte paßt. Für den HKF-Umbruch wurde davon ausgegangen, daß die Blöcke, die nach dem HKF-Algorithmus zu umbrechen sind, nur „glatten Text" enthalten, d.h. daß innerhalb dieser Blöcke z.B. der Zeilenabstand nicht verändert werden darf und daß keine Satzbefehle verwendet werden dürfen, die einen (positiven oder negativen) Vorschub bewirken. Diese Einschränkungen ermöglichen es jedoch, mit Hilfe es einfachen Algorithmus' auch Blöcke HKF zu umbrechen, deren Länge (auch um mehrfaches) größer als die vorgegebene Spaltenlänge ist.

Die Entwicklung einer allgemeineren Version – d.h. mit weniger der oben zitierten Einschränkungen – ist längerfristig geplant. Es ist jedoch klar, daß ein automatischer HKF-Umbruch ohne jegliche Einschränkungen nicht möglich ist.

Konfliktsituationen beim HKF-Umbruch

Liegen zwischen Blockanfang und -ende eine oder mehrere Spalten dazwischen, so befindet sich in den dazwischenliegenden Spalten keine Kannbruchstelle, an der die Spalte ausgetrieben werden könnte. Die vorgegebene Spaltenlänge kann dann dadurch erreicht werden, in dem der Zeilenabstand entsprechend vergrößert wird.

Bei mehrspaltigen Büchern tritt dabei das Problem auf, daß nebeneinander liegende Spalten einen unterschiedlichen Zeilenabstand aufweisen können. Dies vermittelt jedoch einen „unruhigen" Eindruck. Deshalb wurde bei dem vorliegenden System darauf verzichtet den Zeilenabstand zu verändern und es kann am Spaltenende ein Rest verbleiben, der jedoch stets kleiner als der Zeilenabstand ist.

Das Einbetten von Bild und Graphik in den Umbruch

Bei dem vorliegenden Modell werden Bilder und Graphiken zunächst lediglich durch einen Identifikationsschlüssel – in der Gestalt eines Satzbefehles – in die zu umbrechenden Daten eingefügt. Beim Erstellen der Blöcke der endlosen Spalte durch den Formatierer werden die Graphiken und Bilder in den jeweiligen Textblock eingebettet, wobei sich die Größe des Blockes – also der Graphik oder des Bildes – aus dem Stammsatz ergibt. Die Größe des umfassenden Textblockes kann dabei mit jener des Graphik- bzw. Bild-Blockes ident sein. Die Lage der Graphik bzw. des Bildes innerhalb einer Seite wird durch die Position des entsprechenden Satzbefehles, der die Graphik bzw. das Bild integriert, bestimmt.

Das heißt: erkennt der Formatierer während der Syntax-Analyse einen „Graphik-Befehl", so greift er direkt mit dem Graphik-Identifikationsschlüssel, der im Argument des Graphik-Befehls enthalten ist, auf den Graphik-Stammsatz in der Graphik-Datenbank zu und holt sich die für den Umbruch benötigten Informationen. Damit wird die Aktualität der Graphik-Daten sichergestellt.

Bilder und Graphiken werden in der Folge vom Formatierer als Blöcke oder Blockteile interpretiert und entsprechend verarbeitet. Die vom Formatierer ausgegebenen Daten enthalten neben dem Bild- bzw. Graphik-Identifikationsschlüssel auch Informationen über die absolute (horizontale) Lage innerhalb der Seite. Die eigentlichen Bild- bzw Graphikdaten – nämlich die Runlängen und Tonwerte – brauchen erst bei der Übertragung (bzw bei der Code-Konvertierung) des umbrochenen Satzes an das Ausgabegerät aufbereitet und eingefügt werden.

An dieser Stelle möchte ich noch einmal auf den enormen Speicherbedarf der Real-Objekt-Graphiken hinweisen. Die nebenstehende Graphik besteht aus ca. 86.000 Bildelementen, die im Falle einer Bit/pixel-Codierung einen Speicherbedarf von ca. 10.700 Byte aufweisen. In runlängen-codierter Form benötigt diese Graphik nur ca. 2.500 Byte – also um 76% weniger!

Versuch einer Systemklassifikation

Die Klassifikation des eben beschriebenen Systems gestaltet sich insoferne als schwierig, da es unter dem Aspekt entwickelt wurde, zwei an sich konträre Bedürfnisse gleichermaßen zu befriedigen. Einerseits enthält der Formatierer für das Gesamtsystem und speziell für die satzunabhängigen Daten deskriptive (bzw. deklarative) Elemente – andererseits enthält er für den Akzidenzsatz rein prozedurale Sprach-Elemente. Ein „Erfolgsgeheimnis" des Formatierers dürfte darin liegen, daß es auf einer physikalischen Ebene (damit ist hier die Satzeingabesprache gemeint) möglich ist, Elemente aus verschiedenen logischen Ebenen – nämlich der höheren deskriptiven bzw. niedrigeren prozeduralen – anzusprechen.

Bedingt durch den Akzidenzsatz und der damit geforderten typographischen Qualität ist eine Unabhängigkeit vom jeweiligen Ausgabegerät (bzw. den damit verbundenen Schriften) nicht mehr möglich. Zumal man versucht ist, die mit dem Typesetter teuer erkauften Qualitätsmerkmale – die ihn ja von den anderen Geräten abheben – auch auszunützen. Daraus ergibt sich, daß der Austausch von Dokumenten, die bereits für ein bestimmtes Ausgabegerät (Belichter oder Drucker) formatiert wurden, nur bedingt möglich ist [siehe auch Schindler 1984] – vor allem wenn sie Akzidenzen enthalten.

Schwierig ist die Beantwortung der Frage, ob es sich um einen Batch-Formatierer oder einen inkrementellen handelt. Es ist klar, daß es sich bei einem Buch-Formatierer nicht um einen inkrementellen handeln kann, da der Umfang der zu formatierenden Dokumente zu groß ist (man vergleiche ein Telefonbuch mit den durchschnittlich 2,5 Seiten eines Bürodokumentes). Es ist vielmehr so, daß der Batch-Formatierer, der den Seitenumbruch für die Produktion erledigt, im Online-Betrieb primär zur Syntaxprüfung im Akzidenzsatz verwendet wird, wobei ein im Formatierer integrierter Editor die Fehlerbehebung ermöglicht. Gleichzeitig mit der Syntaxprüfung wird dem Anwender der Zeilenfall angezeigt – d.h. er sieht wieviel und was in eine Zeile paßt. Interessant ist, daß diese Funktion von den Setzern nur kaum beansprucht wird – sie verlassen sich in erster Linie auf die eigene Erfahrung.

Eine hardwaremäßige Klassifikation sieht etwa so aus: ein kommerzieller Universal-Rechner mit einer (derzeit) 1,5 MB-CPU, die sich 18 Terminals in verschiedenen Abteilungen – darunter sechs in der Graphik- und Satzabteilung – teilen, und einer eher seltenen Peripherie (Typesetter und Scanner).

Epilog

Das in dieser Arbeit beschriebene System wurde von mir im Oktober 1985 in einer Entwicklungsversion implementiert und dient derzeit noch fast ausschließlich dem Testen verschiedener Hardware (Scanner, Drucker, Belichter etc.). Mit Ausnahme der manuell montierten Graphiken in den Abbildungen 2 und 3 wurden alle Graphiken in dieser Arbeit mit dem Testsystem in der relativ kleinen (schlechten) Auflösung von ca. 100 Pixel/cm erstellt.

Die Implementierung einer Produktions-Version, die natürlich die entsprechende Hardware voraussetzt, ist für das erste Halbjahr 1986 geplant. Ab dann sollen die insgesamt ca. 10.000 Graphiken, Logos, Signets und Bilder kontinuierlich digitalisiert und in das System übernommen werden.

Bisher stand die Verknüpfung von Satz (Text) und Graphik im Mittelpunkt. In der weiteren Folge wird die Erstellung der Graphiken selbst in den Vordergrund rücken. Dabei sind das Überlagern, Drehen und Vergrößern bestehender Graphiken nur einige der Komponenten eines „Real-Objekt-Graphik-Editors“. Eine wesentliche Komponente wird die Integration von Texten in Graphiken bzw. das Freistellen von Texten sein, wobei das Problem darin liegt, daß es sich dabei um Schriften in Typesetter-Qualität handelt.

Literaturverzeichnis

Appelt 1985:

Appelt, W.: „Konzeption eines Arbeitsplatzes zur Erstellung wissenschaftlicher Texte in hoher typographischer Qualität" in: Informatik Fachberichte Bd. 108, Springer-Verlag, Wien 1985

Foley / Van Dam 1984:

Foley, J.D. / Van Dam, A.: Fundamentals of Interactive Computer Graphics, Addison-Wesley Publishing Company, Reading - Massachusetts 1984

Knuth 1979:

Knuth, D.E.: TEX and Metafont – New Directions in Typesetting, Digital press (USA) 1979

Knuth 1984:

Knuth, D.E.: The TeXbook, American Mathematical Society und Addison-Wesley Publishing Company , Reading - Massachusetts 1984

Schindler 1984:

Schindler, Flasche, Heimlich, Herrtwich, Künkel, Zschoche: Textbearbeitung und Satzherstellung auf der Grundlage des Standard-Dokumentenarchitekturmodells, TU-Berlin, Berlin 1984

Springstein 1982:

Springstein, K.-A.: Die elektronische Bildverarbeitung von A - Z, Verlag Beruf und Schule, Itzehoe 1982

Vitovec 1985:

Vitovec, W.: „Ein integriertes Graphik-, Bild- und Satzverarbeitungssystem" in: Informatik Fachberichte Bd. 108, Springer-Verlag, Wien 1985

Formatierer für Text und Graphik und ihre Implementierung mit Smalltalk-80

Michael Hanus
Fachbereich Informatik
Universität Dortmund
Postfach 50 05 00
D-4600 Dortmund 50

In diesem Papier werden wichtige Begriffe für die Dokumentenerstellung definiert und es wird gezeigt, wie man die (graphischen) Möglichkeiten eines Smalltalk-80-Systems nutzen kann, um einen Prototyp zur Erstellung von allgemeinen Dokumenten, die Texte und auch Graphiken enthalten, zu implementieren.

1. Einleitung

Betrachtet man die Entwicklung der bisherigen Formatiersysteme, dann kann man feststellen, daß bei den erstellten Dokumenten eine hohe Qualität erreicht worden ist (vgl. TEX [Knuth 1978], TROFF [Ossanna 1977], EQN [Kernighan/Cherry 1975], TBL [Lesk 1976], PIC [Kernighan 1981]). Ganz anders verhält es sich bei der Benutzerfreundlichkeit dieser Systeme: Viele sind reine "Batch"-Systeme, bei denen Editieren und Formatieren zeitlich getrennt sind. Neuere dialogorientierte Formatierer (z.B. Lara [Gutknecht 1985]) haben diese Trennung nicht mehr, aber dafür bieten sie meistens nur wenig Unterstützung bei der Erstellung von Graphiken an. Wünschenswert für den Benutzer sind Systeme, mit denen er im Dialog arbeiten und das Dokument so sehen kann, wie es später gedruckt wird ("What you see is what you get"). Dabei sollte es weder eine Einschränkung in den darstellbaren Objekten (Texte mit verschiedenen Schriftarten, Tabellen, Skizzen), noch in den Ausgabeformaten (ein oder zwei Spalten, Seitenkopf, Fußnoten, Adreßbereiche) geben. Die größte Flexibilität hat ein System, bei dem der Benutzer selbst die Ausgabeformate und die Formatiermöglichkeiten festlegen kann. Dazu ist allerdings ein Formalismus zur Spezifikation der Formatierung notwendig. Eine Möglichkeit für einen solchen Formalismus wird in dieser Arbeit vorgestellt.

Die einfachste Formalisierung des Begriffs "Formatieren" ist die Auffassung, daß "Formatieren" eine Funktion ist, die (1-dimensionale) Zeichenketten in 2-dimensionale Strukturen (Seiten) abbildet. Die Zeichenketten beschreiben den Inhalt und die Struktur der Dokumente, während ein Formatierer die Dokumente in eine für den Menschen angenehm lesbare Form bringt. Bei vielen Formatierern werden die Dokumente in einer prozeduralen Sprache beschrieben (TEX, TROFF): In den eigentlichen Inhalt eines Dokuments sind Anweisungen zur Formatierung eingestreut. Neuere Formatierer (z.B. SCRIBE [Reid 1980]) verwenden deklarative Beschreibungssprachen: Durch entsprechende Schlüsselwörter wird die Struktur des Dokuments definiert, nicht jedoch, wie es später formatiert wird. Die funktionale Sichtweise

Formatierung: Zeichenketten → 2-dimensionale Strukturen

Formatierung(Dokumentbeschreibung) = Folge von Seiten

läßt sich anwenden auf "pretty printer" (Formatierer für Programmtexte), Textformatierer und Formatierer für Graphiken (vgl. TBL, PIC). Ein Dokument wird jedoch nicht erstellt in den Schritten

1. Beschreiben des Dokuments
2. Formatieren des Dokuments,

sondern die Dokumenterstellung ist ein sich wiederholender Wechsel zwischen Editieren und Formatieren (siehe Abbildung 1: Die "Sicht" ist hierbei eine Funktion, die das formatierte Dokument auf einer Ausgabeeinheit wie Graphikbildschirm oder Laserdrucker physikalisch sichtbar macht). Beim Editieren müssen wir unterscheiden zwischen dem Editieren der Dokumentbeschreibung und dem Editieren des formatierten Dokuments: Editieren der Dokumentbeschreibung bedeutet, daß der Inhalt und die Struktur (Kapitel, Absätze, Tabellen etc.) festgelegt bzw. verändert wird, während das Editieren des formatierten Dokuments mehr geeignet ist, um das "Layout" von Dokumenten (Schriftarten, Abstände) zu bestimmen.

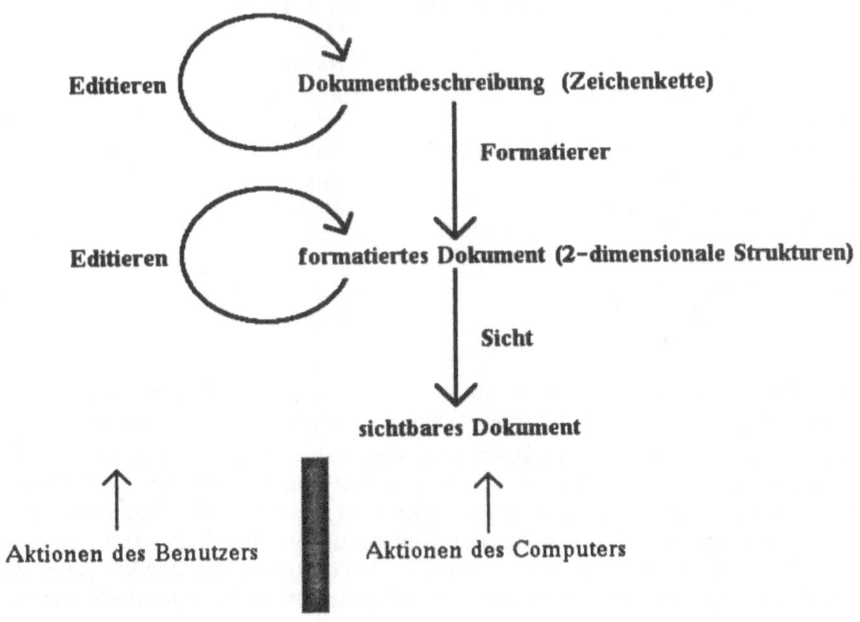

Abbildung 1: Erstellung eines Dokuments

Viele existierende Formatiersysteme lassen nur eine der beiden Editiermöglichkeiten zu oder schränken eine Möglichkeit stark ein. Die Formatierabbildung wird nie exakt definiert, sondern ist durch die Implementierung festgelegt. Die Konsequenz ist, daß viele Systeme zur Dokumenterstellung für bestimmte Arten von Dokumenten prädestiniert sind und es dem Benutzer schwer machen, bei besonderen Formatierwünschen diese auch zu erhalten. Hilfreich wäre es in solchen Fällen, wenn der Benutzer selbst auf die Formatierabbildung Einfluß nehmen kann; dazu ist es notwendig, solche Abbildungen formal zu definieren.

2. Spezifikation von Formatierern

Nachfolgend wird ein Formalismus zur Spezifikation von Formatierern angegeben, wobei dieser auf den Grundlagen aus [Hanus 1983] aufbaut. Ein Formatierer ist im wesentlichen eine Abbildung von Dokumentbeschreibungen in formatierte Dokumente. Eine Dokumentbeschreibung ist eine Zeichenkette, die einer festgelegten Sprache genügt. In der Praxis kann man sich auf (deterministisch) kontextfreie Sprachen einschränken. Für "pretty printer" ist die Eingabesprache identisch mit der entsprechenden Programmiersprache; für den Formel-Formatierer EQN ist die kontextfreie Eingabesprache in [Kernighan/Cherry 1975] definiert. Die Struktur eines Dokuments geht dann aus dem zugehörigen Ableitungsbaum hervor. Um von den Problemen der Syntaxanalyse zu abstrahieren, kann man die abstrakte Syntax betrachten und faßt ein Dokument als Term einer festgelegten Signatur auf (vgl. [ADJ 1978]). Einem Formatierer für wissenschaftliche Publikationen könnte z.B. folgende Signatur zugrunde liegen:

Typ Publikation:
Sorten:
Aufsatz, Titel, Namen, Adresse, Kapitel, Absatz, Worte, Zeichen
Operationen:

aufsatz:	Titel, Namen, Adresse, Kapitel	→ Aufsatz
titel:	Worte	→ Titel
autor:	Worte	→ Namen
autoren:	Namen, Namen	→ Namen
institution:	Worte	→ Adresse
kapitelfolge:	Kapitel, Kapitel	→ Kapitel
einkapitel:	Titel, Absatz	→ Kapitel
absatzfolge:	Absatz, Absatz	→ Absatz
einruecken:	Absatz	→ Absatz
absatz:	Worte	→ Absatz
wortfolge:	Worte, Worte	→ Worte
wort:	Zeichen	→ Worte

...

Ein Editor für die Dokumentbeschreibung ist dann ein syntaxgesteuerter Editor, der zugeschnitten ist auf die Eingabesprache bzw. Signatur des Formatierers.

Schwieriger ist die Spezifikation des Zielbereichs der Formatierabbildung. Intuitiv sind dies Folgen von Seiten, wobei jede Seite einen bestimmten Aufbau (z.B. Seitenkopf, Textbereich, Fußnoten) hat. Während bei früheren Formatierern mit einer prozeduralen Eingabesprache der Seitenaufbau durch in den Text eingestreute Kommandos festgelegt wird, erlauben Formatierer wie JANUS [Chamberlin et al. 1981] die explizite Definition von Seitenformaten, in die als Inhalt das formatierte Dokument aufgenommen wird. Ein *Seitenformat* ist ein Rechteck, das mehrere nicht überlappende Rechtecke enthält. Ein Teil der Rechtecke ist ausgezeichnet zur Aufnahme von Fließtext: sie sind durch Kanten zu einer linearen Liste verbunden. Die Bedeutung dieser Fließtextrechtecke ist: Wenn der laufende Text (dies können auch Formeln, Tabellen o.ä. sein) ein Rechteck gefüllt hat, dann wird der folgende Text in das nächste Fließtextrechteck der Liste gefüllt. Falls kein solches mehr vorhanden ist, wird ein neues Seitenformat begonnen. Abbildung 2 zeigt einige Beispiele für Seitenformate.

Formal kann man Seitenformate definieren als Hierarchiegraphen, deren Knoten gewisse Attribute zugeordnet sind (vgl. [Hanus 1983]). In dieser Arbeit gehen wir etwas anders vor und fassen Seitenformate auf als Terme der folgenden Signatur (der Parameter "Inhalt" soll andeuten, daß wir die konkreten Inhalte der einzelnen Rechtecke noch offen lassen):

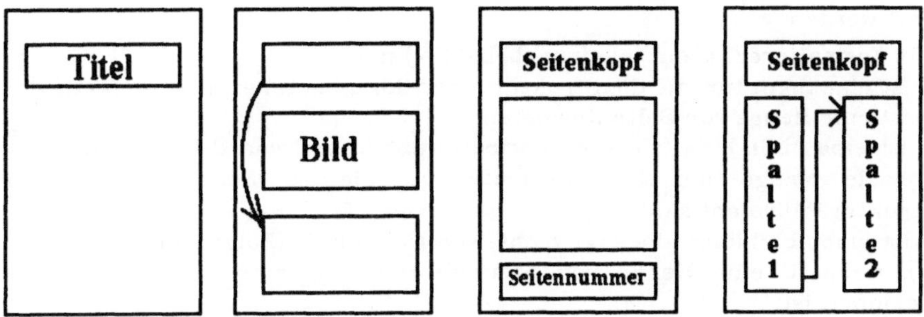

Abbildung 2: Seitenformate

Typ Seitenformat (Sorte Inhalt):
Sorten:
Seitenformat, Rechteck, Rechteckmenge, Rechteckliste, Punkt
Operationen:

seite:	Punkt, Rechteckmenge, Rechteckliste	→ Seitenformat
leer:		→ Rechteckmenge
einfuegen:	Rechteckmenge, Rechteck	→ Rechteckmenge
fliesstext:	Rechteck	→ Rechteckliste
fliesstextfolge:	Rechteckliste, Rechteck	→ Rechteckliste
rechteck:	Punkt, Punkt, Inhalt	→ Rechteck
punkt:	Nat, Nat	→ Punkt

Termäquivalenzen: Für alle RM∈Rechteckmenge, R,R1,R2∈Rechteck gilt:

einfuegen(einfuegen(RM,R),R) = einfuegen(RM,R)
einfuegen(einfuegen(RM,R1),R2) = einfuegen(einfuegen(RM,R2),R1)

Die Größe von Rechtecken geben wir in natürlichen Zahlen an; daher wird in der Signatur für Seitenformate die Sorte "Nat" (natürliche Zahlen) benutzt, die als vordefiniert vorausgesetzt ist. Der folgende Term repräsentiert das rechts stehende Seitenformat aus Abbildung 2, das einen Seitenkopf und einen 2-spaltigen Fließtextbereich enthält (der Operator "nichts" stammt aus der Signatur für die Sorte "Inhalt" und symbolisiert einen leeren Inhalt):

```
seite(punkt(65,80),
      einfuegen(leer,rechteck(punkt(1,5),punkt(3,70),nichts)),
      fliesstextfolge(fliesstext(rechteck(punkt(5,5),punkt(60,35),nichts)),
                      rechteck(punkt(5,40),punkt(60,70),nichts)))
```

Ein Seitenformat unterscheidet sich von einer formatierten und mit Inhalt gefüllten Seite durch das dritte Argument in der Operation "rechteck": Bei Seitenformaten ist der Inhalt in der Regel leer, während bei formatierten Seiten an dieser Stelle komplexere Terme aus der Signatur für "Inhalt" stehen. Durch die Gleichung

rechteck(P1,P2,I) = rechteck(P1,P2,nichts)

definieren wir eine Äquivalenzrelation $\equiv_I$ auf den Seitenformaten: Zwei Seitenformate S_1 und S_2 sind ***strukturäquivalent*** ($S_1 \equiv_I S_2$), wenn sie sich nur in den Inhalten der Rechtecke unterscheiden. Somit kann der Begriff "Formatierer" wie folgt definiert werden:

Ein **Formatierer** ist ein Quadrupel (Σ,P,F,V) mit:

Σ ist eine Signatur, die die Struktur einer Dokumentspezifikation festlegt.

P ist eine Menge von Seitenformaten.

F ist eine Abbildung (sie sog. **Formatierabbildung**) von Σ-Termen in P_I, wobei P_I die Menge der Seitenformate ist, die zu Seitenformaten aus P strukturäquivalent sind.

V ist eine Abbildung (die sog. **Sicht**) von P_I nach C* (Folgen von Elementen aus C), wobei C eine Menge von Steuerzeichen für eine physikalische Ausgabeeinheit ist.

Diese Definition ist so allgemein gehalten, daß sie auf verschiedene Formatierer anwendbar ist: Ob sich in den endgültigen Dokumenten nur Text, oder auch Tabellen, Graphiken etc. befinden, ist noch nicht festgelegt. Dies wird bestimmt durch die Inhalte der Rechtecke und die Formatierabbildung. Ein weiterer Vorteil ist, daß man durch Austauschen der Sicht V denselben Formatierer für unterschiedliche Ausgabeeinheiten benutzen kann.

Will man diese Definition zur Spezifikation eines Formatierers benutzen, dann ist die Signatur für die Dokumentspezifikation und die Menge der Seitenformate ohne großen Aufwand definierbar. Die Spezifikation der Sicht kann mit attributierten Grammatiken [Knuth 1968] relativ einfach angegeben werden. Schwieriger ist die Spezifikation der Formatierabbildung, die den zentralen Kern des Formatierers darstellt. Hierzu wird eine Formalisierung des Knuthschen "Box"-Modells (vgl. [Knuth 1978]) benutzt: Boxen sind die 2-dimensionalen Objekte, aus denen das formatierte Dokument zusammengesetzt ist. Eine *Box* ist definiert durch einen Referenzpunkt, von dem aus Höhe, Tiefe und Breite einer Box gemessen werden (vgl. Abbildung 3).

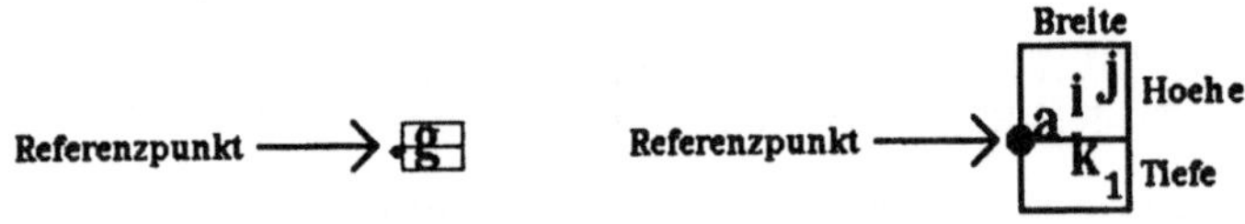

Abbildung 3: Beispiele fuer Boxes

Auf Boxes sind Operationen zur Erzeugung neuer Boxes, zum Verknüpfen von Boxes und zur Abfrage der Maße einer Box definiert. Diese Operationen sind in der folgenden Typvereinbarung zusammengefaßt ("Zeichenkette", "Schriftart" und "Int" seien vordefinierte Sorten):

Typ Boxes:

Sorten:

Box

Operationen:

leerBox:	Int, Int, Int	→	Box
textBox:	Zeichenkette, Schriftart	→	Box
breite:	Box	→	Int
hoehe:	Box	→	Int
tiefe:	Box	→	Int
horizontal:	Box, Int, Box	→	Box
vertikal:	Box, Int, Box	→	Box

Gleichungen:

breite(leerBox(B,H,T))	=	max(0,B)
hoehe(leerBox(B,H,T))	=	max(0,H)
tiefe(leerBox(B,H,T))	=	max(0,T)
breite(horizontal(B1,V,B2))	=	breite(B1)+breite(B2)
hoehe(horizontal(B1,V,B2))	=	max(hoehe(B1),hoehe(B2)+V)
tiefe(horizontal(B1,V,B2))	=	max(tiefe(B1),tiefe(B2)-V)
breite(vertikal(B1,V,B2))	=	max(breite(B1),breite(B2)+V) (falls V≥0)
breite(vertikal(B1,V,B2))	=	max(breite(B1)-V,breite(B2)) (falls V<0)
hoehe(vertikal(B1,V,B2))	=	hoehe(B1)+hoehe(B2)+tiefe(B2)
tiefe(vertikal(B1,V,B2))	=	tiefe(B1)
...		

Die Operation "horizontal" fügt zwei Boxes horizontal hintereinander, wobei eine Verschiebung der zweiten Box nach oben und unten zugelassen ist: Ist das mittlere Argument 0, dann werden die Referenzpunkte beider Boxes auf einer Höhe ausgerichtet, bei einem positiven Wert wird die zweite Box nach oben verschoben, bei einem negativen Wert nach unten. Die Operation "vertikal" fügt zwei Boxes übereinander, wobei die zweite Box über der ersten liegt und nach rechts oder links verschoben werden darf: Ist das mittlere Argument 0, dann werden die Referenzpunkte beider Boxes übereinander ausgerichtet, bei einem positiven Wert wird die zweite Box nach rechts verschoben, bei einem negativen Wert nach links. Die resultierende Box ist immer das kleinste Rechteck, das beide Boxes umfaßt und hat (außer bei "vertikal" mit einer negativen Verschiebung) als Referenzpunkt den der ersten Box (vgl. Abbildung 4). Natürlich gibt es noch weitere Box-Operationen, die für die Spezifikation der Formatierabbildung eingesetzt werden könnten, aber an dieser Stelle wollen wir uns mit der Angabe der elementaren Operationen begnügen.

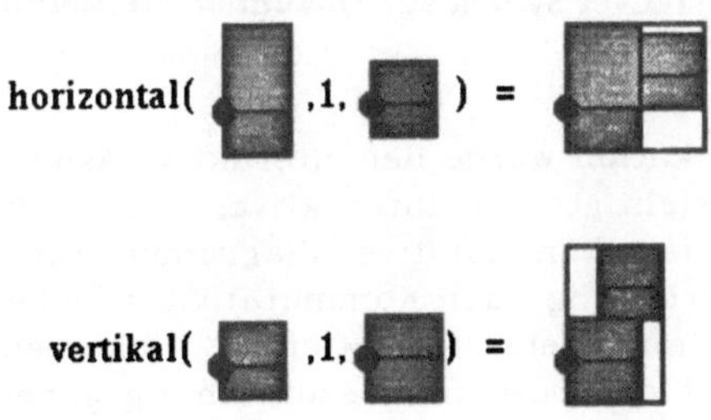

Abbildung 4: Operationen auf Boxes

Beim Erzeugen neuer Boxes sind bisher nur Texte in verschiedenen Schriftarten möglich, weil dies der einfachste Fall ist. Prinzipiell ist über den Inhalt von Boxes nichts ausgesagt; sie können auch Bilder und Graphiken enthalten, nur ist dann eine formale Beschreibung nicht so offensichtlich.

Mit diesen Operationen kann man Boxes zu größeren Boxes zusammensetzen soweit, bis man ein Rechteck eines Seitenformats gefüllt hat. Der Inhalt der Rechtecke von Seitenformaten (diese Sorte wurde als formaler Parameter des Datentyps "Seitenformat" noch nicht konkretisiert) ist also genau eine Box. Der leere Inhalt (Operation "nichts") ist dann eine Box der Größe 0 ("leerBox(0,0,0)"). Damit steht einer vollständigen Spezifikation der Formatierabbildung nichts mehr im Wege. Die Formatierabbildung übersetzt Terme (Dokumentbeschreibungen) in Terme einer anderen Signatur (Folgen von Seitenformaten). Da diese Übersetzung für praktische Anwendungen nicht einfach strukturierbar ist (sie ist kein Signaturmorphismus oder Derivor, vgl. [ADJ 1978]), muß ein mächtiges Spezifikationsmittel wie z.B. attributierte Grammatiken verwendet werden. Damit diese Beschreibung nicht zu aufwendig wird, kann man einige vordefinierte Funktionen benutzen, wie z.B. der *Zeilenumbruch*: Dies ist eine Funktion, die eine Folge von Boxes und eine Zeilenlängenangabe als Eingabe hat und als Ergebnis eine Folge von Zeilen liefert, wobei jede Zeile eine Folge von Boxes ist, deren Gesamtlänge die vorgegebene Zeilenlänge nicht überschreitet:

zeilenumbruch: Folge(Box), Nat → Folge(Folge(Box))

Eine formale Spezifikation dieser Funktion ist in [Hanus 83] angegeben. Weiterhin benötigt man noch Operationen auf Seitenformaten, die die Inhalte von Rechtecken verändern. Mit diesen kann man dann die Formatierabbildung vollständig spezifizieren. Beispiele und weitere Details sind in [Hanus 1983] zu finden.

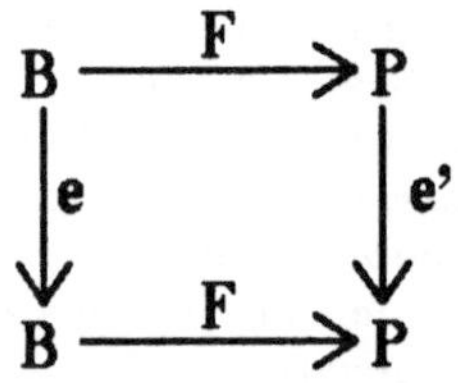

B: Dokumentbeschreibungen
P: Folgen von Seitenformaten
F: Formatierabbildung
e: Termeditor
e': (Graphik-) Editor

Abbildung 5: Interaktives System zur Dokumentenerstellung

In der bisherigen Spezifikation wurde der interaktive Aspekt eines Formatiersystems noch nicht berücksichtigt. Ein interaktives System zur Erstellung von Dokumenten kann durch das kommutative Diagramm aus Abbildung 5 gekennzeichnet werden. Die Forderung nach Kommutativität bedeutet hier: Für jede zulässige Editieroperation auf dem formatierten Dokument muß es eine entsprechende Operation auf der Dokumentbeschreibung geben und umgekehrt. Ändert der Benutzer die Dokumentbeschreibung und man kennt keine dazu entsprechende Operation auf dem formatierten Dokument, dann kann das neue formatierte Dokument durch inkrementelle Attributauswertung der neuen Dokumentbeschreibung berechnet werden, falls die Formatierabbildung durch eine attributierte Grammatik spezifiziert worden ist. Umgekehrt ist es schwieriger, weil die Formatierabbildung nicht einfach umkehrbar ist. Hier muß man sich noch mit heuristischen Methoden begnügen.

3. Implementierung eines Prototypen in Smalltalk-80

Bei der Implementierung eines flexiblen Systems zur Dokumenterstellung sollten folgende Aspekte berücksichtigt werden: Der Benutzer soll in der Art der Objekte, die sich im formatierten Dokument befinden, nicht eingeschränkt werden; neben Texten in verschiedenen Schriftarten und -größen sollen Tabellen, Formeln, Graphiken etc. erstellt werdem können. Die Erstellung eines Dokuments erfolgt interaktiv; der Benutzer kann sowohl die Dokumentenstruktur wie auch das formatierte Dokument ändern. Außerdem muß der Formatierer einer Spezifikation entsprechen (beispielsweise in dem in dieser Arbeit vorgestellten Formalismus), wobei der Benutzer die Möglichkeit hat, die Seitenformate und Teile der Formatierabbildung selbst zu definieren. Um zu einem so mächtigen System zu gelangen und zur Überprüfung der praktischen Anwendbarkeit des vorgestellten Formalismus wurden zunächst Prototypen in höheren Programmiersprachen entwickelt.

Ein erster Prototyp wurde in der Sprache Prolog [Clocksin/Mellish 1981] implementiert. Hierbei wird die Signatur der Dokumentbeschreibungen durch "Definite Clause Grammars" [Pereira/Warren 1980] spezifiziert und die Seitenformate werden als Prolog-Terme angegeben. Die Formatierabbildung ist direkt durch Prolog-Klauseln definiert. Aus Effizienzgründen wurden in diesem Programm nicht nur rein logische Konstrukte von Prolog benutzt, so daß die Formatierabbildung nur teilweise formal spezifiziert ist. Bei diesem Prototyp wird ein Text mit Angabe einer Menge von Seitenformaten formatiert. Durch Angabe verschiedener Seitenformatmengen kann dieselbe Dokumentbeschreibung in unterschiedlichen Formaten ausgegeben werden, z.B. einmal in einem einspaltigen Buchformat und ein anderes Mal in einem zweispaltigen Format für Tagungsbeiträge. Der Nachteil dieses Prototypen ist einerseits die Beschränkung auf die Formatierung von Texten, andererseits die fehlende Interaktion: Es handelt sich um einen reinen "Batch"-Formatierer, und auch die Spezifikation der Seitenformate durch Terme ist nicht sehr benutzerfreundlich. Aus diesem Grund wurde für einen zweiten Prototypen das Smalltalk-80-System [Goldberg/Robson 1983] gewählt, weil es gute Möglichkeiten zur Erstellung interaktiver Systeme bietet und die Benutzerfreundlichkeit durch Verwendung hochauflösender Graphiken erhöht.

Bei diesem Prototyp war ein wichtiges Ziel dem Benutzer die Spezifikation der Seitenformate zu erleichtern. Mit diesem Prototypen kann der Benutzer die Seitenformate interaktiv mit einer Maus und Menus (den in Smalltalk-80 üblichen Techniken) definieren und jederzeit verändern. Die so spezifizierten Schemata werden in einer Bibliothek abgelegt und können vom Formatierer abgerufen werden. Die Implementierung ist angelehnt an der Realisierung von interaktiven Programmen in Smalltalk-80. Das Konzept einer Benutzerschnittstelle in Smalltalk-80 beinhaltet die Komponenten *model*, *view* und *controller*, deren Zusammenspiel in Abbildung 6 dargestellt ist.

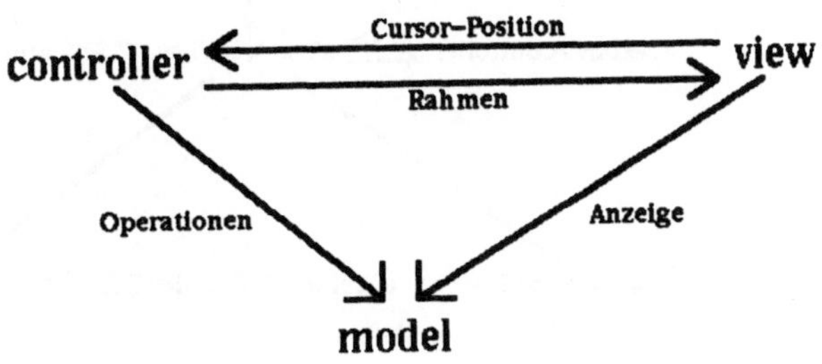

Abbildung 6: model-view-controller-Dreieck

Das *model* enthält die Daten und die erlaubten Operationen darauf. Das *model* ist das eigentliche Programm, für das eine interaktive Benutzerschnittstelle realisiert werden soll. Die *view* zeigt einen bestimmten Teil des *models* in einem Fenster auf dem Bildschirm an. Der *controller* ist für die Bearbeitung der Benutzereingaben verantwortlich (Kontrolle der Tastatur und der Maus). Der *controller* hat Zugriff auf das *model*, um dort die vom Benutzer ausgewählten Operationen anzustoßen. Falls der Benutzer das Fenster der Benutzerschnittstelle verschieben oder verändern will, muß der *controller* entsprechende Operationen im *view* anstoßen; aus diesem

Grund hat der *controller* Zugriff auf die *view*. Die *view* hat wiederum Zugriff auf das *model*, um die entsprechenden Daten sichtbar zu machen, und auf den *controller*, um die Position des Cursors abzufragen oder zu setzen.

Das *model* hat keinen Zugriff auf den *controller* oder die *view*, weil das *model* unabhängig von der Benutzerschnittstelle entworfen werden soll. Der Vorteil hiervon ist, daß für ein *model* unterschiedliche Benutzerschnittstellen realisiert werden können: Ist das *model* eine Dokumentbeschreibung, dann können zwei verschiedene Benutzerschnittstellen (*view/controller*) für das Dokument realisiert werden: Einerseits ein (Struktur-) Editor für die Dokumentbeschreibung und andererseits ein Editor für das formatierte Dokument. Durch die in Smalltalk-80 verwendete Fenster-Technik kann der Benutzer beide Editoren parallel am Bildschirm sehen.

Es ist möglich, Hierarchien von *views* zu bilden, wobei jede *view* ihren eigenen *controller* und eventuell ihr eigenes *model* hat: Jede *view* kann mehrere *subViews* enthalten, wobei in der Regel die Fenster der *subViews* auf dem Bildschirm innerhalb des *view*-Fensters liegen. Dieses Konzept wurde benutzt für die Implementierung der Seitenformate in Smalltalk-80: Ein Seitenformat, das drei Rechtecke enthält, ist implementiert als Instanz der Klasse *View*, die drei *subViews* enthält (in Wirklichkeit handelt es sich immer um Unterklassen von *View*, in denen bestimmte Methoden abgeändert bzw. hinzugefügt sind). Jeder *view* ist ein *controller* zugeordnet, der dem Benutzer die Definition neuer Rechtecke und Veränderung des gegebenen Seitenformats erlaubt. Außerdem sorgt der *controller* dafür, daß die einzelne Rechtecke in einem Seitenformat sich nicht überlappen (im Gegensatz zu denen in Smalltalk-80 vordefinierten *controllern*). Um die Seitenformate in das Smalltalk-80-System einzupassen, ist jedem Seitenformat als oberstes *view* eine Instanz einer Unterklasse von *StandardSystemView* zugefügt. Ein Beispiel für die Implementierung eines Seitenformats ist in Abbildung 7 angegeben (die *models* sind immer leer und daher nicht angegeben).

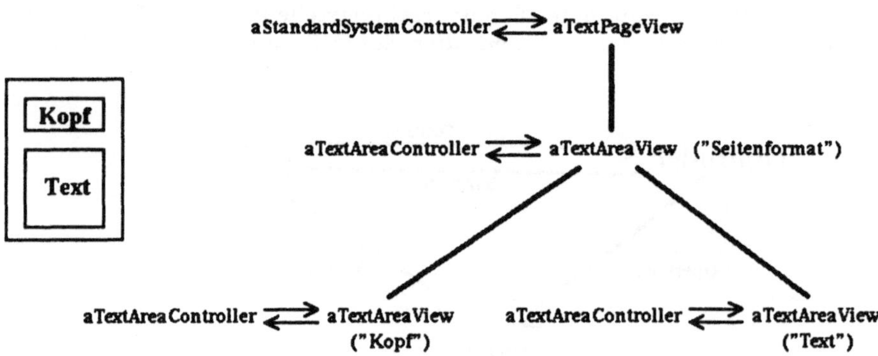

Abbildung 7: Implementierung von Seitenformaten

Um den Benutzer die Möglichkeit zu geben, das formatierte Dokument, d.h. die Seitenformate, zu editieren, müssen für die Seitenformate entsprechende Editoren zur Verfügung gestellt werden. Bei der Lösung dieses Problems zeigte sich die Stärke des Smalltalk-80-Systems: Hier stehen schon Editoren für Texte und Graphiken zur Verfügung; dies sind spezielle *controller*, die auf bestimmten *views* aufbauen. Um diese Editoren in die Seitenformate einzubinden, muß man lediglich im gewünschten Rechteck (*aTextAreaView*) ein (Editor-) *subView* gleicher Größe definieren und den entsprechenden Editor als *controller* für das *subView* angeben.

Mit dieser Technik konnte innerhalb kurzer Zeit ein Prototyp implementiert werden, der zur Erstellung von Seiten, die Texte und einfache Graphiken enthalten, benutzt werden kann (siehe Abbildung 8). Dieses System wurde eingesetzt, um Folien für Vorträge zu erstellen, die sich die Zuhörer durch alleinige Verwendung der Maus auf den Bildschirm anzeigen lassen können (vgl. [Newsletter 1985]).

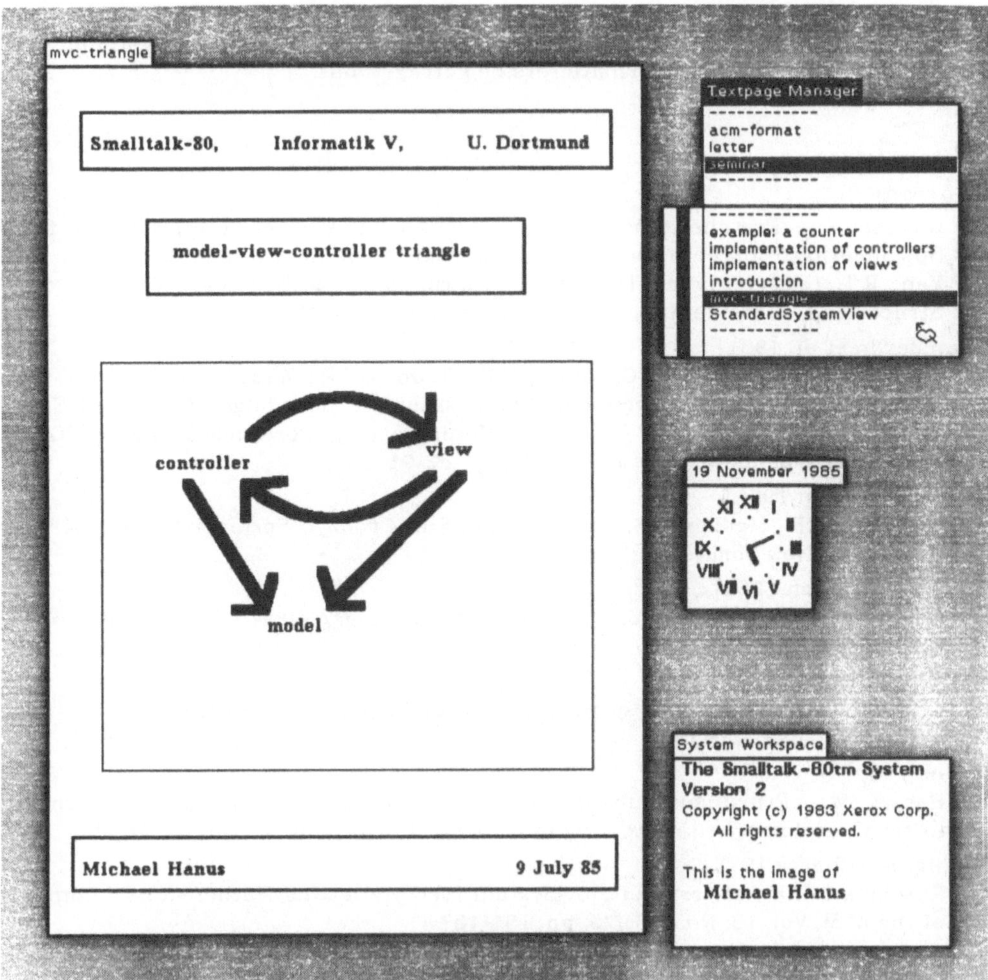

Abbildung 8: Prototyp-Formatierer in Smalltalk-80

Die Realisierung der Aspekte, die im ersten Prototyp implementiert sind (Spezifikation der Dokumentbeschreibungssprache und der Formatierabbildung), ist in diesem System noch nicht berücksichtigt. Hilfreich hierfür wäre eine Integration von objektorientierter und prädikativer Programmierung in einem System.

4. Schlußbemerkung

In dieser Arbeit wurde ein Formalismus zur Spezifikation von Formatierern vorgeschlagen. Die Möglichkeit, ein Teil der Spezifikation interaktiv mit graphischer Unterstützung zu erstellen, ist in einem mit Smalltalk-80 entwickelten Prototyp realisiert worden. Hier zeigte sich die Stärke von Smalltalk-80 für die Erstellung von Systemen, bei denen interaktive Arbeitsweise und graphische Darstellungen wesentliche Komponenten sind: Mit den vorhandenen Tools konnte in kurzer Zeit ein einfacher dialogorientierter Formatierer für Texte und Graphiken implementiert werden. Ein weiterer Prototyp, bei dem der Schwerpunkt auf der formalen Spezifikation der Formatierabbildung mit Boxes und Attributgrammatiken liegt, ist zur Zeit in Bearbeitung.

An dieser Stelle möchte ich mich bei Georg Heeg bedanken, der durch die Bereitstellung eines schnellen Smalltalk-80-Systems und zahlreiche Hilfestellungen zur Implementierung dieses Formatierers beigetragen hat.

5. Literatur

[ADJ 1978]
Goguen, J.A., Thatcher, J.W., Wagner, E.G.: "An Initial Algebra Approach to the Specification, Correctness and Implementation of Abstract Data Types", In: Yeh, R.T. (ed.): Current Trends in Programming Methodology, Vol IV: Data Structuring, Prentice Hall, New Jersey, 1978, pp. 80-149

[Chamberlin et al. 1981]
Chamberlin, D.D., King, J.C., Slutz, D.R., Todd, S.J.P., Wade, B.W.: "JANUS: An Interactive System for Document Composition", Proceedings of the ACM SIGPLAN SIGOA Symposium on Text Manipulation, Portland/Oregon, SIGOA Newsletter, Vol. 2, No. 1+2, June 1981, pp. 82-91

[Clocksin/Mellish 1981]
Clocksin, W.F., Mellish, C.S.: "Programming in Prolog", Springer-Verlag, Berlin Heidelberg New York, 1981

[Goldberg/Robson 1983]
Goldberg, A., Robson, D.: "Smalltalk-80, The Language and its Implementation", Addison Wesley, 1983

[Gutknecht 1985]
Gnutknecht, J.: "Concepts of the Text Editor Lara", Comm. of the ACM, Vol. 28, No. 9, 1985, pp. 942-960

[Hanus 1983]
Hanus, M.: "Prinzipien zur Spezifikation und Generierung von Textformatierern", Diplomarbeit, Abteilung Informatik, Universität Dortmund, 1983

[Kernighan/Cherry 1975]
Kernighan, B.W., Cherry, L.L.: "A System for Typesetting Mathematics", Comm. of the ACM, Vol. 18, No. 3, 1975, pp. 151-157

[Kernighan 1981]
Kernighan, B.W.: "PIC - A language for Typesetting Graphics", Proceedings of the ACM SIGPLAN SIGOA Symposium on Text Manipulation, Portland/Oregon, SIGOA Newsletter, Vol. 2, No. 1+2, June 1981, pp. 137-146

[Knuth 1968]
Knuth, D.E.: "Semantics of context-free languages", Math. Systems Theory 2, 1968, pp. 127-145

[Knuth 1978]
Knuth, D.E.: "Tau Epsilon Chi. A System for Technical Text", Report No. STAN-CS-78-675, Stanford Univ., Calif., 1978

[Lesk 1976]
Lesk, M.E.: "Tbl - A Program to Format Tables", Computing Science Technical Report 49, Bell Laboratories, 1976

[Newsletter 1985]
"Interactive Smalltalk-80 Seminar in Dortmund", Smalltalk-80 Newsletter 7, Xerox Corp., October 1985

[Ossanna 1977]
Ossanna, J.F.: "TROFF User's Manual", Computing Science Technical Report 54, Bell Laboratories, 1977

[Pereira/Warren 1980]
Pereira, F.C.N., Warren, D.H.D.: "Definite Clause Grammars for Language Analysis", Artificial Intelligence, Vol. 13, 1980, pp. 231-278

[Reid 1980]
Reid, B.K.: "A high-level approach to computer document formatting", Conf. Rec. 7th Annual ACM Symp. on Principles of Programming Languages, Las Vegas, 1980, pp. 24-31

Integration von Graphik in TEX

KARIN HORN

Gesellschaft für Mathematik
und Datenverarbeitung mbH

Zusammenfassung: *Dieser Artikel stellt eine Möglichkeit vor, Graphikfähigheit in ein Formatiersystem zu integrieren. Ein Ziel dieser Implementation ist es, eine möglichst allgemeingültige Lösung zu schaffen, die ohne große Änderungen an verschiedene Umgebungen angepaßt werden kann. Als Formatiersystem dient das ohnehin sehr flexible Formatiersystem TEX. Auf der Graphikseite wird ein dem TEX-DVI-File entsprechender "Graphik-Zwischenfile" definiert, der zum einen ohne großen Aufwand über die Schnittstellen der üblichen Graphiksysteme generiert werden kann und zum andern nur wenige Erweiterungen des DVI-Treibers zur Ausgabe der Treibersoftware erfordert.*

1. Implementation des TEX-Graphik-Systems in der GMD

Bei unserer Vorgehensweise sind die Erstellung des Textes und der Graphiken voneinander unabhängig. Der Text wird mittels des Editors EDOR auf einer Siemens 7571 erstellt. Dieser Text beinhaltet Kommandos für den Formatierer (in unserem Fall das TEX-System (s.u.)). An die Stellen, an denen die Graphik erscheinen soll, wird ein Formatier-Befehl eingefügt, der bewirkt, daß Platz für die Graphik freigehalten wird. Die Größe des vertikalen und horizontalen Zwischenraumes, der freigehalten werden soll, wird in einer physikalischen Einheit (z.B. "mm") angegeben.

Zur Erstellung der Graphik-Files wird eine in der GMD auf einem CADMUS-System der Firma PCS (Peripheral Computer System) entwickelte, interaktive GKS-Implementation benutzt. Während einer GKS-Sitzung wird ein GKS-Metafile (GKSM) erstellt, der die komplette Beschreibung der Graphik enthält.

Als Ausgabegerät dient ein Laserdrucker LASERGRAFIX 1200 der Firma Quality Micro Systems (QMS), USA. Er besitzt einen lokalen Speicher von 2 Megabyte und einen Controller, der mit der sogenannten QUIC-Sprache arbeitet. Aufgrund seiner Kommando-Sprache QUIC können die GKS-Primitive und einige GDP-Primitive (General Drawing Primitive des GKS, wie z.B. circle, ellipse) direkt als Befehl vom Drucker interpretiert werden. Die QUIC-Kommandosprache verfügt über einfache Graphikbefehle (wie z.B. "solid line drawing" oder "vector graphics"), aber auch über komplexere Befehle (wie z.B. im Bereich der Geschäftsgraphik zur Erstellung von Bar- oder Pie Charts). Der QMS-Raster Image Processor unterstützt verschiedene Textfonts und ermöglicht es dem Anwender, den Drucker sowohl in einem Raster-Graphik-Mode als auch in einem Vektor-Graphik-Mode anzusteuern. Die Auflösung des QMS-Druckers entspricht 300 Punkten pro inch, also etwas weniger als 10^{-5} Meter.

Außerdem ist die Ausgabe auf einem Rasterbildschirm vorgesehen. In der GMD steht zu diesem Zwecke ein PERQ-System der Firma International Computer Limited (ICL), Großbritannien, zur Verfügung. Es arbeitet unter dem Betriebssystem PNX, einer Variante des UNIX-Betriebssystems. Zusätzlich verfügt das System über einen leistungsfähigen Window Manager. Neben der alphanumerischen Tastatur ist eine "Mouse" als Eingabegerät vorhanden. Die Auflösung des Rasterbildschirms beträgt 1024 × 768 Bildpunkte. Damit kann eine komplette DIN A4-Seite auf dem Schirm dargestellt werden.

Im Unterschied zum Laserdrucker, der durch die Kommando-Sprache QUIC eine hohe graphische Funktionalität anbietet, muß der PERQ-Bildaufbau durch Rasteroperationen auf niedriger Ebene durchgeführt werden.

Um den verschiedenen Ausgabearten gerecht zu werden, generieren wir aus dem GKS-Metafile eine Zwischendatei, die mit der Ausgabedatei des Text-Formatierers kompatibel ist. Die folgende Zeichnung stellt den Zusammenhang zwischen den Dateien dar:

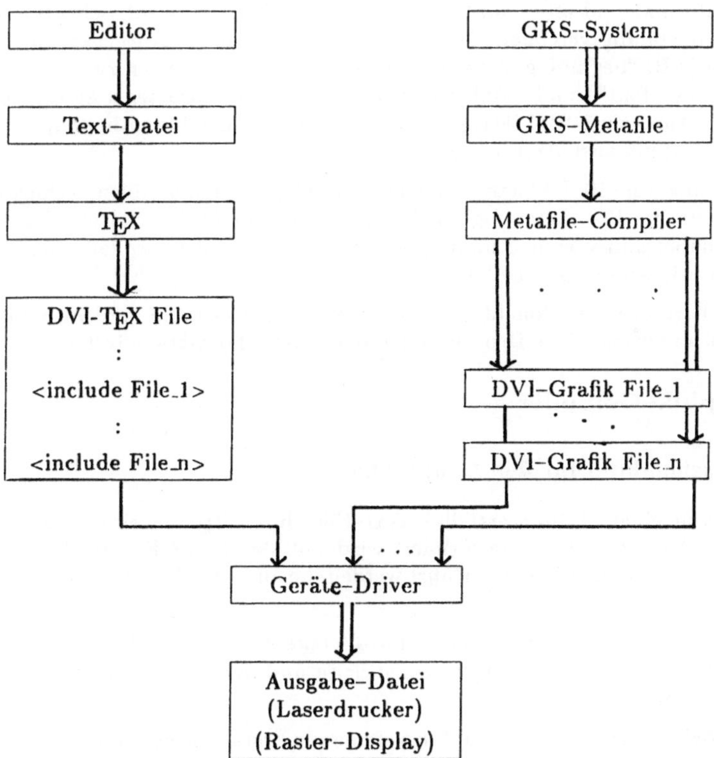

Anschließend soll zuerst kurz das Formatiersystem TEX und seine DVI-Zwischendatei vorgestellt werden, um daran anschließend eine geeignete Form für die Zwischendatei des Graphik-Files und die Integration desselbigen in die Text-Datei zu beschreiben.

2. Das Formatiersystem TEX

2.1 TEX

TEX ist ein Formatiersystem, das von Donald E. Knuth an der Stanford University entwikkelt wurde. Von allen vergleichbaren typographischen Systemen dürfte es derzeit die beste typographische Qualität liefern. Der formatierte Text kann sowohl auf einem Rasterbildschirm ausgegeben, als auch über Laserdrucker gedruckt oder auf einer Lichtsatz-Anlage gesetzt werden.

Da TEX keine Graphik-Funktionen enthält, müssen Zeichnungen und Bilder manuell in den von TEX erstellten Text eingefügt werden. Eine maschinelle Integration von Graphik-Elementen wird den Einsatz von TEX noch attraktiver machen. Berichte oder Broschüren, die z.B. Geschäftsgraphiken, Dokumentbeschreibungen oder Konstruktionspläne enthalten, sind dann ohne Ausschneide- und Klebeaktionen auf dem laufenden Stand zu halten.

2.2 Der DVI-File als Ausgabeformat von TEX

Der mit dem Text-Editor erstellte Text wird dem Text-Formatierer TEX übergeben. TEX erzeugt als Ausgabe einen sogenannten DVI-File (DVI steht für "device independent"). In diesem Zwischenformat sind alle Informationen wie z.B. Font-Auswahl, Schriftgröße oder Seitenausrichtung vollständig vercodet. Der DVI-File besteht im wesentlichen nur aus Positionierungsbefehlen (z.B. "beginning of page", "right" , "down"), Befehlen zur Fontauswahl (z.B. "define font", "select font") und Satzbefehlen (z.B. "typeset character x at the current position"). Außerdem kann ein DVI-File sogenannte /SPECIAL-Befehle enthalten, was wir für die Integration von Graphik ausnutzen wollen.

Mit einer Auflösung von 10^{-7} Metern für einen Punkt genügt man allen technischen Anforderungen und kann die Positionierung auf Integer-Basis durchführen. Diese hohe Auflösung vermeidet, daß dabei auftretende Rundungsfehler sichtbar werden, so daß man bei verschiedenen Implementationen das gleiche Satzbild erhält.

Durch das DVI-Format ist es Donald E. Knuth gelungen, ein sowohl hardware- als auch softwaremäßig leicht an verschiedene Drucker anpaßbares Text-Formatier-System zu erstellen.

3. Der Graphik-Compiler

3.1 Eine Zwischendatei für den Graphikfile

Genau wie der von einem Editor erstellte Text-File durch TEX in eine geräteunabhängige Beschreibung der Ausgabeseiten transformiert wird, soll der vom GKS erstellte Graphik-File (GKSM) erst in eine Zwischendatei überführt werden, bevor er an das Ausgabegerät übergeben wird.

Unserer Meinung nach ist es auf jeden Fall sinnvoll, eine Zwischendatei zu definieren, die zwischen der Erstellung der Graphik auf der einen Seite und der Ausgabe der Graphikdatei auf der anderen Seite steht.

Damit wird es möglich, verschiedene Graphiksysteme zur Erstellung der Graphik zuzulassen, die auf unterschiedlichen Geräten ausgegeben werden können, ohne für jede denkbare Kombination einen eigenen Treiber schreiben zu müssen.

Wie schon erwähnt, handelt es sich bei unserer Implementation um den GKS-Metafile. Der Umfang des GKS geht wesentlich über die für eine Textverarbeitung erforderliche Standbild-Spezifikation hinaus. Selbst GKS des Level 0A umfaßt Befehle, die über die für Standbildverarbeitung relevanten Bedürfnisse hinausgehen. Desweiteren ist der GKS-Metafile, GKSM, noch kein ISO-Standard. Für Standbildverarbeitung ist daher auch der CGM (Computer Graphics Metafile) von Interesse. Der Vorteil dieser Spezifikation ist, daß sie von einem Großteil von interaktiven Befehlen befreit ist, auf Segmentierung verzichtet und das graphische Bild an sich beschreibt. Befehle wie "CLEAR WORKSTATION" oder "OPEN SEGMENT" entfallen hier. Nachteil des CGMs ist seine sehr hoch angesetzte Funktionalität. Kreise, Kreisbögen, Ellipsen, Ellipsenbögen gehören hier zu den Primitiven.

Hohe Anforderungen an die Funktionalität der Hard- und Software der Ausgabegeräte stellen auch einige Attribute. Attribute im GKS oder CGM kann man als Parameter für die Ausführung der Primitive betrachten. Sie werden unabhängig vom Aufruf der Primitive gesetzt und überschreiben die zuvor bestimmten Attribute bzw., wenn noch keine Attribute gesetzt wurden, die Default Werte. Als Beispiel seien hier die sowohl im GKS, als auch im CGM geforderten Attribute für die Characterverarbeitung genannt. Buchstaben sollen nicht nur in verschiedenen Größen, komprimiert oder ausgedehnt, mit großen oder kleinen Zwischenräumen oder in verschiedenen Farben dargestellt werden, sondern sie sollen auch in jede beliebige Richtung orientiert werden können.

Wir wollen bei unserer Implementation die Menge und Art der Attribute nicht reduzieren, und es dem jeweiligen Treiber überlassen, diese adäquat zu interpretieren.

Das garantiert uns eine Kompatibilität zum einen zu verschiedenen Graphik-Metafiles und zum anderen zu verschiedenen Ausgabegeräten.

Benutzt man einen Zwischenfile, so läßt sich die Komplexität des Problems von $n \times m$ spezifischen Treiber-Programmen bei n verschiedenen Graphiksystemen und m verschiedenen Ausgabegeräten auf lediglich n "Graphik-Compiler" zur Umformung der Ausgabe des Graphiksystems in die Zwischendatei und m Treiber zur Ausgabe der Zwischendateien auf dem spezifischen Ausgabegerät reduzieren.

3.2 Format für die Zwischendatei

Man muß sich entscheiden, auf welcher Ebene man die Graphik-Elemente abspeichert, so daß mit relativ einfachen Treibern eine Kompatibilität zu einem möglichst breiten Spektrum von Ausgabegeräten gewährleistet ist.

Die unterste Ebene, auf der man die Zwischendatei implementieren könnte, wäre das Bit-Map. Eine Ausgabe auf einem Vektorgerät ist aber damit ausgeschlossen. Außerdem ist diese Art der Abspeicherung sehr speicherintensiv. Solch eine Darstellung kommt wohl nur bei Image-Verarbeitung in Frage, obwohl auch hier auf Optimierung des Speicherbedarfs geachtet werden sollte.

In einer höheren Stufe sind als Primitive nur Polyline, Polymarker und Text zugelassen. Diese Stufe entspricht dem, was jedes primitive Graphik-Ausgabe-Gerät erfüllen können sollte. Polyline entspricht einem "plot(xvon, yvon, xbis, ybis, attribut)", Polymarker einem "draw(xpos, ypos, marker)" und Text einem "print(xpos, ypos, string)".

Die nächsthöhere Stufe ist die auch quasi durch CGM und GKSM spezifizierte Ebene. Als zusätzliche Primitive verlangt man FILL AREA und die im CGM als normale Primitive zugelassenen und im GKS als Generalized Drawing Primitive (GDP) integrierten Elemente wie Kreisbögen, Ellipsenbögen; evtl. sollten auch "splines" bzw. "interpolation curves" hinzugenommen werden. Auf dieser Ebene muß natürlich eine entsprechend höhere Anforderung an die Funktionalität der Ausgabe-Hardware gestellt werden.

Wir haben uns für eine Implementation des Graphik-Zwischenfiles auf dieser Ebene entschieden. Im folgenden wollen wir speziell auf den GKSM-File bezogen die Umformung der Graphik-Metafiles in ein geeignetes Zwischenformat betrachten.

3.3 Aufgaben des Graphik-Compilern

Aufgaben des Graphik-Compilers sind:

— Syntaxprüfung und evtl. Elimination der überflüssigen Befehle

— Umrechnung des Koordinatensystems

— Erzeugung des DVI-Graphik-Files

Im folgenden sollen die aufgezeigten Punkte näher erläutert werden:

— Syntaxprüfung und evtl. Elimination der überflüssigen Befehle

Wie schon erwähnt, sollte nicht der gesamte GKSM-Befehlssatz von dem "Graphik-Compiler" unterstützt werden. Zu den Aufgaben des "Graphik-Compilers" gehört es somit auch, zu analysieren, ob der spezifizierte Befehlssatz eingehalten wurde. Andernfalls wird eine Fehlermeldung ausgegeben oder, falls sinnvoll, der entsprechende Befehl übergangen.

— Umrechnung des Koordinatensystems

Um die Komplexität des Treibers zu minimieren, wird das Koordinatensystem des Graphik-Files an das TEX-DVI-Koordinatensystem angepaßt.

Mehrere Aufgaben stellen sich hier an den Graphik-Compiler. Zum einen muß die Koordinate für die Vertikale umgerechnet werden, da in Graphiksystemen der Bezugspunkt in der linken unteren Ecke, bei Text-Systemen dagegen in der linken oberen Ecke liegt. Zum anderen müssen die Koordinaten des Graphik-Files, dessen Rahmen durch VIEWPORT und eventuell CLIPPING bestimmt ist, derart umgerechnet werden, daß der Rahmen dem im (Text)-DVI-File für die Graphik freigehaltenem Rahmen entspricht. Falls man CLIPPING, was ja im GKS vorgesehen ist, zuläßt, wird man nicht mit einem Lauf über den GKS-Metafile auskommen, sondern man muß zuerst einen Lauf, der direkt mit einer Syntaxprüfung gekoppelt sein kann, durchführen, um die die Koordinaten des letztendlich relevanten Rahmens zu bestimmen. In einem zweiten Lauf werden die Graphik-Elemente dann auf den berechneten Rahmen angepaßt.

Die Darstellung auf der nächsten Seite illustriert die gerade besprochenen Aspekte.

Durch Benutzung eines relativen Koordinatensystems ist es möglich, den aufbereiteten "DVI-Graphik-File" an jeder beliebigen Stelle im Text zu plazieren. So sind z.B. problemlos nachträgliche Änderungen im Text, in den die Graphik relativ plaziert werden soll, möglich.

— Erzeugung des DVI-Graphik-Files

Im GKS unterscheidet man zwischen dem Aufruf von Primitiven und dem Setzen von Attributen, die sich auf bestimmte Primitive beziehen. Die Trennung in diese beiden Befehlsarten soll im DVI-Graphik-File beibehalten bleiben. Verlangt ein Ausgabegerät beim Aufruf der Primitive explizit eine Angabe von Attributen, wie z.B. Linientyp für das Primitiv POLYLINE oder

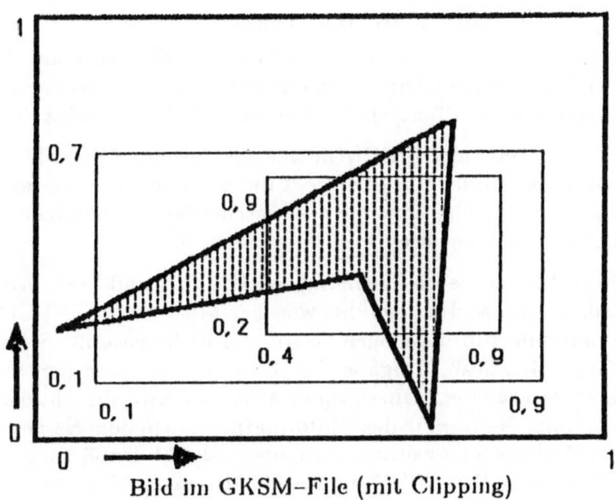

Bild im GKSM-File (mit Clipping)

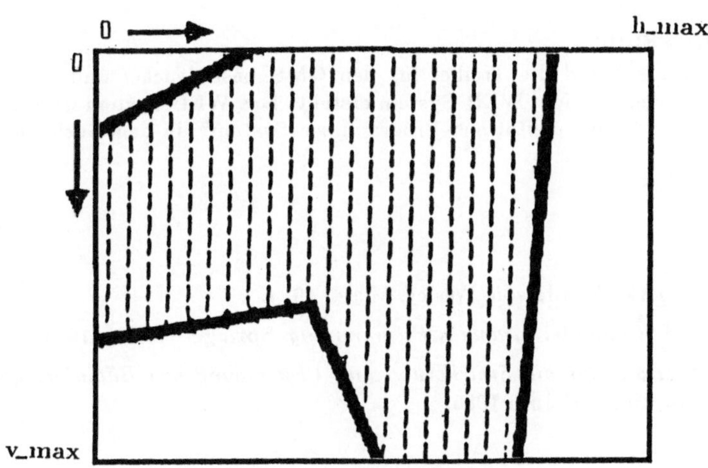

Bild im DVI-Zwischenfile

Farbe für das Primitiv POLYMARKER, so ist es Aufgabe des Treibers, diese Informationen z.B. aus einer Matrix heraus zur Verfügung zu stellen.

Eine 1:1 Übersetzung für die Primitive würde dem Text-DVI-Konzept widersprechen, da z.B. das Primitiv POLYLINE sich auf ein ganzes Array von XY-Koordinaten-Paaren beziehen kann, das DVI-Konzept hingegen eine punktweise Aufbereitung der Ausgabe vorsieht. Daher ist ein Aufsplitten solcher Befehle in eine Folge von gleichen Befehlen, die sich nur auf einen Punkt bzw. bei Linienzügen auf ein Punktpaar beziehen, notwendig.

4. Eingliederung der Graphik in den Text

Mit diesen Umformungen hat man es erreicht, die Graphik-Elemente auf der Ebene des von TEX aufbereiteten DVI-File einzugliedern, ohne daß der ursprüngliche Gerätetreiber des Ausgabegerätes zur Interpretation des (Text)-DVI-Files erheblich umstrukturiert werden muß.

Findet der Treiber im Text-Teil ein /SPECIAL, welches auf eine Graphik verweist, so "schaltet" dieser in einen "Graphik-Mode" um (hier liegt die notwendige Erweiterung des Treibers), durchläuft den Graphik-Zwischenfile, führt die dort vercodeten Graphikbefehle aus und "schaltet" in den normalen Text-Mode zurück.

Ein deutlicher Vorteil liegt in der klaren Trennung von Graphik und Text. Änderungen in einer der beiden Dateien können separat durchgeführt werden. Mittels des /SPECIAL-Befehls in der Textdatei wird die Verbindung zum jeweiligen Graphik-File hergestellt. Schnittstelle dabei ist der Name des "DVI-Graphik-Files". Aufgabe des Benutzers ist es, in der Textdatei genügend Platz für die Graphik zu reservieren. Durch diese Angaben wird die physikalische Größe der jeweiligen Graphik bestimmt. Somit muß diese Information neben dem Namen der Graphikdatei dem "Graphik-Compiler" übergeben werden. Aus einer GKSM-Datei können dann durch den "Graphik-Compiler" "Graphik-DVI-Files" in verschiedenen Größen erstellt werden, die an verschiedenen Stellen in den Text integriert werden können, oder z.B. ein Firmenlogo wird einmal in einer GKS-Sitzung erstellt, der GKS-Metafile wird einmal in einer bestimmten Größe generiert und kann dann an jeder beliebigen Stelle und beliebig oft in den Text integriert werden.

5. Schlußbemerkung

Der "Graphik-Compiler" und die Treiber für den QMS-Laserdrucker und für den PERQ-Tasterbildschirm werden mit dem WEB-System erstellt. Das WEB-System ist ein von Donald E. Knuth entwickeltes "Dokumentations-Programmier-System", in dem auch TEX selbst geschrieben ist.

Literatur

Knuth, D. E.: *The TEXbook*; Addison-Wesley, Mass.; 1984.

Enderle, Kansy, Pfaff: *Computer Graphics Programming*; Springer-Verlag; 1984.

DIN 66293 Teil1-4: *Datei für die Speicherung und Übertragung von Bildinformation*; Beuth Verlag GmbH, Berlin; Entwurf Juni 1985.

GRED
EIN PROGRAMM ZUR GRAFISCHEN DARSTELLUNG VON TEXTFILES UND GKS-METAFILES

F.-J. Prester, L. Sutter-Merz
S.E.P.P. GmbH
Lohmühlweg 4
8551 Röttenbach

0. Einleitung

Das Programm GRED wurde zum automatischen Erstellen von Folien entwikkelt. Die Ausgabe von GRED kann wahlweise auf einem grafischen Bildschirm, auf einen Plotter, auf einem Matrixdrucker oder auf einem Laserdrucker erfolgen. Die Eingabedaten für GRED sind GKS-Metafiles und Textdateien, die mit dem Textverarbeitungs-System WordStar erzeugt wurden. In der Datei stehen der Ausgabetext, Kommandos zur Ausgabesteuerung, Kommentare, die ignoriert werden und Referenzen auf Bilder in GKS-Metafiles, die an dieser Stelle im Text einzugeben sind. Einige ausgewählte Druck-Funktionen des WordStar werden interpretiert, die übrigen werden ignoriert. Die Kommandos und Kommentare sind für WordStar Kommentare, d.h. diese Zeilen werden bei der Zeilennummerierung nicht mitgezählt. Dadurch ist es möglich, bei der Erstellung von Texten die Formatierungs-Eigenschaften, die Zeilennummerierung und die Seitennummerierung von WordStar auszunutzen.

Durch Benutzer-Kommandos ist es möglich,
- verschiedene Formate zu wählen,
- Schriftgröße zu verändern,
- Kursivschrift zu wählen,
- Zeilenabstände zu verändern,
- Texte fett zu zeichnen,
- Schreibrichtung zu verändern,

- Text in ein zuvor definiertes Rechteck zentriert, rechtsbündig oder linksbündig zu schreiben,
- Texte zu positionieren,
- Kreise zu zeichnen,
- Punkte durch Linien zu verbinden,
- Text zu unterstreichen,
- Linienart zu wählen,
- Pfeile zu zeichnen,
- beliebige Farbstifte zu wählen,
- verschiedene Marker auszugeben,
- Markergröße zu verändern,
- Bildschirm zu löschen, bzw. neues Blatt anzufordern.

GRED enthält einen Interpreter für die meisten GRIBS-GKS-Kommandos, dadurch ergeben sich noch weitere Möglichkeiten, wie z.B Vergrößerung, Verkleinerung und Verschieben von Bildern oder Bildausschnitten.

Der Benutzer kann die Textausgabe und das Zeichnen von Bildern beliebig kombinieren. Er kann zum Beispiel einen Text ausgeben, danach ein Bild zeichnen, es beliebig beschriften und anschließend wieder Text ausgeben.

Beim Start von GRED entscheidet der Benutzer, ob die Ausgabe auf den Bildschirm oder auf den Plotter erfolgen soll. Zur Kontrolle kann die zu erstellende Folie zuvor auf dem Bildschirm betrachtet werden.
Jede Textzeile, die weder Kommandozeile noch Kommentarzeile ist, wird, mit Ausnahme der Druck-Kontroll-Zeichen auf das graphische Gerät ausgegeben. Erfolgt keine Positionierung des Textes vom Benutzer, so wird er zeilenweise von oben nach unten ausgegeben. Ist der Text am unteren Rand der Darstellungsfläche angelangt, dann wird dies dem Benutzer gemeldet, damit er gegebenenfalls ein neues Blatt einlegen kann.

1. Funktion des Programmes GRED

GRED basiert auf dem Graphischen System GRIBS der GKS-Implementierung von S.E.P.P. und ist in FORTRAN geschrieben.
Die Eingabedaten für GRED stehen auf einer Textdatei und auf GKS-

Metafiles. Beim Start von GRED wird GRIBS geöffnet, das gewünschte Ausgabegerät aktiviert und die notwendigen Voreinstellungen getätigt. GRED interpretiert die Kommandos, ignoriert die Kommentare und gibt Texte und Bilder aus. Im Text stehende Druck-Kontroll-Zeichen werden nicht ausgegeben.
Mit dem Programmende wird das Ausgabegerät deaktiviert und GRIBS geschlossen. Beendet wird das Programm entweder mit dem Ende der Eingabedatei, wenn bestimmte Fehler auftreten, oder wenn das Programm auf das Kommando CLEAR WORKSTATION bzw. '.PA' trifft und der Benutzer abbrechen will.

2. Druck-Funktionen des WordStar

2.1. Druck-Kontroll-Zeichen

Die Druck-Kontroll-Zeichen sind CONTROL-Zeichen, die während des Editierens in eine Datei geschrieben werden, um Funktionen wie Unterstreichen, Fettdruck etc. zu steuern. Die Zeichen werden in die Datei geschrieben, indem man davor ein CNTL-P eingibt (CONTROL-Taste und "P"). Das Druck-Kontroll-Zeichen muß vor und hinter dem zu beeinflussenden String stehen. Im folgenden sind diejenigen Druck-Kontroll-Zeichen aufgeführt, die GRED kennt. Alle übrigen CONTROL-Zeichen werden ignoriert.

Zeichen (mit ^P)	Funktion
S	Unterstreichen
Q	Fettdruck
V	Tiefschrift
T	Hochschrift
K	Kursivschrift

2.2. Dot-Kommandos des WordStars

Die Dot-Kommandos des WordStar werden bis auf das Kommando .PA ignoriert.

Kommando	Funktion
.PA	CLEAR WORKSTATION wird ausgeführt. GRED meldet sich mit 'WEITER (J/N)?'. Bei Eingabe von 'J' wird das Programm fortgesetzt. Man hat hier die Gelegenheit, ein neues Blatt auf den Plotter zu legen oder das Programm definiert zu beenden. Bei Programm-Fortsetzung wird der Textstartpunkt hochgesetzt und der Bildschirm gelöscht, wenn dieser Ausgabegerät ist.

3. Kommandos von GRED

GRED-Kommandos stehen am Anfang einer Zeile und bestehen aus zwei Punkten (Ausnahme: Dot-Kommandos) in den ersten zwei Spalten, gefolgt von einem String und eventuellen Parametern. Bei längeren Kommandonamen genügt die Angabe der ersten 6 Buchstaben. Die Parameter stehen in einer oder mehreren Klammern. Mehrere Parameter in einer Klammer sind durch Kommata getrennt. Dabei muß beachtet werden, daß ein Parameter aus maximal 10 Zeichen besteht. Bei einigen Kommandos sind Fortsetzungszeilen zugelassen. Diese müssen mit zwei Punkten in den ersten zwei Spalten gekennzeichnet sein.
Es können alle GKS-Level 0a Funktionen entsprechend dem GKS Fortran Language Binding aufgerufen werden.

Beispiel:

```
..GLP ( N )             Polyline, N: Anzahl der Punkte, Integer
..( X1 , Y1 )           (X1,Y1) Position des i-ten Punktes, Realwerte
....
..( XN , YN )
```

Darüber hinaus gibt es "höhere" GRED-Befehle zur Formateinstellung, Ausgabesteuerung und Ausgabe von Metafiles.

3.1. Kommandos zur Format-Einstellung

Kommando	Format (cm x cm) (Breite x Höhe)	Zeichenanzahl (pro Zeile)	Zeilenanzahl (pro Seite)
..DINA4H	19.2 x 27.5	42	30
..DINA4Q	27.5 x 19.2	61	21
..DINA5H	14.8 x 21.0	32	23
..DINA5Q	21.0 x 14.8	46	16

Die Formate sind zum Teil abhängig vom verwendeten Plotter. Die hier genannten Größen beziehen sich auf den Plotter 7475 A von Hewlett-Packard.

Voreinstellung ist DINA4H.
Wirkung dieser Kommandos:
- Window und Workstation Viewport Size setzen
- Voreinstellung Zeichengröße: Höhe = 4.5 mm
Breite = 3.0 mm
Abstand = 4.5 mm
- Voreinstellung Zeilenabstand: 9.0 mm
- Voreinstellung Markergröße: Höhe = 5.0 mm
Breite = 5.0 mm

Bei der Ausgabe auf den Bildschirm wird das Format verzerrungsfrei auf die Darstellungsfläche abgebildet und zur besseren Übersicht umrahmt.

3.2. Kommandos zur Ausgabesteuerung

Kommando	Funktion
..RESET	zurücksetzen der Zeichengröße auf Voreinstellung
..GROESSER (R)	Zeichenhöhe, -breite und -abstand werden um das R-fache vergrößert. Wird kein Parameter angegeben, wird um das 1.5-fache vergrößert.
..KLEINER (R)	Zeichenhöhe, -breite und -abstand werden um das R-fache verkleinert. Wird kein Parameter angegeben, wird um das 1.5-fache verkleinert.
..ZEILABS (R)	Zeilenabstand = R-fache der Zeichenhöhe. Voreinstellung ist doppelte Zeichenhöhe.
..DREHEN (R)	Schriftrichtung wird um R° (Gegenuhrzeigersinnn) gedreht.
..FARBE (I)	I: Stiftnummer Der Plotter nimmt den Zeichenstift mit der Nummer I. Voreinstellung ist FARBE (1). Ist die angegebene Stiftnummer beim Ausgabegerät nicht vorhanden, wird FARBE (1) genommen.
..LINIENART(I)	I: Linientyp Verändern des Linientyps, Voreinstellung ist Linientyp 1. Ist der Linientyp bei einem Ausgabegerät nicht vorhanden, wird Linientyp 1 verwendet.
..TEXT (X,Y)	Verändern des Textstartpunktes. Nächste Zeile beginnt bei (X,Y), X,Y in cm, wobei sich der Nullpunkt in der linken unteren Ecke befindet.
..TEXTSZ (S,Z)	Gleiche Wirkung wie TEXT, Positionsangabe erfolgt über Spalten- und Zeilennummern, jedoch liegt hier der Nullpunkt in der linken oberen Ecke. Auch nichtganzzahlige Werte sind zugelassen.

..MARKGROESSE(R) Markerbreite und -höhe werden mit R multipliziert. Wird kein Parameter angegeben, dann wird die Markergröße auf Voreinstellung zurückgesetzt (5mm x 5mm).

3.3. Ausgabe-Kommandos

Bei den folgenden Kommandos beziehen sich die Koordinaten, die in Zentimetern angegeben werden, auf den Nullpunkt in der linken unteren Ecke des jeweiligen Formates, z.B. ist der Punkt (5,7) 5 cm vom linken Papierrand und 7 cm vom unteren Papierrand entfernt.
Die Punktangaben, die über Spalten- und Zeilennummern erfolgen, beziehen sich auf den Nullpunkt in der linken oberen Ecke des jeweiligen Formates, z.B. liegt der Punkt (5,7) 5 Spalten vom linken Papierrand und 7 Zeilen vom oberen Papierrand entfernt.
Wird ein Metafile auf einer Textseite dargestellt, so wird der Metafile in der angegebenen Darstellungsfläche so gezeichnet, daß er diese nicht überschreitet. Der Anwender muß durch die geeignete Verwendung von .PA und .CP Kommandos dafür Sorge tragen, daß der Platz für die Darstellungsfläche auf der aktuellen Seite ausreicht, sonst wird von GRED an den eingestellten Formatgrenzen geklippt.

Kommando Funktion

..META (X1, Y1, XB, YH, filename)
Der GKS-Metafile 'filename' wird auf einer Darstellungsfläche der Breite XB cm und der Höhe YH cm dargestellt. Die linke untere Ecke der Darstellungsfläche befindet sich auf der Position X1 cm, Y1 cm auf dem Papier.

..METASZ (SA, SB, ZH, filename)
Der GKS-Metafile 'filename' wird ab der aktuellen Zeile wie folgt dargestellt:
SA ist die Nummer der Spalte, die den linken Rand der Darstellungsfläche definiert,
SB die Anzahl der Spalten, die die Breite der Darstellungsfläche festlegen,

ZH die Anzahl der Zeilen, die die Höhe der Darstellungsfläche festlegen.

..LINIE (X1,Y1)...(Xn,Yn)

Zeichnen eines Polygonzuges durch die Punkte (X1,Y1)...(Xn,Yn). Die Koordinaten werden in Zentimetern angegeben. Fortsetzungszeilen werden mit zwei Punkten in den ersten zwei Spalten gekennzeichnet.

..LINSZ (S1,Z1)...(Sn,Zn)

Gleiche Wirkung wie LINIE, jedoch erfolgt die Punktangabe über Spalten- und Zeilennummern. Auch nichtganzzahlige Werte sind zugelassen.

..MARKER (I) (X1,Y1)...(Xn,Yn)

I: Markertyp
Ausgabe von Markern des Typs I an den Punkten (X1,Y1)...(Xn,Yn). Die Koordinaten werden in Zentimetern angegeben. Ist bei dem Ausgabegerät der Markertyp I nicht vorhanden, wird der Markertyp 1 verwendet.

..MARKSZ (I) (S1,Z1)...(Sn,Zn)

Gleiche Wirkung wie MARKER, die Position der Punkte erfolgt über Spalten- und Zeilennummern. Auch nichtganzzahlige Werte sind zugelassen.

..PFEIL (X1,Y1)...(Xn,Yn)

Zeichnen eines Polygonzuges durch die Punkte (X1,Y1)...(Xn,Yn), am Punkt (Xn,Yn) wird eine Pfeilspitze gezeichnet. Koordinatenangabe in Zentimetern.
Fortsetzungszeilen werden mit zwei Punkten in den ersten zwei Spalten gekennzeichnet.

..PFEILSZ (S1,Z1)...(Sn,Zn)

Gleiche Wirkung wie PFEIL, die Position der Punkte erfolgt über Spalten- und Zeilennummern. Auch nichtganzzahlige Werte sind zugelassen.

..BOX (X,Y,B,H) Zeichnen eines achsenparallelen Rechtecks mit Eckpunkt (X,Y), Breite B und Höhe H, dabei ist (X,Y) die linke untere Ecke der Box.
Beispiel: Das Kommando BOX (5,6,7,8) bewirkt das Zeichnen eines Rechteckes mit den Eckpunkten (5cm,6cm),(12cm,6cm),(12cm,14cm) und (5cm,14cm).

..BOXSZ (S,Z,SA,ZA) Gleiche Wirkung wie BOX. Die Position des Eckpunktes erfolgt über die Spaltennummer S und die Zeilennummer Z, die Breite wird aus der Spaltenanzahl SA, die Höhe aus der Zeilenanzahl ZA berechnet. Auch nichtganzzahlige Werte sind zugelassen.
Der Punkt (S,Z) ist der linke obere Eckpunkt des Rechteckes.
Beispiel: Das Kommando BOXSZ (5,6,7,8) bewirkt das Zeichnen eines Rechteckes mit den Eckpunkten (5.Spalte,6.Zeile),(12.Spalte,6.Zeile),(12.Spalte, 14.Zeile) und (5.Spalte,14.Zeile).

..EINSCHREIBEN (I1,I2)
Kommando zur Beschriftung eines zuvor durch BOX oder BOXSZ definierten Rechtecks. Wurde kein Rechteck definiert, wird das Kommando ignoriert.
I1: Anzahl der Zeilen, die in das Rechteck geschrieben werden sollen
I2=1: linksbündig
I2=2: rechtsbündig
I2=3: zentriert
Die nächsten I1 Textzeilen werden in das zuletzt definierte Rechteck gezeichnet. Sind keine Parameter angegeben, wird eine Textzeile zentriert in das Rechteck geschrieben. Ist I1 unzulässig, wird I1=1 gesetzt, ist I2 unzulässig, wird I2=3 gesetzt.

..KREIS (X,Y,R) Kreis mit Radius R und Mittelpunkt (X,Y) wird gezeichnet.

4. GRED-Kommentare

Kommentarzeilen beginnen mit drei Punkten in den ersten drei Spalten. Zusätzliche Kommentare können in einer Kommandozeile nach dem Kommando untergebracht werden. Bei Kommandos, deren Parameter in mehreren Klammern stehen, kann auch Kommentar zwischen den Klammern stehen, aber nicht direkt nach der Kennzeichnung der Fortsetzungszeile (mindestens ein blank muß dazwischen stehen). Die genannten zusätzlichen Kommentare dürfen keine Klammern enthalten.

5. Zusammenfassung und Ausblick

Das Programm GRED zeigt, daß es auch mit einfachen Mitteln möglich ist Grafik und Text in leicht bedienbarer Weise zu verbinden. Durch die Preisreduzierung der Laser-Printer wird in nächster Zukunft auch eine schnelle und preiswerte Erzeugung von Schönschriftvorlagen möglich sein. Zur Zeit werden in der Fa. S.E.P.P. andere Textsysteme untersucht mit dem Ziel Text und Grafik auch auf größeren Rechnern in ähnlicher Weise zu verquicken.

Literaturverzeichnis

Graphisches Kernsystem (GKS 7.2) (DIN 66 252), Beuth Verlag Berlin, 1983

Sprachschalen für das Graphische Kernsystem(GKS) FORTRAN (DIN 66 292), Beuth Verlag Berlin, 1984

Beispiel 1

```
...Dateibeginn
...DER RECHTE RAND WURDE DURCH 'CTRL OR' AUF SPALTE 42,
...DER LINKE RAND AUF SPALTE 4 GESETZT.
...DER OBERE RAND WIRD DURCH 4 LEERZEILEN ERZEUGT.




   Das Programm^QGRED^Q wurde zum automa-
   tischen Erstellen von Folien entwik-
   kelt. Die Eingabedaten für GRED stehen
   auf einer Textdatei, die mit dem Text-
   verarbeitungs-System WordStar erzeugt
   wurde. In der Datei stehen Kommandos,
   die die Ausgabe steuern, Text, der
   ausgegeben werden soll und Kommentare,
   die ignoriert werden. Einige ausgewähl-
   te Druck-Funktionen des WordStar werden
   interpretiert, die übrigen werden igno-
   riert. Die Kommandos und Kommentare
   sind für WordStar Kommentare, d.h.
   diese Zeilen werden bei der Zeilen-
   nummerierung nicht mitgezählt. Dadurch
   ist es möglich, bei der Erstellung von
   Texten die Formatierungs-Eigenschaften,
   die Zeilennummerierung und die Seiten-
   nummerierung von WordStar auszunutzen.
...Dateiende
```

Erzeugt wird Bild 1.

Das Programm **GRED** wurde zum automatischen Erstellen von Folien entwikkelt. Die Eingabedaten für GRED stehen auf einer Textdatei, die mit dem Textverarbeitungs-System WordStar erzeugt wurde. In der Datei stehen Kommandos, die die Ausgabe steuern, Text, der ausgegeben werden soll und Kommentare, die ignoriert werden. Einige ausgewählte Druck-Funktionen des WordStar werden interpretiert, die übrigen werden ignoriert. Die Kommandos und Kommentare sind für WordStar Kommentare, d.h. diese Zeilen werden bei der Zeilennummerierung nicht mitgezählt. Dadurch ist es moeglich, bei der Erstellung von Texten die Formatierungs-Eigenschaften, die Zeilennummerierung und die Seitennummerierung von WordStar auszunutzen.

Bild 1: GRED-Ausgabe von Beispiel 1

Beispiel 2

...Dateibeginn
...VERKLEINERN DER SCHRIFT
...DER RECHTE RAND WURDE DURCH 'CTRL OR' AUF SPALTE 60,
...DER LINKE RAND DURCH 'CTRL OL'AUF SPALTE 5 GESETZT.
..KLEINER

^QKommandos zur Ausgabesteuerung^Q

Kommando	Funktion
RESET	^KZurücksetzen der Zeichengröße auf Voreinstellung.^K
GROESSER (R)	^KZeichenhöhe, -breite und -abstand werden um das R-fache vergrößert. Wird kein Parameter angegeben, wird um das 1.5-fache vergrößert.^K
KLEINER (R)	^KZeichenhöhe, -breite und -abstand werden um das R-fache verkleinert. Wird kein Parameter angegeben, wird um das 1.5-fache verkleinert.^K
ZEILABS (R)	^KZeilenabstand = R-fache der Zeichenhöhe. Voreinstellung ist doppelte Zeichenhöhe.^K
DREHEN (R)	^KSchriftrichtung wird um R Grad(Gegenuhrzeigersinn) gedreht.^K
FARBE (I)	^KI: Stiftnummer Der Plotter nimmt den Zeichenstift mit der Nummer I. Voreinstellung ist FARBE (1). Ist die angegebene Stiftnummer beim Ausgabegerät nicht vorhanden, wird FARBE (1) genommen.^K

...Dateiende

Erzeugt wird Bild 2.

Kommandos zur Ausgabesteuerung

Kommando	Funktion
RESET	*Zurücksetzen der Zeichengröße auf Voreinstellung.*
GROESSER (R)	*Zeichenhöhe, -breite und -abstand werden um das R-fache vergrößert. Wird kein Parameter angegeben, wird um das 1.5-fache vergrößert.*
KLEINER (R)	*Zeichenhöhe, -breite und -abstand werden um das R-fache verkleinert. Wird kein Parameter angegeben, wird um das 1.5-fache verkleinert.*
ZEILABS (R)	*Zeilenabstand = R-fache der Zeichenhöhe. Voreinstellung ist doppelte Zeichenhöhe.*
DREHEN (R)	*Schriftrichtung wird um R Grad (Gegenuhrzeigersinn) gedreht.*
FARBE (I)	*I: Stiftnummer* *Der Plotter nimmt den Zeichenstift mit der Nummer I. Voreinstellung ist FARBE (1). Ist die angegebene Stiftnummer beim Ausgabegerät nicht vorhanden, wird FARBE (1) genommen.*

Bild 2: GRED-Ausgabe von Beispiel 2

Beispiel 3

```
...Dateibeginn
...Ausgabe von GKS-Metafile und Text
...DER RECHTE RAND WURDE DURCH 'CTRL OR' AUF SPALTE 43,
...DER LINKE RAND DURCH 'CTRL OL' AUF SPALTE 4 GESETZT.
..DINA4H
..GROESSER
          ^QPLOSSYS
   Ein Plot-Spool-System^Q
..KLEINER


   Viele CAD-Anwender arbeiten mit mehreren
   CAD-Systemen auf Rechenanlagen verschie-
   dener  Hersteller.  Um  für  jedes  CAD-
   System  die teuren  Hochleistungsplotter
   verfügbar  zu machen ist die  Einführung
   eines zentralen Plot-Spool-Systems sinn-
   voll.

...META(1.5, 3.0, 17.0, 13.0, PLOSSYS.MFL)
...Dateiende
```

Erzeugt wird Bild 3.

PLOSSYS
Ein Plot-Spool-System

Viele CAD-Anwender arbeiten mit mehreren CAD-Systemen auf Rechenanlagen verschiedener Hersteller. Um für jedes CAD-System die teuren Hochleistungsplotter verfügbar zu machen ist die Einführung eines zentralen Plot-Spool-Systems sinnvoll.

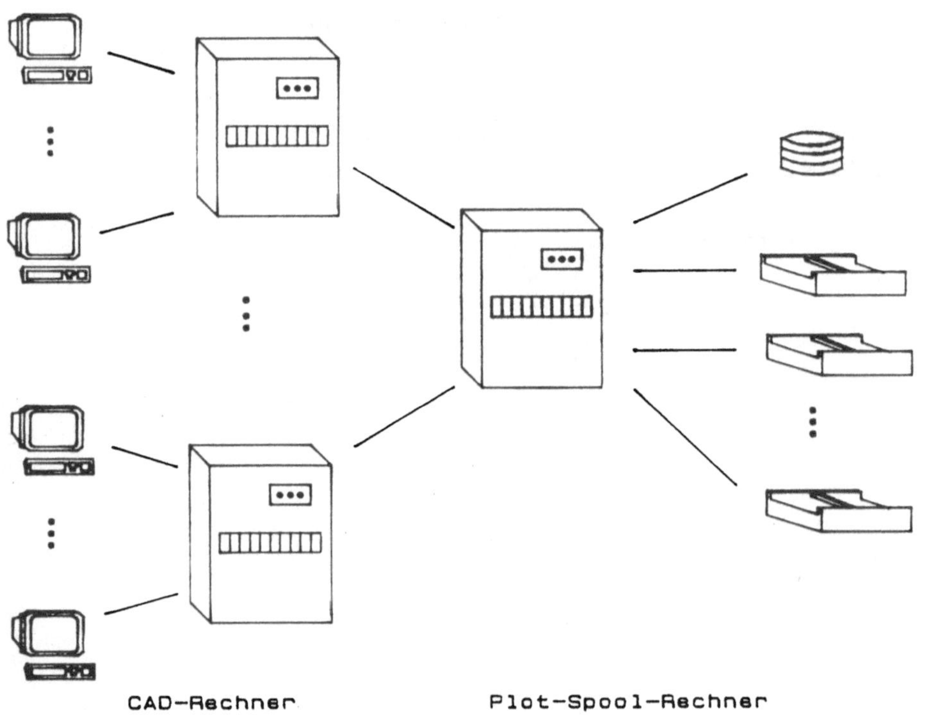

Bild 3

Integration von Computer-unterstütztem Satz und Computer-Graphik im Institut für Angewandte Mathematik der Universität Bonn

Horst Stenzel, Gabi Herken, Alfred Schmidt, Bernd Schulze
Institut für Angewandte Mathematik
der Universität Bonn
Wegeler Str. 6, 5300 Bonn

Im ersten Teil dieses Aufsatzes wird beschrieben, welche Hard- und Software für Computer-Graphik und zum Computer-unterstützten Satz in unserem Institut zur Verfügung stehen. Im zweiten Teil werden einige Erfahrungen und Einsichten mitgeteilt, die wir durch die bisherigen Implementationen gewinnen konnten.

Vorhandene Hard- und Softwaresysteme

Die Probleme der Integration von computerunterstütztem Satz und Computer-Graphik sind an vielen Stellen erkannt worden und werden an verschiedenen Institutionen auf ähnliche Weise angegangen. Die hier vorgetragenen Problemstellungen und Lösungen berücksichtigen besonders die Belange unseres Instituts und sind nicht unbedingt verallgemeinerbar. Deshalb möchte ich kurz unsere Situation und unsere Zielsetzungen schildern.

Den Mitgliedern des Sonderforschungsbereichs 72, der von der Deutschen Forschungsgemeinschaft getragen wird, und den Mitarbeitern des Instituts für Angewandte Mathematik der Universität Bonn steht für die Unterstützung der Forschung im Bereich der Angewandten Mathematik ein Rechnersystem zur Verfügung. Neben anderen Aufgabestellungen wird es dafür eingesetzt, die Intuition und Vorstellungskraft der Mathematiker bei der Entwicklung und Erprobung von Algorithmen durch den Einsatz der graphischen Datenverarbeitung zu unterstützen. Mit vorgefertigten Programmsystemen ist das nur in begrenztem Maße möglich, in vielen Fällen müssen Programme für die Darstellung besonderer Sachverhalte geschaffen werden.

Die Situation eines Hochschulinstituts bedingt, daß es in der Regel nicht möglich ist, sich für den Bedarf an Hard- und Software nur auf die Angebote der Rechnerhersteller und Softwarehäuser zu stützen. Das gilt besonders, wenn fortschrittliche Verfahren und moderne Geräte benutzt werden sollen und nicht darauf gewartet werden kann, bis Standardlösungen dafür verfügbar oder erschwinglich sind.

Das Institut betreibt an einer IBM 4361, die mit dem Hochschulrechenzentrum verbunden ist, als graphische Peripherie hochauflösende Tektronix 618 Speicherbildschirmgeräte und zunehmend verschiedene PCs mit Rastergraphikschirmen. Für die Ausgabe von Text und Graphik auf Papier steht, neben den Plottern des Hochschulrechenzentrums, ein xerographischer AGFA-P400-Drucker zur Verfügung.

Der Softwarebedarf kann zum Teil mit Programmen gedeckt werden, die an Universitäten oder Forschungseinrichtungen entwickelt wurden und die an uns zu einer relativ geringen Gebühr abgegeben werden. An solchen Programmen sind allerdings häufig noch einige Anpassungsarbeiten zu leisten. (Das ist nicht nur von Nachteil, da die Mitarbeiter, die damit betraut sind, bei späteren Bewerbungen in der Industrie den Vorzug haben, Erfahrungen an IBM-Anlagen vorweisen zu können.)

Für die graphische Ein- und Ausgabe stützen wir uns bei neu zu entwickelnden Anwendungen auf das Graphische Kernsystem (GKS). GKS ist der erste internationale Standard für Anwendungsprogrammierung mit 2-dimensionaler Computer-Graphik. Neben grundlegenden Funktionen wie Bilderzeugung, Bilddarstellung, Transformationen, Segmentierung und Eingabe bietet die Standardisierung von GKS die Möglichkeit, die vielfältigen Konzepte im Bereich der Computer-Graphik zu vereinheitlichen. Wir hoffen, daß auf GKS basierende Programme längerfristig und auch unabhängig von Hardware- oder Betriebssystemwechseln brauchbar bleiben werden.

Beispiel für ein GKS-Bild mit *fill area pattern*

Wir benutzen die GKS-Implementation CGM aus der FU Berlin, für die in userem Institut einige Gerätetreiberprogramme geschrieben worden sind, u.a. für NDK-Drucker, P400-Drucker, 3277GA, PC (mit Herkules-Graphik und IRMA-3278-Schnittstelle).

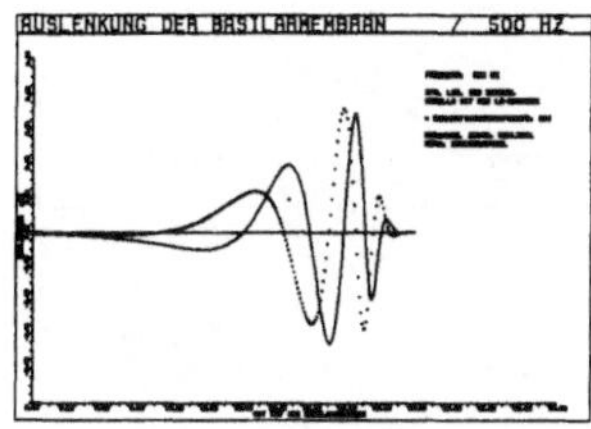

Beispiel für ein mit Plotter-Software erstelltes GKS-Bild

Bald ist erkannt worden, daß die graphischen Peripheriegeräte auch zur Ausgabe von Texten genutzt werden könnnen. Zum einen sollte eine höhere Qualität erreicht werden, als traditionell mit Schreibmaschine und Typenwechsel möglich ist, zum anderen sollten die Möglichkeiten einer integrierten Textverarbeitung auch beim Erstellen schwieriger mathematischer Texte genutzt werden können. So wurde auf Betreiben von Prof.H.Werner das TEX-System von D.E.Knuth aus Stanford für den Computer-unterstützten Satz beschafft und installiert. Es steht seit 1982 auf der IBM-Anlage des Instituts unter VM zur Verfügung. Auch hier sind von Institutsmitgliedern Anpassungen (insbesondere auch an die Gegebenheiten der deutschen Sprache) vorgenommen worden. Inzwischen ist eine Vielzahl kleinerer und größerer Schriften mit Hilfe von TEX gesetzt worden. Die Erfahrungen sind durchweg positiv. Als besonders wertvoll erwies sich, daß wir nun in der Lage sind, qualitativ hochwertigen Satz von komplexen Texten automatisiert und selbständig am Arbeitsplatz zu erstellen, unter Aufnahme von Daten, die schon im Rechner vorliegenden.

$$U\begin{pmatrix} 0, \ldots, n-1 \\ x_0, \ldots, x_{n-1} \end{pmatrix} = \det \{u_i(x_j)\}_0^{n-1} \geq 0.$$

Ausschnitt aus einer mit TEX erstellten Schrift

Ein weiteres Programmprodukt, das bei uns Verwendung findet, muß in diesem Zusammenhang erwähnt werden. Zum interaktiven Entwerfen von Präsentationsgraphiken und -texten hat sich das Programm PANEL2 der Fa.IBM als sehr nützlich erwiesen. Es ist speziell auf die Fähigkeiten des graphischen Arbeitsplatzes IBM 3277GA zugeschnitten. Man kann damit am Bildschirm interaktiv Graphiken und Texte entwerfen sowie Daten, die von anderen Programmen stammen, integrieren und bearbeiten. In Form des GDDM-Metafiles GDF besteht eine Schnittstelle von PANEL2 zu GDDM, dem allgemeinen Graphiksystem der IBM, die wir benutzen, um den Transfer von Bildern von und ins GKS-Metafile-Format vorzunehmen. So wurde auch ein Interface von GKS zur IBM-Graphik-Welt geschaffen.

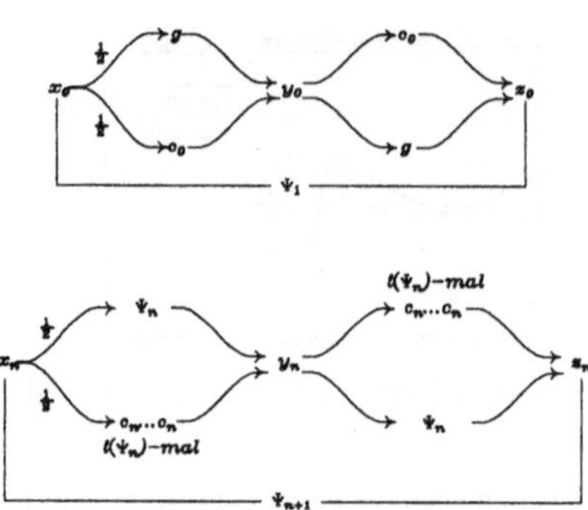

Beispiel für ein mit PANEL2 erstelltes Bild

Als nächstes entstand der Wunsch, unter Umgehung von Schere und Klebstoff, Graphiken und Texte nur mit Softwaremitteln auf einer Seite eines Schriftstücks zu vereinen, zumal im Agfa-P400-Drucker ein Ausgabegerät mit ausreichender Auflösung und Geschwindigkeit zur Verfügung steht.

Die folgende Skizze (die auch mit PANEL2 erstellt wurde) zeigt, wie in der augenblicklichen Implementierung der Informationsfluß beim Integrieren einer GKS-Graphik in eine TEX-Seite ist. Die Aufteilung der Funktionen ist in dieser Weise erfolgt, um die Implementierung effizient zu machen und um den Aufwand gering zu halten.

Wenn ein Autor sich entscheidet, eine mit einem GKS-Programm erstellte Graphik in ein Schriftstück aufzunehmen, spezifiziert er eine besondere GKS-Workstation für TEX-Ausgabe. Unter Benutzung des CGM-Raster-Pakets wird durch sie eine komprimierte Kodierung des Pixelfiles erzeugt. Da bei der Rasterung die Auflösung des Ausgabegeräts berücksichtigt werden muß, werden zu diesem Zeitpunkt die Dimensionen des Bildes in cm angegeben. Das TEX-Programm arbeitet unabhängig vom Ausgabegerät. Ihm werden deshalb nur Länge und Breite des Bildes in einem gesonderten File mitgeteilt. TEX berücksichtigt beim Umbruch die Position und Ausdehnung des Bildes, und der Ausgabetreiber für TEX fügt dann den vorbereiteten Pixelfile an der entsprechenden Stelle ein.

Die Erfahrungen, die wir mit den bisherigen Implementierungen gewinnen konnten, resultieren in einigen Erkenntnissen und in weiteren Wünschen an die zur Verfügung stehende Software, die in den übrigen Abschnitten besprochen werden sollen.

ABGRENZUNG VON GRAPHIK- UND TEXT-SYSTEM

Der in einer mathematischen Schrift, insbesondere im Bereich der Angewandten Mathematik, zu dokumentierende Sachverhalt muß vom Autor auf mehreren

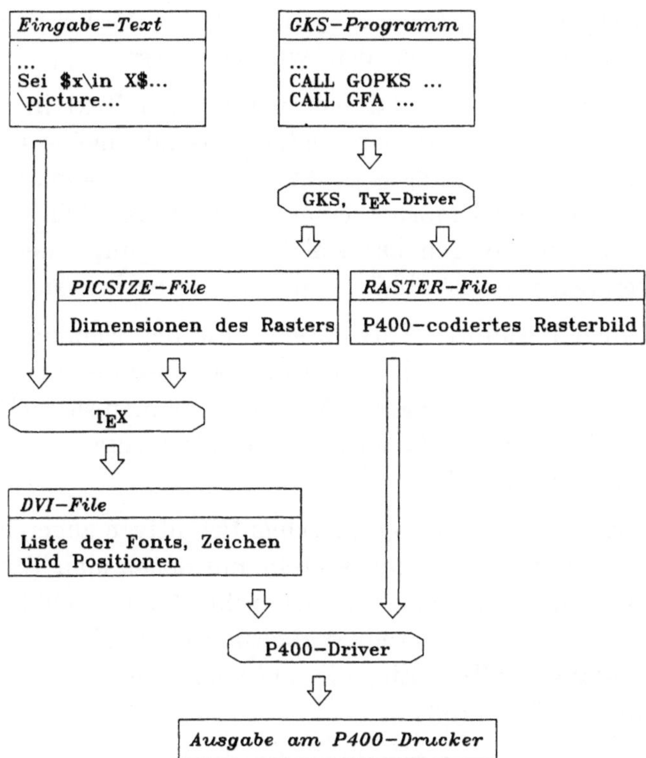

Augenblickliche Implementierung der Integration von Text und Graphik

Ebenen und mit verschiedenen Sprachen ausgedrückt werden,
- in erster Linie mit dem abstrakten mathematischen Formalismus,
- mit graphischen Mitteln für skizzenhafte Illustrationen,
- und mit Hilfe von ausführbaren Programmen für die Realisierung von konkreten Ergebnissen in Form von Tabellen und Computer-Graphiken
- sowie mit der Dokumentation der erarbeiteten Algorithmen.

Beim ersten Punkt kann TEX eingesetzt werden. Mit dem WEB-System hat D.Knuth gezeigt, wie Dokumentationstext und das zu dokumentierende Programm in einem Quelltext vereint werden können. Eine direkte Erweiterung dieses Vorgehens auf die Integration von Text und Graphik ist aber nicht sinnvoll, da der mathematische Apparat (noch) nicht automatisch in Programme und Graphiken übersetzt werden kann. Auch entstehen Programme und errechnete Ergebnisse zu einem früheren Zeitpunkt und mit völlig anderen Arbeitsmethoden als die didaktisch aufgebaute Darstellung der abstrakten Mathematik.

Deshalb sind wir der Ansicht, daß interaktive graphische Software und Satzsystem voneinander getrennt bleiben sollen. Eine Kombination dieser beiden

Aspekte der Erstellung von Schriften – jedenfalls für die bei uns vorliegenden Anwendungen – in einem Paket ist nicht wünschenswert.

Ein weiterer Grund dafür ist, daß ein zu setzender Text in viel stärkerem Maße vom geplanten Ausgabeformat abhängt als allgemeine Computer-Graphik. Die Aussage einer Zeichnung ist nicht vom Maßstab abhängig, solange sie erkennbar bleibt. Aber der Umbruch eines Schriftstückes hängt stark von der endgültigen Papiergröße ab, genauso wie die Ausprägung eines Zeichensatzes von der gewählten Schriftgröße abhängt, um die Lesbarkeit zu gewährleisten.

Die augenblicklich bekannten Satzsysteme mit der Eignung für qualitativ hochwertigen Satz sind stark auf diese Aufgabe spezialisiert. Die Erstellung guter Druckwerke ist eine so schwierige Aufgabe, daß man sie nicht mit anderen Problemen vermischen kann. Sie ist auch von den Problemen der sonstigen Computer-Graphik sehr verschieden.

Es gibt Satzprogramme, die mit graphischen Primitiven angereichert wurden, und die so gestatten, mit den gleichen Mitteln, mit denen man Texte beschreibt, auch allgemeine Graphiken zu definieren. Die Schnittstelle zu höheren Programmiersprachen und der übrigen Datenverarbeitung bleibt dabei außer Betracht. Auch wird der Umfang der Text-Eingabe und vom Umbruch-Programm zu bearbeitenden Daten unnötig groß.

Andererseits werden auch an verschiedenen Stellen Texte durch Programmpakete zur Computer-Graphik gesetzt, aber die erreichte Satzqualität ist dabei nicht sehr hoch, es sei denn, die Benutzer stecken sehr viel manuellen Aufwand in die Gestaltung. Darüberhinaus sind die Anforderungen an die Interaktionsmöglichkeiten bei der Erstellung qualitativ hochwertigen Satzes recht gering.

Nach unseren Erfahrungen behindert interaktives Erfassen von komplexen Texten den Benutzer mehr, als daß es ihm nützt, ein Abbild der endgültigen Seite ständig vor Augen zu haben. Die Steuerung des Umbruchs sollte auf möglichst hoher Ebene erfolgen und sich darauf beschränken, die Form der Ausgabe zu beschreiben, ohne z.B. Zeilen- oder Seitenbrüche exakt vorzuschreiben. Ein Arbeiten im Rahmen der endgültigen Darstellung ermutigt zu Eingriffen auf niederster Ebene. Das mag für kurze Arbeiten und wirklich nur einmalig gebrauchte, einfache Texte gut geeignet sein. Sowie aber größere Korrekturen oder mehrfache Verwendung des gleichen Textes unter verschiedenen Umständen abzusehen sind, ist jede exakt vorgeschriebene Satzanweisung ein Hindernis.

Aus all diesen Gründen sind wir der Überzeugung, daß ein *batch*-orientiertes System zum automatisierten Satz für unsere Zwecke optimal ist. Wir haben auch Vorstellungen darüber entwickelt, wie sich das Text- und das Graphik-System besser ergänzen können. Zwei Aspekte werden im folgenden kurz beschrieben.

Einheitliche Fonts

Ein wünschenswertes und relativ leicht zu erreichendes Ziel ist die Vereinheitlichung der in Text- und Graphik-System verwendeten Schrifttypen. Im CGM-System werden für die *fonts* mit *stroke*-Qualität die Hershey-Zeichensätze verwendet, genauso wie in PANEL2 von IBM. Es liegt also nahe, die gleichen Zeichensätze auch für TEX bereitzustellen. Damit stünde ein sehr großer Zeichenvorrat in diesen Systemen identisch zur Verfügung. Deshalb haben wir Programme geschrieben, die solche, aus geraden Strichen (*strokes*) definierten Schriftzeichen in METAFONT-Definitionen konvertieren, um sie so TEX zugänglich zu machen.

Die Hershey-Zeichen genügen aber nicht ohne weiteres den Qualitätsansprüchen, die an Satzsysteme gestellt werden. Eine manuelle Nachbesserung wäre nötig, aber die wäre sehr arbeitsaufwendig, und damit ginge auch leicht die Ähnlichkeit der Zeichen zu der Form verloren, wie sie in den graphischen Systemen verwendet werden. Wir haben den, außerdem zeitsparenden, Kompromiß gewählt, mit einem heuristischen Algorithmus Geraden, Ecken und Rundungen automatisch zu erkennen und dem METAFONT-Glättungsalgorithmus mitzuteilen.

Hershey hat sehr viele Zeichen digitalisiert im Hinblick auf Ausgabegeräte, die gerade Striche in beliebiger Richtung ziehen können (z.B. Plotter), während METAFONT, das zu TEX gehörende Programm zur Definition und zur Kodierung von Zeichensätzen, eine wohlgerundete Kurve durch eine Folge von Punkten, einen *path*, legt, die dann später geräteabhängig gerastert oder in *strokes* zerlegt wird. Der einfachste Weg, diese beiden Denkweisen miteinander zu vereinbaren, ist, aus jedem *stroke* einen *path* zu machen. Damit werden METAFONTs Möglichkeiten bewußt umgangen, und die Qualität so bearbeiteter Zeichen auf einem Raster-Ausgabegerät ist recht schlecht. Der andere extreme Weg, eine Hershey-Strichfolge direkt in einen kontinuierlichen *path* zu verwandeln, scheidet aus, da dann verschiedene Teile eines Zeichens gemeinsam gerundet würden, auch wenn sie in einem Winkel aufeinander stoßen müßten. Wir benötigen also ein Entscheidungkriterium, wo eine Strichfolge in *paths* zerlegt werden muß.

Dazu bieten sich zwei meßbare Größen an: die Länge der *strokes*, und der Winkel zwischen zwei aufeinanderfolgenden *strokes*. Mit einer Kombination aus beiden waren wir schnell erfolgreich: Wenn ein Strich eine Länge δ überschreitet, die sich als 30% der Zeichengröße ergab, dann soll er sich nicht krümmen dürfen.

```
% Dieser file enthält die METAFONT-Spezifikationen
% für einen Buchstaben aus dem Hershey-Zeichensatz.

%title '66: Hershey Code 502'
path p[] ;
p[1] := (4vg, 21vg)          % 1
       ..tension10
       ..(4vg, 0vg) ;        % 2
p[2] := (4vg, 21vg)          % 3
       ..tension10
       ..(13vg, 21vg)        % 4
       ..(16vg, 20vg)        % 5
       ..(17vg, 19vg)        % 6
       ..(18vg, 17vg)        % 7
       ..(18vg, 15vg)        % 8
       ..(17vg, 13vg)        % 9
       ..(16vg, 12vg)        %10
       ..(13vg, 11vg) ;      %11
p[3] := (4vg, 11vg)          %12
       ..tension10
       ..(13vg, 11vg)        %13
       ..(16vg, 10vg)        %14
       ..(17vg, 9vg)         %15
       ..(18vg, 7vg)         %16
       ..(18vg, 4vg)         %17
       ..(17vg, 2vg)         %18
       ..(16vg, 1vg)         %19
       ..(13vg, 0vg)         %20
       ..tension10
       ..(4vg, 0vg) ;        %21
```

Ein Beispiel für einen Buchstaben, der automatisch aus der Hershey-Digitalisierung in eine von TEX benutzbare Form konvertiert wurde. Für interaktive graphische Systeme ist die in *strokes* codierte Form sinnvoll, während für den automatisierten Satz der gleichen Bilder die "verbesserte", ausgerundet gerasterte Form verwendet werden kann.

(Das erreicht man in METAFONT durch Angabe einer hohen *tension* für diesen Teil des *path.*) Und wenn der Winkel zwischen zwei *strokes* $\phi = 45°$ übersteigt, so wird der *path* dort unterbrochen, so daß an dieser Stelle ein Knick im Buchstaben entstehen kann. Etwas Sorgfalt verwenden wir noch darauf, den Kreisschluß von Polygonen zu erkennen, damit z.B. "O" gleichmäßig gerundet wird.

Auf diese einfache Weise lassen sich für TEX die gewünschten Zeichensätze definieren, die sogar zur Durchsatzverbesserung in den ladbaren Zeichengenerator von Rasterausgabegeräten geladen werden können.

Einheitlicher Quelltext für Text und Graphik

Die Einsicht, daß qualitativ hochwertige Texte am besten von einem Satzsystem erstellt werden, führt bei konsequenter Anwendung zu einer weitergehenden Verzahnung von Satz- und Graphik-System. Dabei wird gleichzeitig dem

Wunsch von Autoren entsprochen, die komfortablen Fähigkeiten von TEX zum Satz komplexer Texte auch innerhalb von Graphiken zur Verfügung zu haben. Zum Beispiel soll die Beschriftung eines Bildes mit den gleichen Zeichensätzen, im gleichen Stil und unter Benutzung der gleichen TEX-Macros wie im Rest des Schriftstücks erfolgen, aber die Positionen und Dimensionen der Texte werden außerhalb des Satzsystems in der GKS-Anwendung bestimmt.

Wir wollen dafür die GKS-*driver* so ergänzen, daß der Benutzer Texte mit TEX-Mitteln angeben kann, die Positionierung aber wie bisher unter Kontrolle des GKS und unter Ausnutzung z.B. seiner Zentrierungsmöglichkeiten erfolgen kann. Dieser *driver* erzeugt zur Vermeidung von Mehrfacharbeiten nicht sofort ein gerastertes Bild, sondern er speichert die Bildinformation wie bei einem Metafile ab. Dabei teilt er die Ausgabe auf in reine Text- und Positionierungs-Informationen einerseits, die dann mit TEX beim Umbruch der Seite mit verarbeitet werden, sowie andererseits in einen Strom von graphischen Primitiven, der später von einem gemeinsamen Gerätetreiber für Text und Graphik in die geräteabhängige Form umgewandelt wird.

Gegenüber unserer jetzigen Implementierung ist es dann möglich, die gesamte Seite, Text und Graphik, in beschränktem Maße zu skalieren. In beiden Quellen des Textes stehen die gleichen globalen Parameter und Definitionen zur Verfügung. Auch die für Qualitätstext erforderlichen Attribute, die über GKS-Möglichkeiten hinausgehen, sind dann angebbar.

Ein GKS-Problem wird in diesem Zusammenhang sichtbar. Es ist nur schwer möglich, in einer zu zentrierenden Beschriftung Zeichen aus verschiedenen *fonts* zu mischen, wenn die Zeichen variable Breite haben. Die Definition des *concatenation points* hängt vom jeweils gewählten *alignment* ab, bei manchen Setzungen ist er sogar undefiniert. Dieses Problem wird verstärkt, wenn die Bestimmung der endgültigen Ausprägung des Textes aus der GKS-Anwendung ausgelagert wird, der *concatenation point* ist dann gar nicht mehr zu bestimmen. Als Ausweg bietet sich an, die Verkettung mehrerer Texte durch besondere Positions-Parameter-Angaben zu spezifizieren.

Darüberhinaus verschwindet die Notwendigkeit von Verkettungen von Texten, da der auszugebende Text durch den *escape*-Mechanismus von TEX beliebig komplexe Konstruktionen enthalten kann, z.B. verschiedene *fonts*, Indizes und Exponenten in angepaßten Größen, sogar ganze Paragraphen mit Fußnoten wären möglich.

Es wird dann auch möglich sein, einen Text zu drucken, der ein Bild enthält, das einen Text enthält, der ein Bild enthält, das einen Text enthält, ..., wenn die enthaltenen Bilder vorher definiert worden sind.

Die Skizze auf der folgenden Seite soll den Informationfluß vom Eingabetext und Anwendungsprogramm bis zur Papierausgabe andeuten. Dabei steht "VDI" für ein mögliches Metafile-Format. Für die endgültige Entscheidung müssen Erfahrungen und ggf. Standardisierungen abgewartet werden.

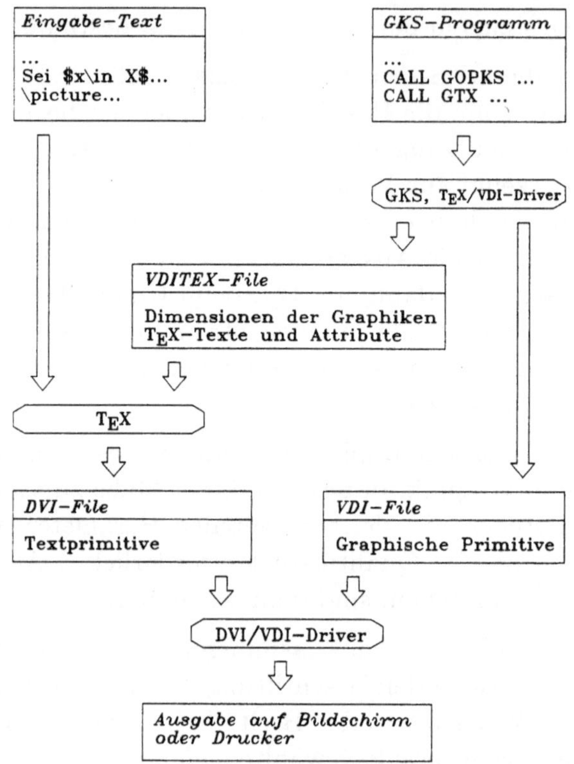

Geplante Implementierung der Integration von Text und Graphik

Zusammenfassung und Schlussbemerkungen

Wir befinden uns im Augenblick in einem unbefriedigenden Übergangszustand. Für die Autoren besteht in zunehmendem Maße die Notwendigkeit, Satzprogramme zu benutzen. Die Verlage bevorzugen es, Bücher nicht mehr zu setzen, sondern vom Manuskript phototechnisch zu vervielfältigen. Insbesondere mathematische Formeln gelten, gemeinsam mit chemischen Formeln und Notensatz, als die kostenintensivsten Satzaufgaben. Der Autor, der ein Satzprogramm benutzt und dem Verlag kamerafertige Vorlagen liefern kann, spart Kosten und hat dadurch Vorteile.

Aber er handelt sich dabei auch einen großen Nachteil ein: Kein automatisches Satzprogramm kann die Fähigkeiten eines erfahrenen Setzers simulieren, ein gut gesetztes Buch ist einem Kunstwerk gleichzusetzen. Und wenn ein Autor ein Manuskript druckreif aufbereiten soll, sinkt die Qualität auch schon deshalb, weil er aus Zeit- und Aufwandsgründen und wegen seiner eingeschränkten Möglichkeiten zu Kompromissen nur allzu bereit ist. Im Interesse der Leser liegt es, wenn die Verlage die Qualitätsmaßstäbe in der Hand behalten (und wieder anheben). Das geht nur, wenn sie den Satz selbst vornehmen.

Unsere Zielsetzung ist also, die Qualität von Manuskripten oder als Manuskript veröffentlichten Arbeiten anzuheben. Wenn dabei gleichzeitig eine maschinenlesbare Eingabe zu einem kompatiblen Satzsystem eines Druckhauses entsteht, wäre dies ein zusätzlicher Vorteil für beide Seiten.

Wir sind an der Entwicklung der beschriebenen Systeme nicht um ihrer selbst willen interessiert, sondern weil unsere Institutskollegen sie dringend benötigen, um ihre komplexen Publikationen leichter erstellen zu können. Deshalb haben wir Lösungen gewählt, die auf etablierten und zukunftsträchtig erscheinenden Komponenten basieren, nämlich TEX und CGM-GKS. Der Benutzer hat die volle Leistungsfähigkeit dieser beiden Systeme unmittelbar zur Verfügung, und er kann Graphiken ohne zusätzlichen Aufwand homogen in seine Schriften einbetten. Für die Zukunft wünschen wir uns, daß die Systeme sich in noch größerem Rahmen gegenseitig berücksichtigen und ergänzen. Ein Schritt dorthin ist die Verfügbarkeit identischer Zeichensätze, ein weiterer die eines gemeinsamen geräteunabhängigen Metafiles. Wir glauben aber nicht, daß in nächster Zeit die Erstellung von Texten und von Graphiken in einem System vereint werden soll.

LITERATUR

Jörg Bechlars, Rainer Buhtz, "GKS in der Praxis", erscheint demnächst

G. Enderle, K. Kansy, G. Pfaff, "Computer Graphics Programming", 1984, Springer, Berlin, ISBN 3-540-11525-0

IBM Installed User Programm, "PANEL2 Users Guide", Prog.Nr. 5796-PPA, 1981

Donald E. Knuth, "Literate Programming", Computer Journal Vol.27, No.2, 1984, pp.97-111 (über WEB)

Donald E. Knuth, "The TEX Book", 1984, Addison-Wesley, Reading, ISBN 0-201-13448-9

Donald E. Knuth, "The METAFONT Book", erscheint demnächst

National Bureau of Standards, "A Contribution to Computer Typesetting Techniques (Hershey Fonts)", 1976, Washington

REPRODUKTION VON SCHRIFTEN IN COMPUTERN
SCHRIFTPRODUKTION MIT IKARUS

Hanns-Joachim Garms
URW Unternehmensberatung
2000 Hamburg 65
Harksheider Straße 102

Schrift ist ein wesentlicher und wichtiger Bestandteil von Dokumenten.
In diesem Beitrag werden einige Aspekte der Schriftdarstellung mit Computern behandelt. Zuerst wird auf die Anforderungen an Schrift eingegangen, dann werden einige Darstellungsmethoden von Schrift in Computern erläutert und zuletzt wird anhand des Schriftproduktionssystems IKARUS beispielhaft gezeigt, wie Schriften zur Bearbeitung mit Computern bereitgestellt werden.

I. Schrift und Typographie in Dokumenten

Die Anforderungen an Schrift, und damit ist Maschinenschrift im Gegensatz zu Handschrift gemeint, haben sich im Laufe der Jahrhunderte immer wieder verändert. Technisch beginnt das mit den ersten Druckmaschinen der Gutenbergzeit, bei denen man die bis dahin verwendete Handschrift maschinell nachzuempfinden suchte, und steht heute bei der Generation der superschnellen computergesteuerten Satzmaschinen und Laserdruckern. (Dieses Dokument ist mit einem Drucker der Firma Agfa mit einer Auflösung von 400 l/inch hergestellt.)
In früheren Zeiten stand der dekorative und ornamentale Charakter von Druckwerken und der darin verwendeten Schrift im Vordergrund, heute ist es die Wiedergabe und Verbreitung von Information, die Schrift als Mittel benutzt. Daher steht die "Lesbarkeit" im Vordergrund.

1. Lesbarkeit von Schrift

Diese für Schrift so grundlegende Forderung ist bei maschinell erzeugten Drucken gar nicht so selbverständlich erfüllt. Man betrachte dazu nur einmal Schriften auf Sichtgeräten oder Gedrucktes von Matrixdruckern.

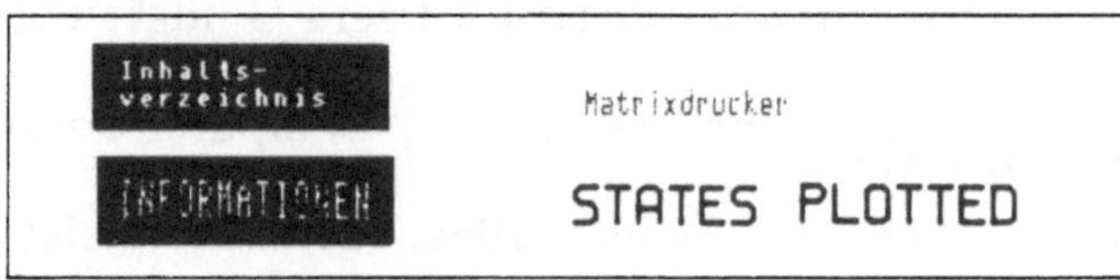

Oder man betrachte den Unterschied zwischen einer monospaced Schreibmaschinenschrift (alle Buchstaben haben die gleiche Breite, dieser Absatz ist so gedruckt) und einer

Proportionalschrift (der Rest des Dokumentes ist proportional gedruckt).

Natürlich sind auch schlechte Schriften "lesbar". Bei der Forderung nach Lesbarkeit geht es nicht nur um die gute Wiedergabe von lateinischen, arabischen oder chinesischen Schriftzeichen, sondern um die Wiedergabe von Informationen, ganzen Botschaften oder Druckwerken.
Es gibt bisher noch keine umfassenden empirischen Untersuchungen, welche Anforderungen an die Typographie einer Drucksache gestellt werden müssen, damit diese optimal lesbar ist, d.h. damit möglichst viel Text in möglichst kurzer Zeit mit möglichst geringer Ermüdung gelesen werden kann. Solche Untersuchungen sind auch sehr schwierig, da einerseits bei der Akzeptanz von Typographie der individuelle Geschmack eine Rolle spielt und andererseits die Lesegeschwindigkeit und die Ermüdung stark von der jeweiligen Konstitution der Probanden abhängt. Ein einfacherer Test ist das "Korrekturlesen" eines fehlerhaften Textes. Man stellt fest, daß die Auffindbarkeit von Fehlern dabei abhängig von der Lesbarkeit ist. Man wird in einem druckfertig gesetzten Text immer noch Druckfehler finden, obwohl das (textlich identische) Schreibmaschinenmanuskript schon "fertig" korrigiert war.

Es gibt jedoch Erfahrungswerte, die sich auf drei Ebenen der Schriftgestaltung beziehen:

1. Gestaltung der Buchstaben
2. Textsatz d.h. Spationierung, Wortzwischenräume, Zeilendurchschuß
3. Typographische Gestaltung von Seiten und Druckwerken

In allen diesen Bereichen ergeben sich verschiedene Anforderungen an Druckwerke je nach ihrer Anwendung: Für Text die ermüdungsfreie Lesbarkeit, für Signale die schnelle Erfaßbarkeit, für Anzeigen und Schilder in der Werbung die optische "Fang"-Wirkung. Das Erreichen dieser Wirkungen ist eng mit der Physik unserer Augen und mit der Grundfunktion unseres globalen menschlichen Sehens verknüpft.
So ist zum Beispiel die Physik des Auges bei der Beurteilung der Randschärfe von Buchstaben auf Bildschirmen und Druckern heranzuziehen, das globale Sehen bei der Beurteilung von Spationierung, Typographie und optischer Ausgeglichenheit einer ganzen Seite.
Für gute Lesbarkeit von Dokumenten sind unserer Erfahrung nach folgende Forderungen zu beachten:

- Gute Schriftqualität, denn jede auch kleine Irregularität in Buchstaben läßt das Auge unwillkürlich verharren was die Lesbarkeit mindert
- Vernünftige Wort- und Buchstabenzwischenräume
- Vernünftiges Verhältnis von Ober- und Unterlängen sowie von Zeilenzwischenräumen
- Verwendung von Proportionalschrift
- Verwendung von Antiquaschriften (mit Serifen), da größere Textmengen dann ermüdungsfreier zu lesen sind (diese Aufzählung ist zum Vergleich in einer serifenlosen Schrift gesetzt).

2. Typographie

Wichtig bei der Wiedergabe von Information ist neben der "bloßen" Schrift die Typographie, also die (Schrift-)Gestaltung.
Dazu gehört zum ersten die Auswahl der passenden Schriften. Schätzungsweise existieren 16.000 verschiedene lateinische Schriften. Davon sind ca. 1000 geläufig und mit ca. 200 können 90% der Anforderungen in Druckwerken bewältigt

werden. Die Schriftauswahl kann die Wirkung einer Drucksache ganz entscheidend beeinflussen:

POPSTYLE bedeutend *elegant* *weich* **laut**

Sodann gehören zur Typographie gestalterische Möglichkeiten wie zum Beispiel:
- Aufteilung der Seite, Gliederung in Abschnitte und Absätze
- Gestaltung und Anordnung von Bildunterschriften
- Hervorhebungen im Text durch unterstreichen, s p e r r e n , **verfetten** oder *kursivieren*
- Markieren von Zitaten und Fußnoten durch Schriftwechsel.

Das alles sind für sich genommen nur Kleinigkeiten, aber der Gesamteindruck, die Wirkung und damit der Erfolg von Druckerzeugnissen hängt ganz entscheidend auch von ihrer Ästhetik ab. Damit wird gleichzeitig das Wichtigste erreicht: Die Verbesserung der Lesbarkeit.
Die Forderung und das Ziel der Bestrebungen von uns Schriftherstellern ist es in der Schriftproduktion und in der Typographie die Möglichkeiten der modernen Technik besser zu nutzen zur Herstellung typographisch guter Drucksachen.

II. Darstellung von Buchstaben in Computern

1. Überblick über die Maschinen

Wenn man über digitale Formate spricht, ist es unumgänglich, sich einen Überblick über die Geräte zu verschaffen, die Schriftzeichen darstellen können bzw. sollen.
Wir unterscheiden drei Gruppen von Geräten:
- Sichtgeräte dienen der temporären Aufzeichnung von Texten auf Fernsehröhren
- Satzmaschinen erzeugen Texte auf Papier, Film oder Druckplatten, die dauerhaft dargestellt werden sollen und oft erst später gelesen werden.
- NC-Maschinen werden eingesetzt zum Zeichnen auf Papier, zum Schneiden von Folie oder Fräsen und Gravieren von Kunststoff oder Metall.

Allen Maschinen ist dabei folgender Ablauf beim Schreiben eines Buchstabens gemeinsam: Zunächst wird das Zeichen in der Maschine oder dem System elektronisch oder magnetisch digital gespeichert.
Das Zeichen wird dann als erstes "gelesen", d.h. die digitale Information wandert in einen temporären, schneller zugreifbaren Speicher. Dann bereitet die Rechnerelektronik die Bilddaten digital so auf, daß Steuersignale für den jeweiligen Schreibmechanismus entstehen. Also für CRT- oder Laser-Maschinen Videosignale bzw. Steuersignale für das Licht,

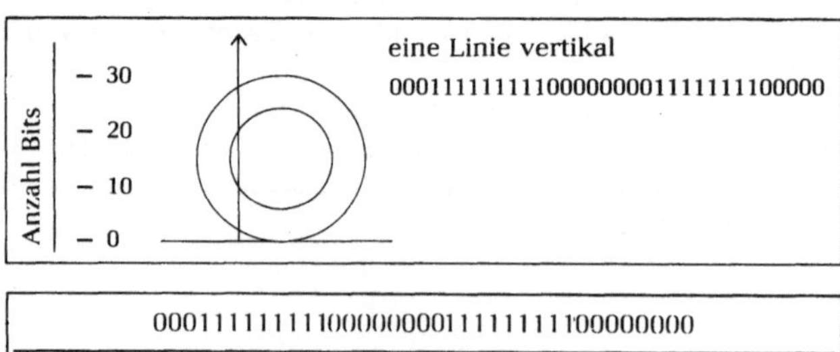

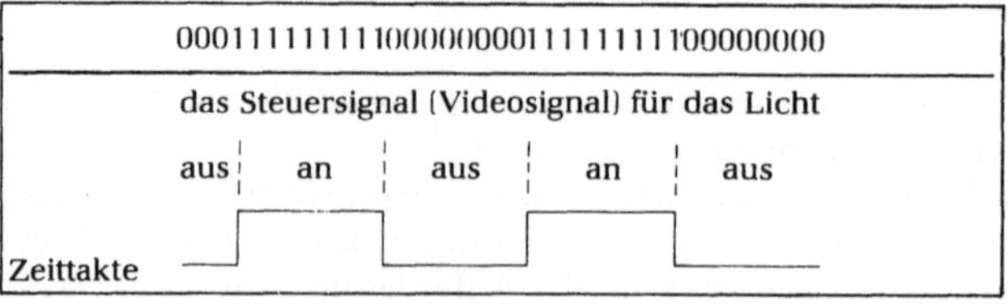

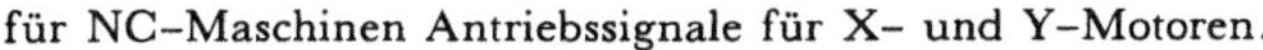

für NC-Maschinen Antriebssignale für X- und Y-Motoren.

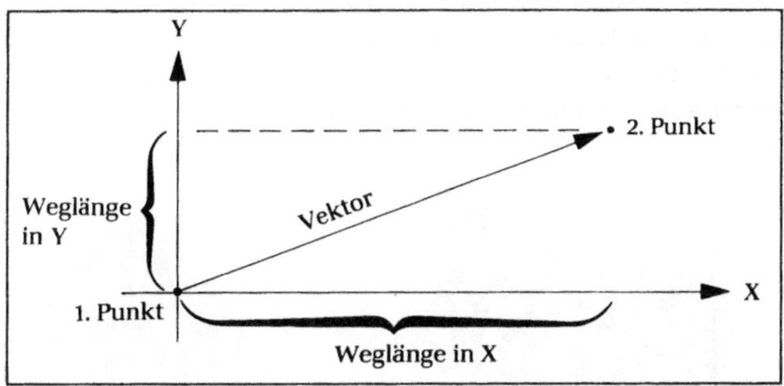

Flächen (schwarz bzw. weiß) werden erzeugt durch Aneinandersetzen von Linien. Ein Maß für die Auflösung solcher Maschinen (Genauigkeit der Reproduktion) ist die Anzahl Linien pro mm oder üblicherweise Linien pro Zoll (l/inch).

Da hier der Schwerpunkt auf Druckerzeugnissen liegt, wird im Folgenden hauptsächlich Rücksicht auf Satzmaschinen genommen, soweit gerätespezifische Eigenschaften relevant sind. Unter Satzmaschinen fallen auch alle Arten von Druckern, soweit sie rechnergesteuert arbeiten.

2. Anforderungen des Satzes

Die Anforderungen der Maschinen an das digitale Format von Schriften beschränken sich im wesentlichen auf die Kodierung. Durch die Darstellung und Gestaltung von Texten, also den Satz und die Typographie, kommen jedoch noch weitere Forderungen hinzu.

- Schriftbelegung:

Neben dem "normalen" Zeichenumfang einer Schrift müssen sprachspezifische Besonderheiten berücksichtigt werden wie Trema und Akzente, die aus Qualitätsgründen als Festakzente gespeichert sein sollten.
Wichtig sind auch Ligaturen und Zierbuchstaben (swash-letters) oder wissenschaftliche Sonderzeichen.

- Spationierung:

Für gute Spationierung ist die Speicherung von sogenannten Spationierungstabellen notwendig, die Korrekturwerte für Buchstabenabstände enthalten. Idealerweise wird für jede mögliche Buchstabenkombination ein individueller Wert gespeichert (bei 100 Buchstaben 10.000 Korrekturwerte). Für jede Schrift muß eine gesonderte Tabelle vorliegen.

- Spezialsatz:

Für besondere Anwendungen sind Hoch- und Tiefsetzen notwendig sowie Indizes für Fußnoten oder Senkrechtstellen von Buchstaben (landscape). Auch das muß in den Schriften besonders berücksichtigt werden.

- Formsatz:

Unter Formsatz verstehen wir das Setzen auf nicht horizontal und gerade verlaufenden Linien, also den Satz auf Schrägen, Kreisen, Wellen und anderen beliebig verformenden Linien. Unter Formsatz versteht man aber auch den mathematischen Formelsatz, den Tabellensatz, Satz graphischer Elemente wie Linien, Rahmen, Vignetten oder überhaupt das Setzen von Anzeigen. Für den Formsatz müssen weitere Informationen zugänglich sein wie z.B.:

  - Kegelhöhe der Urdaten
  - Versalhöhe, Minuskelhöhe

- Strichstärke der Schrift
- Laufweiten (für verschiedene Spationierungen)
- Informationen über Innen- und Außenränder

Außerdem muß das Format "verformbar" sein, d.h. es muß sich bestimmten aber im Prinzip beliebigen äußeren Formen anpassen können.

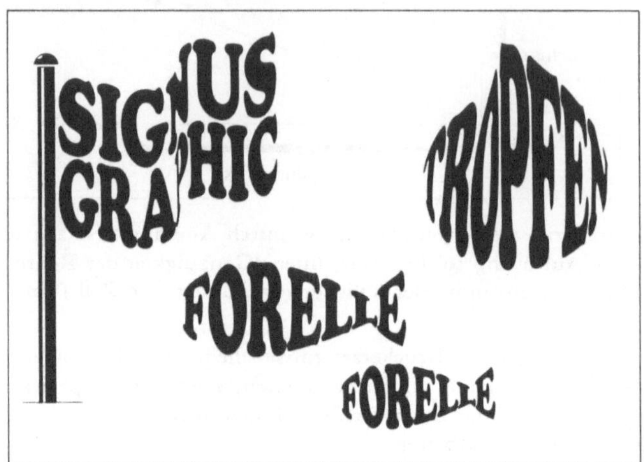

3. Datenformate

Unter Datenformaten verstehen wir die Kodierung der Bildinformation in der Maschine. Es gibt mindestens soviele Formate wie Maschinen, sodaß es notwendig ist, eine Systematisierung vorzunehmen:

- Formattyp: Bitmap (Bytemap), Lauflängenkode, Vektoren, Kurvenlinien, Elementzerlegungen, Metafont
- Koordinaten: absolut, inkremental
- Kodierung: einfach, komplex.

Bitmap, Lauflängen und Vektorformate sind gängige und bekannte Kodierungen, wie sie seit langem in Maschinen Verwendung finden:

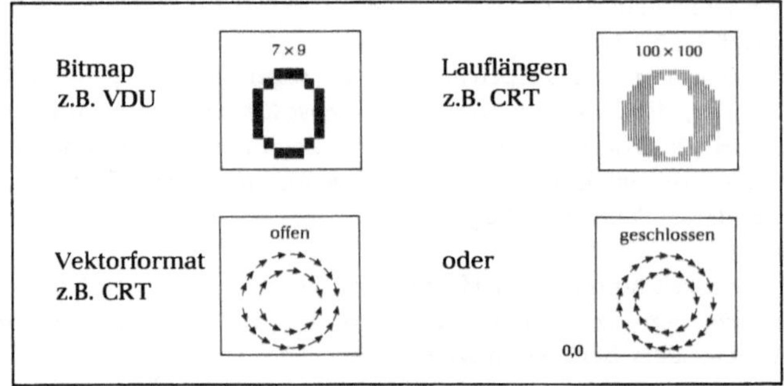

Wir wollen hier noch einige andere, komplexere Formate vorstellen, die zur Beschreibung von Buchstaben Verwendung finden:

a) Kurvenlinienformate

Darunter versteht man nichtlineare Umrißbeschreibungen (Outlines) von Buchstaben. Die Problemstellung ist dabei, eine möglichst genaue Wiedergabe von Kurvenverläufen zu erreichen, die ja als "frei" gezeichnete Kurven im allgemeinen keiner mathematischen Funktion genügen.

- Geraden und Kreise
Dabei werden Linenstücke als Verbindung zweier Punkte und Kurven mit Teilkreisen beschrieben, die Tangential ineinander übergehen müssen. (Abbildung siehe unten)

- Bezier-Funktionen
Kurven werden als Polynome 3.Grades zu digitalisierten Stützpunkten dargestellt (siehe dazu Späth, Splinealgorithmen). (Abbildung siehe unten)
des Kurvenverlaufs beidngen schwierige Dateneingabe.Seien als Beispiel 4 Punkte gegeben, Anfangspunkt A, Zwischenpunkte Z1 und Z2 und Endpunkt E, dann ergibt sich die nachfolgende Bezierfunktion:

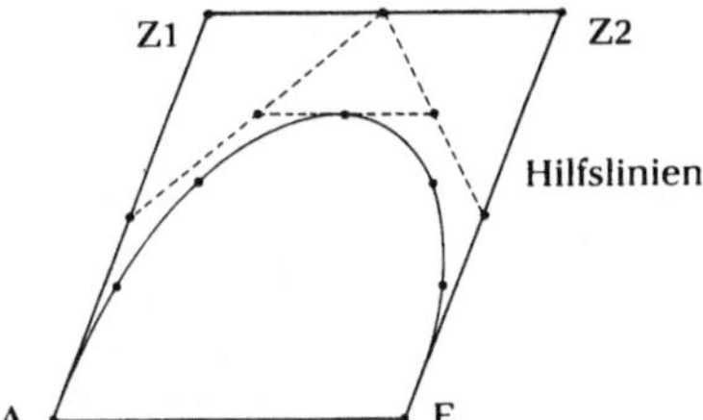

$$B(x,y) = A(x,y) \times (1-t)^3 + Z_1(x,y) \times (1-t)^2 \times t + Z_2(x,y) \times (1-t) \times t^2 + E(x,y) \times t^3$$
$$t = 0,\ldots,1$$

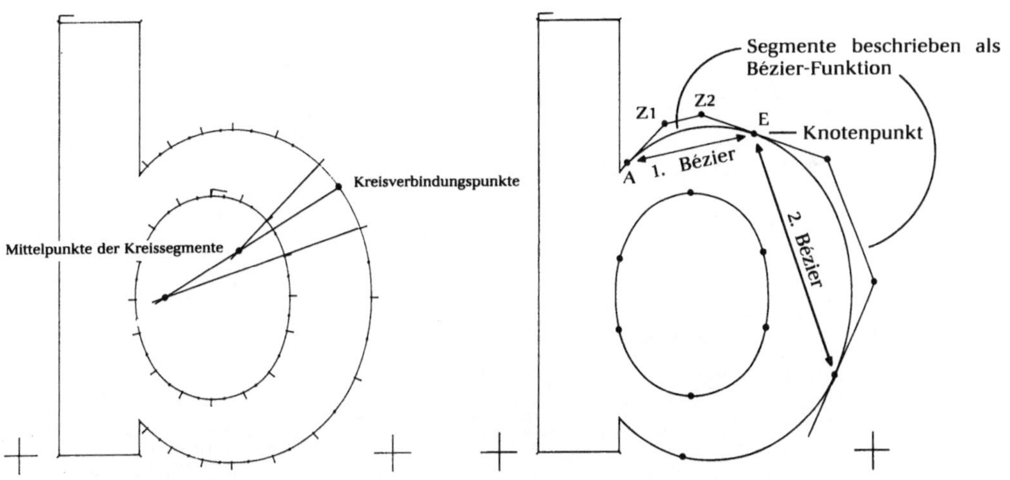

Geraden–Kreis–Format **Bezier–Format**

- Spiralen (Purdy-Format)
Dabei werden Kurven aus Spiralstücken zusammengesetzt. Das Verfahren bedingt eine Hardware, die die komplizierte Dateneingabe interaktiv ermöglicht.
(Abbildung siehe nächste Seite)

- Splines
Kurven werden durch tangential ineinander übergehende, mathematisch beschreibbare Kurvenstücke (Splines) dargestellt (siehe dazu Späth, Splinealgorithmen).
(Abbildung siehe nächste Seite)

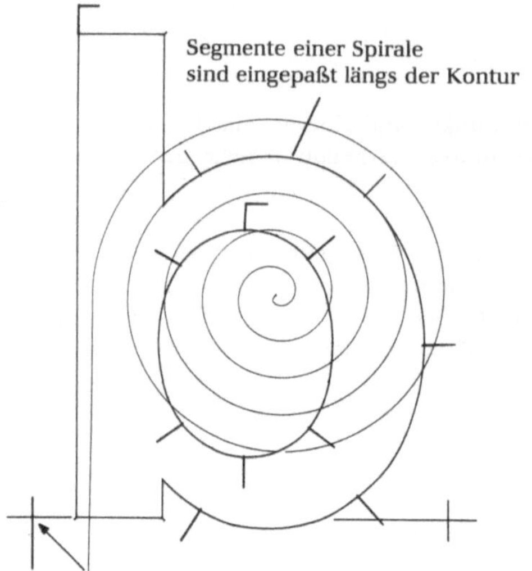

Spiralen (Purdy–Format)

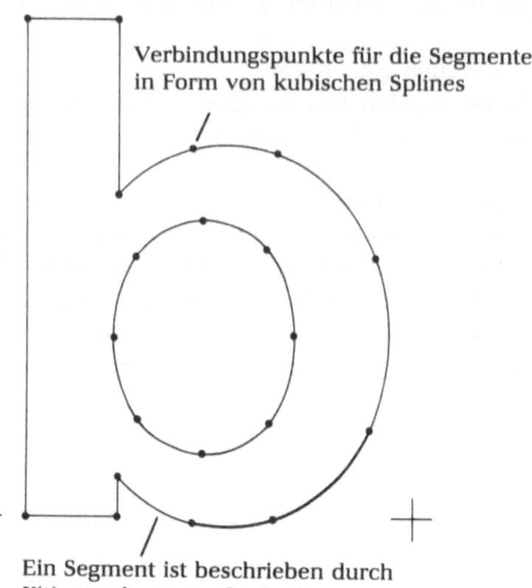

Ein Segment ist beschrieben durch
$X(t) = a_x + b_x \cdot t + c_x \cdot t^2 + d_x \cdot t^3$
$y(t) = a_y + b_y \cdot t + c_y \cdot t^2 + d_y \cdot t_3$
t = Wegeelement
$\{a_v \dots d_v\}$ sind konstant für ein Segment

Spline–Format

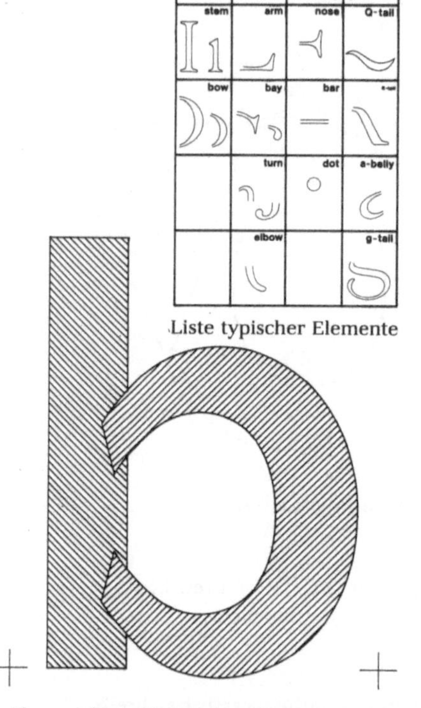

Liste typischer Elemente

1. Element für b,d,h,k,l,(t,) 2. Element für b,p

Coueignoux–Format

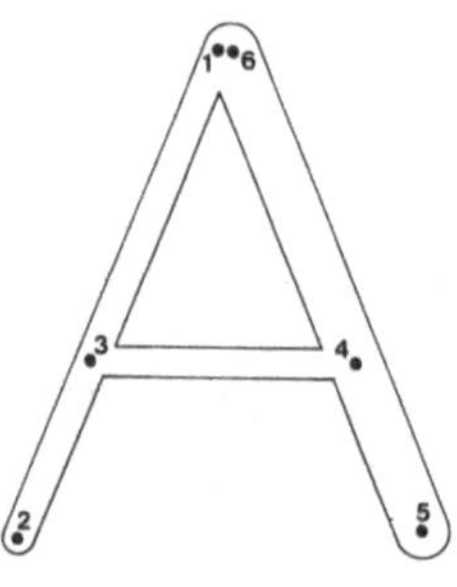


```
% The letter A
%
%-----------------------------------------------------------------
% specify where output goes
drawdisplay;                          % draw letter on screen
proofmode;                            % print proof sheet
%-----------------------------------------------------------------
charcode 'A;                          % this is a capital A
%-----------------------------------------------------------------
% position the points
x1=98;  y1=250;                       % x and y coordinates for each of
x2=0;   y2=0;                         % 6 points
x3=40;  y3=90;
x4=170; y4=y3;
x5-105; y5=y1;
x6=203; y6=5;
%-----------------------------------------------------------------
% specify the pen
cpen;                                 % circular pen nib
%-----------------------------------------------------------------
% draw the charcter                   % using a pen width of 15, draw a line
15 draw 1..2;                         % between points 1 and 2, and between
   draw 3..4;                         % points 3 and 4; then with a pen
25 draw 5..6;                         % of with 25, draw a line between
                                      % points 5 and 6.
end
```

Metafont

- IKARUS-Format
Die Beschreibung erfolgt in Kapitel III.

b) Elementzerlegungen

Bei diesem Verfahren wird versucht ganze Formelemente von Buchstaben zu speichern. Man hofft dann Buchstaben aus diesen Elementen zusammensetzen zu können. Ein Beispiel hierfür ist das Coueignoux-Format (siehe Coueignoux, Generation of Roman printed Fonts). (Abbildung siehe vorhergehende Seite)

c) Metafont

Bei Metafont werden Buchstaben in Form eines Programms beschrieben (siehe dazu D.Knuth, Metafont: A System for Alphabet Design).
(Abbildung siehe vorhergehende Seite)

4. Anforderungen an Datenformate

Wir listen hier die Eigenschaften von Formaten in der Reihenfolge auf, wie sie in ihrer kurzen Geschichte das Interesse der Techniker auf sich gezogen haben.

E0: Elektronik (Geschwindigkeit)
    Kosten für die Elektronik zur Generierung von Steuersignalen.

E1: Speicherbedarf (low resolution)
    Speicherbedarf für grobe Auflösungen

E2: Speicherbedarf (high resolution)
    Speicherbedarf für feine Auflösungen

E3: Umgrößern
    Möglichkeit verschiedene Schriftgrößen aus einer Mutter zu berechnen (Sizing).

E4: Transformation
    Möglichkeit zum Verschieben, Rotieren, Kursivieren und Verformen.

Diesen bekannten Eigenschaften haben wir weitere hinzugefügt, die besonders auf die Schriftherstellung zielen.

E5: Eingabe
    Eingabe so einfach wie möglich.

E6: Benutzerfreundlichkeit
    Einfache Datenstruktur zur leichten Korrektur.

E7: Ausgabe
    Genaue Wiedergabe auf Flachbettzeichenmaschinen, um den Vergleich mit dem Orginal zu erlauben.

E8: Soft-Scanning
    Genaue, geschlossene mathematische Darstellung um durch Berechnung zu anderen digitalen Formaten zu kommen wie Bitmaps, Vektorformaten oder Lauflängenkodes.

E9: Programmierfreundlichkeit
    Kostengünstige Programmierung von Modifikationen; leichte Konversion in neue Maschinenformate.

(Für einen genauen Vergleich der Formate: siehe P.Karow, Digitale Speicherung von Schriften).

Die Erfahrungen aus der Praxis haben gezeigt, daß kein derzeit denkbares Datenformat alle Anforderungen gleichermaßen gut erfüllen kann. Daraus resultiert ein

wesentlicher Grundgedanke für die Produktion digitaler Schriften:
Das Denken in zwei Formattypen, ein Datenbasisformat, daß Anforderungen E5 bis E9 optimal erfüllt und Maschinenformate, die für die jeweilige Maschine Anforderung E0 bis E4 optimal erfüllen. Damit auf dieser Basis ökonomisch digitale Schriften für beliebige Maschinen hergestellt werden können, ist auf Forderung E8 bzw. E9 zu achten. Inzwischen wird dieses Prinzip von allen großen Satzmaschinenherstellern angewandt. Manch einer hat erst bei der zweiten Satzmaschinengeneration, für die alle Schriften neu digitalisiert werden mußten, gemerkt: Digitalisieren ist teuer, man sollte es nur einmal durchführen im Leben einer Schrift.

III. Schriftherstellung mit IKARUS

1. IKARUS-Format

Das IKARUS-Format ist von seinem Wesen her ein Kontur-Format, d.h. eine Beschreibung der Umrißlinie(n) eines graphischen Designs. Im Rechner werden dazu geeignete Stützpunkte der Umrißlinie - sogenannte IK-Punkte - gespeichert.
Als weitere Charakterisierung: Das IKARUS-Format enthält globale Informationen, nämlich Kurven, Geraden, deren Längen und Lagen sowie Beziehungen zueinander. Anders die Vektor- oder Lauflängenformaten, die nur lokale Informationen enthalten. Diese Eigenschaft des IKARUS bringt einerseits die leichte schnelle Datenaufnahme und die Möglichkeit vielfältiger Modifikationen, andererseits aber auch die Probleme bei der schnellen Verarbeitung in Satzmaschinen.
Die genaue Beschreibung des IKARUS-Formats ist denkbar einfach:
Es werden Koordinaten bestimmter Punkte der Konturen eines Zeichens abgespeichert. Dabei unterscheiden wir 4 Arten von Punkten:

- Startpunkt am Anfang von geschlossenen Konturen
- Eckpunkt an Ecken
- Tangentenpunkte an glatten Übergängen von Geraden zu Kurven und umgekehrt
- Kurvenpunkte zur Festlegung von Kurvenverläufen

Die Punktcharakteristik wird zusammen mit den Koordinaten als sogenannter IKARUS-Punkt abgespeichert. Die Genauigkeit (also die Auflösung) beträgt dabei 1/100 mm.
Für die Markierung der Punkte gelten drei grundlegende Regeln:

- Eckpunkte und Tangentenpunkte werden untereinander gerade verbunden
- Kurvenpunkte werden sooft gesetzt, daß sie hinreichend Informationen für die glatte und exakte Wiedergabe der Kontur liefern. Als Faustregel dient dabei: alle 30 Grad Krümmungsänderung ein Punkt.
- Vor und hinter Wendepunkten soll ein zusätzlicher Punkt gesetzt werden, um einen glatten Kurvenverlauf zu gewährleisten.

2. Beschreibung der IKARUS-Interpolation

Unter IKARUS-Interpolation ist das Verfahren zu verstehen, einen geschlossenen Kurvenzug zu berechnen, für den die manuell digitalisierten IKARUS-Punkte als Stützpunkte dienen. Die IKARUS-Interpolation läuft in zwei Schritten ab:
(Abbildung siehe nächste Seite)

1.Schritt:
Spline-Interpolation zur Bestimmung der Tangentenrichtungen in den digitalisierten IKARUS-Punkten, also keine Berechnung der Splines.

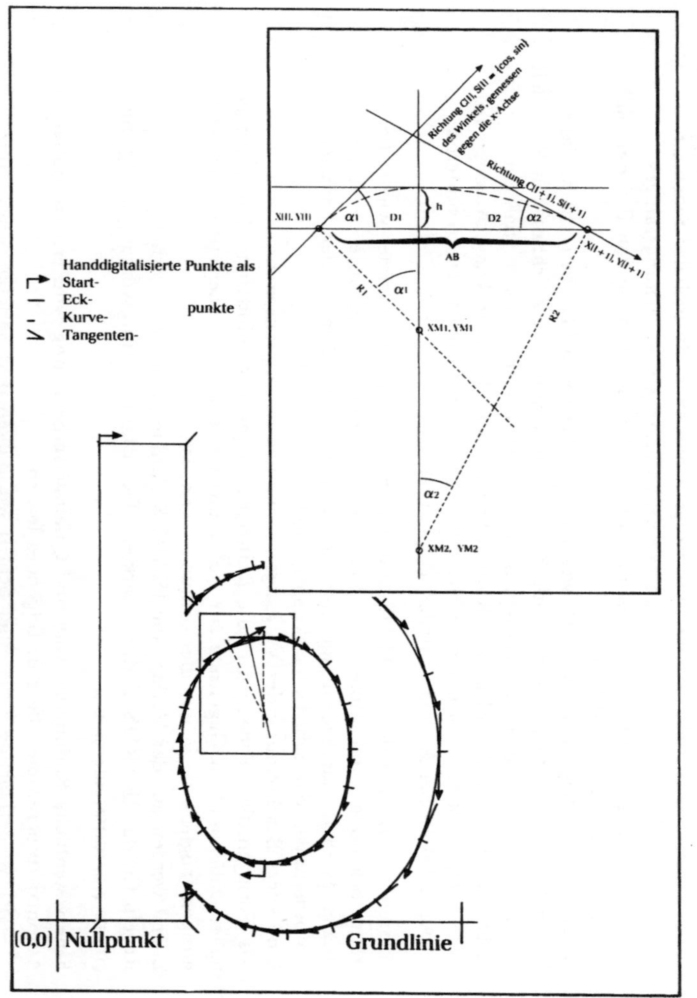

IKARUS–Interpolation

Gesucht sind die beiden Kreise, die an den gegebenen digitalisierten IKARUS-Punkten die vorgegebene Richtung haben und sich zwischen diesen Punkten mit der Richtung der Strecke beider Punkte treffen. Man kann also aufschreiben:

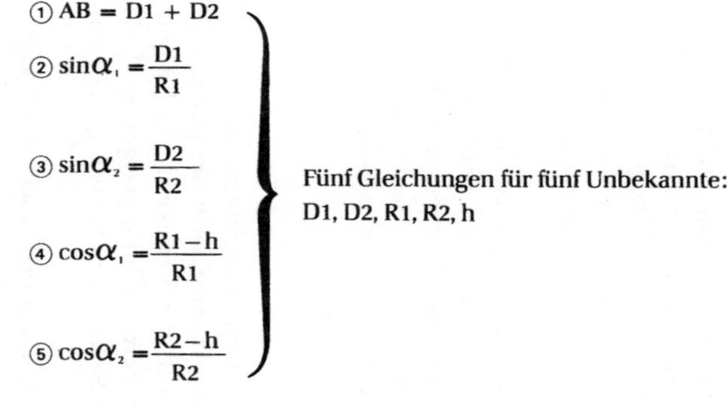

① $AB = D1 + D2$

② $\sin\alpha_1 = \dfrac{D1}{R1}$

③ $\sin\alpha_2 = \dfrac{D2}{R2}$

④ $\cos\alpha_1 = \dfrac{R1-h}{R1}$

⑤ $\cos\alpha_2 = \dfrac{R2-h}{R2}$

Fünf Gleichungen für fünf Unbekannte: D1, D2, R1, R2, h

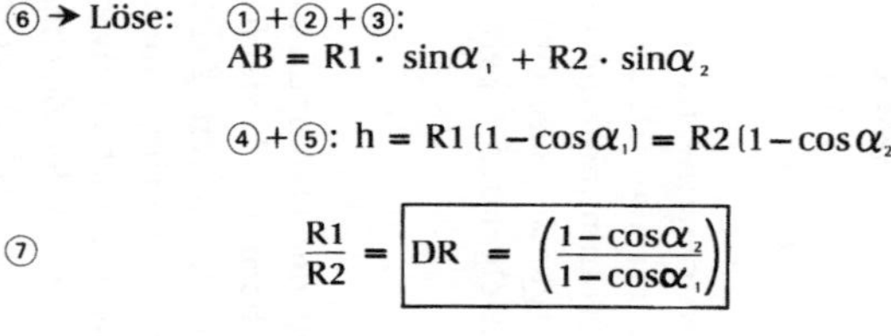

⑥ → Löse: ①+②+③:

$AB = R1 \cdot \sin\alpha_1 + R2 \cdot \sin\alpha_2$

④+⑤: $h = R1\,(1-\cos\alpha_1) = R2\,(1-\cos\alpha_2)$

⑦ $\dfrac{R1}{R2} = \boxed{DR = \left(\dfrac{1-\cos\alpha_2}{1-\cos\alpha_1}\right)}$

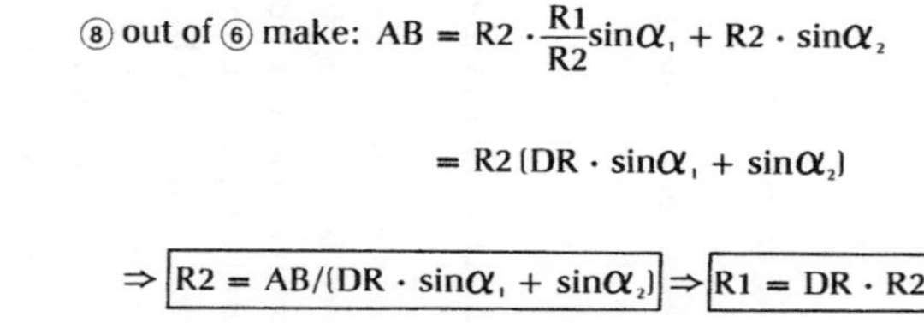

⑧ out of ⑥ make: $AB = R2 \cdot \dfrac{R1}{R2}\sin\alpha_1 + R2 \cdot \sin\alpha_2$

$= R2\,(DR \cdot \sin\alpha_1 + \sin\alpha_2)$

$\Rightarrow \boxed{R2 = AB/(DR \cdot \sin\alpha_1 + \sin\alpha_2)} \Rightarrow \boxed{R1 = DR \cdot R2}$

2.Schritt:
Zwischen je 2 IKARUS-Punkten werden 2 Teilkreise so bestimmt, daß der erste Teilkreis mit der ersten ermittelten Tangente im ersten Punkt anfängt, die beiden Kreise sich in der Mitte tangential treffen und der zweite Kreis mit der zweiten ermittelten Tangente im zweiten Punkt endet. Die Tangente im Berührungspunkt der beiden Kreise ist parallel zur Verbindungslinie der beiden IKARUS-Punkte. Damit ist das Problem eindeutig bestimmt und mathematisch lösbar.

Es werden also in einer Kurve eine Kette von überall tangential ineinander übergehenden Teilkreisen erzeugt. Dies hat den graphischen Vorteil, daß stückweise durch die gleiche Krümmung eine Beruhiging des Kurvenverlaufs eintritt. Außerdem sind Kreise vergleichsweise einfach beherrschbare mathematische Gebilde, was sich für alle nachfolgenden Operationen sehr positiv auswirkt.

3. Datenaufnahme

Die Art und Schwierigkeit der Datenaufnahme ist ein wesentliches Kriterium bei der Beurteilung digitaler Formate. Unter Datenaufnahme wird der gesamte Prozess angesehen, der notwendig ist, um ein Zeichen von der Vorlage in die Datenbasis zu bringen. Zu diesem Prozess gehört auch die Bereitstellung geeigneter Vorlagen, d.h. zum Beispiel die Überarbeitung oder Reinzeichnung von gegebenen Vorlagen oder die Ergänzung fehlender Zeichen.
IKARUS-Format ist ein "höheres" Datenformat: Es enthält nicht nur lokale, sondern globale Informationen über Formen und deren Beziehungen zueinander.
Um solche "höheren" Datenformate aus graphischen Vorlagen zu erzeugen, sind die Schritte "Säuberung" und "Formerkennung" notwendig. Bei manueller Datenerfassung ist man sich dessen nicht bewußt, weil unser Sehen eben ein globales Sehen ist.
Das menschliche Auge ist zusammen mit dem Gehirn ein so leistungsfähiges optisches Analyseinstrument, daß Säuberung und Formerkennung von Strichgraphik unbemerkt automatisch ablaufen.
Globales Sehen heißt zum Beispiel: wenn wir ein Helvetica "H" betrachten, dann "sehen" wir exakte Ecken und gerade Kanten, auch wenn die Zeichnung in Wahrheit runde Ecken und fehlerhafte Kanten aufweist, weil wir eben wissen, daß ein Helvetica "H" Ecken und gerade Kanten haben muß. Jeder denkbare Automat hat diese entscheidende Information - Helvetica "H" - nicht und daraus resultieren Schwierigkeiten bei der maschinellen Digitalisierung.

Solange wir uns mit dem IKARUS beschäftigen, haben wir es immer wieder bestätigt bekommen und immer wieder postuliert: Manuelles Digitalisieren ist die einzige Methode zur Erzeugung digitaler Formate, deren Qualität den höchsten Anforderungen der Schriftproduktion genügt.
Eine kurze Beschreibung des Vorgangs des manuellen Digitalisierens:
Als Vorlagen dienen möglichst gute Reinzeichnungen von mindestens 4 inch Kegelhöhe. Dabei sind im Gegensatz zur Aufnahme mit einem Scanner auch Strichzeichnungen möglich, da ja nur die Kontur relevant ist.
Zuerst werden auf der Vorlage die IKARUS Punkte gemäß den vorher geschilderten Regeln für das IKARUS-Format markiert. Der Digitalisierungsvorgang erfolgt mit einem Koordinatenlesegerät.

Eine wesentliche Rationalisierung und Qualitätsverbesserung wird erreicht durch Automatikprogramme, die z.B. folgendes leisten:

- sich wiederholende Teile einer Schrift wie Balken und Serifen werden nur einmal digitalisiert und automatisch an die einzelnen Buchstaben angebaut (bis zu 4 verschiedene Serifen)

- Gleichstellen und Anpassung von Kurven und Balken
- Grundlinien- und Höhenanpassung
- Erzeugung neuer Zeichen wie Bruchzahlen oder Kapitälchen

Nur mit solchen leistungsfähigen Automatiken ist eine optimale Qualität zu erreichen, da schon bei den Vorlagen Differenzen bei den einzelnen Elementen einer Schrift auftreten.

4. Modifikationen auf der Datenbasis

Modifikationen von Buchstaben ist nach unserer Meinung ein ganz wesentlicher Bestandteil von Schriftproduktionssystemen. Bei der Entwicklung des IKARUS-Formats wurde darauf besonderer Wert gelegt.

Vergrößern, Verkleinern

Kursivieren
Dabei wird im Gegensatz zur optischen und elektronischen Kursivierung zusätzlich eine Ausgleichsrechnung für Kurven und Diagonalen durchgeführt.

Expandieren, Kondensieren
Dabei werden im Gegensatz zum optischen bzw. elektronischen Verfahren die Balkenstärken und somit die Schriftfette nicht verändert.

Konturieren
Es werden zu dem gegebenen Rand eines Buchstabens in beliebigem Abstand nach innen oder außen Konturen in Form neuer IKARUS-Punkte ausgerechnet. Die Abstände lassen sich in vertikale und horizontale Richtung beliebig wählen, bis zu sieben Konturlinien sind gleichzeitig möglich.

Abrunden
Es werden alle Ecken eines Buchstabens als Außen- und Innenecken klassifiziert und beide Arten von Ecken lassen sich getrennt mit verschiedenen Radien verrunden. Sinnvollerweise darf die Größe der Radien die Strichstärke der Schrift nicht überschreiten.

Antiquieren
Die Ränder von Buchstaben können leicht bis schwer zerrüttet werden, um künstlich einen Alterungseffekt zu erreichen.

Schattieren
Es können Schatten berechnet werden. Dazu wird die Schattenrichtung und die Schattenlänge angegeben. Nicht sichtbare Linien werden weggerechnet.

Verändern der horizontalen Proportion
Die Minuskelhöhen, Ober- und Unterlängen lassen sich unabhängig voneinander in vertikaler Richtung verändern. Die horizontalen Balken bleiben von der Verzerrung unberührt.

Extrapolieren
Dabei werden aus einem Schnitt, z.B. einem halbfetten, fette und magere Varianten hergestellt.

Eine weitere Klasse von Modifikationen gewinnt man durch Interpolation verschiedener Schriften:

Verfetten, Verdünnen (Herstellung neuer Schnitte)
Dazu werden zum Beispiel ein magerer und ein fetter Schnitt einer Schrift hergestellt. Durch mathematische Interpolation kann jede gewünschte Zwischenform berechnet und als neue Schrift in die Datenbasis aufgenommen werden.

Kreuzen
Die Interpolation ist auch zwischen verschiedenen Schriften möglich, z.B. einer Grotesk- und einer Antiquaschrift. Dabei liegt die Entscheidung, welche Varianten sinnvoll sind, in der Verantwortung der Designer.

Das IKARUS-Format als mathematisch geschlossene Darstellung von Konturen erlaubt auch die unterschiedlichsten Arten von

Formsatz:
Kreissatz, Projektionen auf Zylinder und Globus, Perspektive, Satz auf beliebige Grundlinien etc. Die notwendigen Verformungen der Buchstaben werden dabei von Programmen automatisch berechnet.

All diese Modifikationen werden direkt auf der Datenbasis vorgenommen, und man erhält als Ergebnis neue Schriften bzw. Schriftzeichen in der Datenbasis, die wieder Grundlage für jede Weiterverarbeitung im IKARUS sein können.

5. Softscanning

Unter Softscanning versteht man die computergesteuerte Erzeugung von Daten für buchstabenverarbeitende Maschinen. Wichtig dabei ist, daß alle denkbaren Maschinenformate möglichst automatisch aus der Datenbank erzeugt werden können. Da das Maschinenformat von Satzmaschinen im allgemeinen eine Bitmap ist, soll dieses Format stellvertretend behandelt werden. Für Bitmaps müssen die ursprünglich analogen Daten in einer bestimmten Auflösung gerastert werden. Dabei ergeben sich einige typische Probleme, die sich um so schwerwiegender auswirken, je gröber das Raster ist.

- Sägezahnförmige Wiedergabe von Bögen
- Ungleiche Balkenstärken
- Ungleichmäßige Wiedergabe von Seriefen
- Asymmetrien bei Bögen und Seriefen
- Abbildungsprobleme bei dünnen Balken und Seriefen sowie des Overlaps.

All diese Probleme treten beim "Hardscanning" mit einem Scanner auf. Softscanning dagegen erlaubt eine rastergerechte Aufbereitung der IKARUS-Daten, sodaß beim anschließenden automatischen Rastern die genannten Probleme weitgehend vermieden werden. Dazu werden unabhängig voneinander horizontale und vertikale Balken sowie Bögen und Seriefen in das vorgegebene Raster eingepaßt.

Das heißt, die wichtigsten Elemente der Buchstaben werden auf ein Vielfaches der gewünschten Rasterbreite gezerrt. Darüberhinaus können Formen und Längen von Seriefen individuell eingegeben werden.

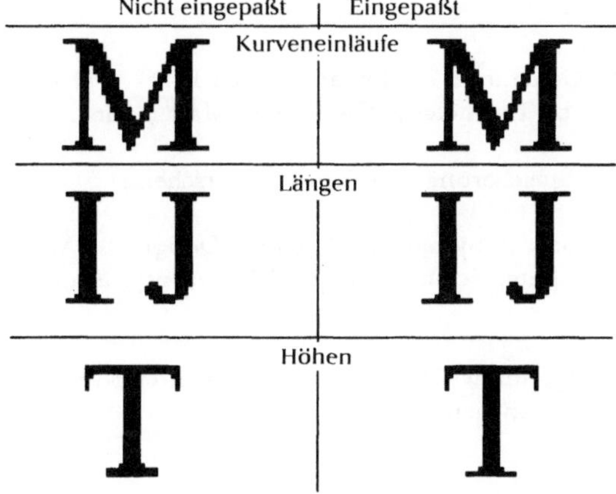

Diese Anpassung ist in einer Schrift für jeweils verschiedene Balkenstärken möglich und sie geschieht individuell für jede Größe. Zusammen mit der Gleichstellung von Balken und Seriefen, die schon bei der Erzeugung des IKARUS-Formats vorgenommen wird, erzielt man damit eine optimale Aufrasterung. Der manuelle Korrekturaufwand der Rasterdaten kann je nach Auflösung um bis zu 98% reduziert werden. Trotzdem sind insbesondere bei grober Auflösung manuelle Korrekturen notwendig. Diese werden am graphischen Bildschirm mit einem Bitmapeditor vorgenommen. Als Grundlage dient dabei wie bei der Kontrolle des IKARUS-Formats eine Plotterausgabe.
Im extremen low-resolution-Bereich treten die genannten Probleme sehr drastisch zu Tage. Die Lösung mit einer Automatik ist nur noch bedingt möglich, da eine spezielle Ästhetik notwendig ist, um Seriefen, Balken und Bögen mit nur wenigen Bildpunkten optimal darzustellen. Hier gilt es, mit einzelnen Pixeln zu spielen und mit Tricks wie half-bitting spezielle typographische Effekte zu erzielen.

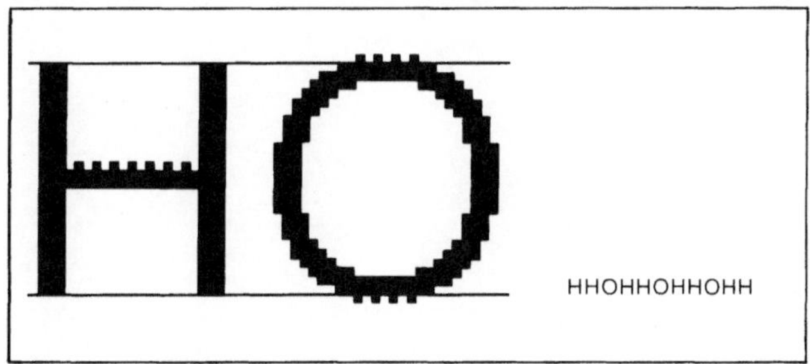

Neben einem leistungsfähigen Bitmapeditor ist die Kontrolle anhand des Satzes in Orginalgröße unbedingt erforderlich. Sei es auf Papier für Druckerschriften oder auf dem Bildschirm für Bildschirmschriften.

Es hat sich herausgestellt, daß das IKARUS-Format als Datenbasis die Anforderungen aller bisher bekannten Maschinenformate hervorragend erfüllen kann.

Daher ist die Annahme berechtigt, daß mit IKARUS auch für alle zukünftigen Satz maschinen, Drucker und Bildschirme Schriften in höchster Qualität optimal herstellbar sind.

Literatur:

Cougneignoux, P., Generation of Roman Printed Fonts, PH.D.Thesis, Massach. Institute of Technology, Cambridge/Mass., Juni 1975.

Karow, P., Digitale Speicherung von Schriften (erscheint).

Knuth, D.E., Metafont: A System for Alphabet Design, STAN-CS-79-762, Department of Computer Science, Stanford University, Stanford, California, September 1979.

Späth, H., Spline-Algorithmen zur Konstruktion glatter Kurven und Flächen, Oldenbourg Verlag München Wien, 1973

Entwurf eines integrierten Grafik-Text-Dokumentationssystems aus verfügbaren Komponenten

Uli Mauch
Gesellschaft für Information und Dokumentation (GID)
Herriotstr. 5
6000 Frankfurt 71

Gliederung

1. Einleitung

Es wird eine Spezifikation vorgestellt, die es erlaubt, Dokumente, bestehend aus GKS-Grafik, Fotografik und Text, auf einem modernen PC zu halten und über das Telephonnetz zu verteilen.

Das System wird aus bestehenden Komponenten zusammengefügt:

- einer relationalen Textdatenbank,
- einem Btx-Inhouse-Anschluß für intelligente Btx-Endgeräte,
- intelligenten Btx-Endgeräten,
- Btx-Editierkomponenten.

Es soll folgende Forderungen erfüllen:

Dokumente, die mit vorgefertigten Erfassungsbögen erstellt werden, sollen online recherchierbar gehalten werden. Darin müssen Fotos eingebracht werden können, die bisher auf die Bögen aufgeklebt wurden.

Verlaufsdaten müssen als Verlaufskurven dargestellt werden können.

An entfernten Endgeräten (Heimarbeitsplätzen) sollen Berichte erstellt und in die Datenbank eingefügt werden können.

Erwartungen:

Das System soll in einer klinischen Abteilung eingesetzt werden. Für die Systementwicklung sind zwei Jahre veranschlagt.

Vorgespräche mit den Ärzten haben gezeigt, daß die Möglichkeiten, die ein solches System bieten, den Ansprüchen weit näher kommen als das bei herkömmlichen Datenbanken der Fall ist. Als besondere Bereicherung wird es empfunden, die sehr beliebt gewordene Praxis, Sofortfotos in die Dokumente einzukleben, auf das elektronische Medium übertragen zu können.

Die Darstellung mit 16 Graustufen und der Auflösung der Btx-Geräte reicht allerdings nicht aus, um Röntgenbilder befriedigend darzustellen.

Ein Problem wird vermutlich das Erfassen der grafischen und fotografischen Information sein. Die komplizierte Handhabung dieser Komponenten macht es nötig, von einer Fachkraft erfassen zu lassen. Das ist im klinischen Bereich bisher zwar üblich, wenn auch nicht wünschenswert.
Ein sehr positiver Aspekt ist dagegen die Möglichkeit, daß der Arzt seine Berichte zu Hause erstellen kann und dazu die volle Akte zur Verfügung hat.

2. Die Hardware-Konfiguration

Für die Implementation des Systems ist ein IBM PC-AT vorgesehen. Das Gerät ist mit 512 kByte Hauptspeicher, einem 1,2 MByte Diskettenlaufwerk und einer 20 MByte Festplatte ausgestattet. Die Btx-Komponente besteht aus einer MUPID Btx-Karte PCM2, einer Digitalisiereinrichtung, einem Monitor und einem Modem. Peripher ist ein Drucker, ein Terminal, ein Streamer, eine Plattenerweiterung vorgesehen. Die Heimarbeitsplätze sind zwei Btx-Endgeräte MUPID C2D2 mit Monitor.

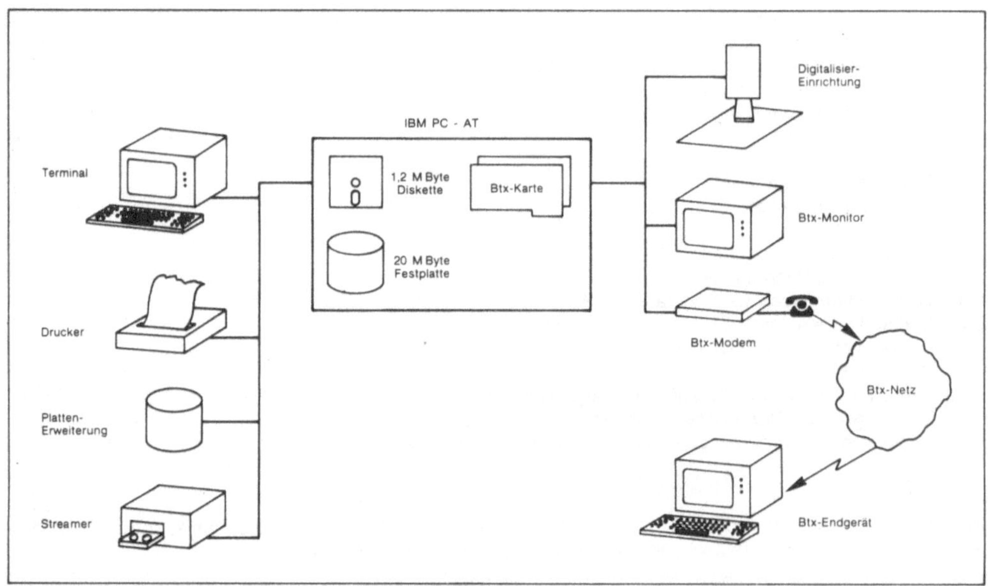

Bild 1: Die Hardware-Konfiguration des Systems

3. Die Software-Konfiguration

Das System wird aus der Integration zweier großer Software-Pakete gebildet, einer relationalen Textdatenbank und einem Btx-Paket, das die künftigen Erweiterungen des CEPT-Standards: GKS-Grafik, Fotografik, Telesoftware, bereits enthält.

3.1 Die funtionale Beschreibung der Datenbank

Die Datenbank enthält ein relationales DB-Managementsystem, die "Datendefinition und die Datenmanipulation ist SQL-kompatibel. Die Datenbasis ist bezüglich des Aufbaues und der Anzahl der Relationen, der Tupel und der

Attribute nicht eingeschränkt, so daß Objekte mit beliebigem Wertebereich (einschließlich z. B. voller Texte) definiert werden können." [GID1 1985: S.2]

Das Datenbanksystem bietet dem Entwickler ein sehr mächtiges Funktionenpaket im Information-Officer Teil an: einen Feldeditor, einen Konfigurations-Modul für die optimale Anpassung an die Gerätekonfiguration, DB-Utilities, einen Menü-Editor, einen Masken-Editor, einen Data-Definition-Modul, Data-Access-Control-Funktionen, einen Backup-Modul, einen Ausgabemodul. Damit lassen sich dezidierte Datenbankanwendungen mit Maskentechnik entwickeln.
Das Datenbanksystem ist in UCSD-Pascal geschrieben.

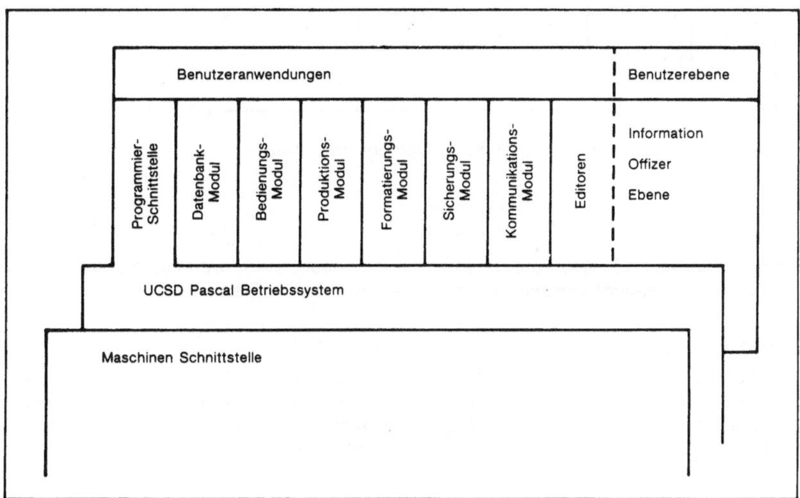

Bild 2: Die Software-Struktur des Datenbanksystems aus [GID2 1985]

3.2 Die funktionale Beschreibung der Btx-Software

Die Btx-Software ist eine Programmsammlung, die höhere Btx-Funktionen unter Verwendung der Btx-Karte ausführt. Die Btx-Karte arbeitet mit einem eigenen Z80-Porzessor, asynchron zum PC. Mit den Entwicklungssystemen (Turbo-Pascal und BASIC), können autonome Programme für die Btx-Karte entwickelt werden, die dann quasi im Hintergrund ablaufen können. Die Synchronisation zum PC erfolgt über einen Interrupt. [Fellner 1986]

4. Die Integration der Komponenten

Da beide Systeme (Textdatenbank und Btx) verschiedene und abgeschlossene Systeme sind, ist eine vollständige Integration eines Systems in das andere nicht sinnvoll. Vielmehr sollen beide Systeme neben einander bestehen und über Schnittstellen miteinander gekoppelt werden.

4.1 Die Benutzerseite

Der Benutzer wird die für ihn entwickelte Anwendung zu bedienen haben. Dabei wird die Datenbank dominieren, während die Btx-Funktionen für ihn als solche verborgen bleiben.

4.1.1 Dokument erfassen

Die Datenbank wird um die Möglichkeit der GKS-Grafik und der Fotografik erweitert. Beides sind Btx-Funktionen, die in der Datenbank nur als Referenzen angelegt werden. Die Dokumentensammlung ist dokumentbezogen organisiert. Soll ein Dokument eine Grafik oder eine Fotografik enthalten, dann werden dafür beim DB-Entwurf Attribute in der entsprechenden Relation vorgesehen. Zunächst trägt also der Benutzer in das Feld seiner Maske die Referenz in der üblichen Btx-Notation ein (* <Kennung> #). Danach wird der GKS-Grafik- oder der Fotografik-Editor gestartet und die Grafik auf der Platte abgespeichert. Das Btx-System legt die Grafik als Datei ab, wobei die Kennung um die Dokumentidentifikation erweitert wird.

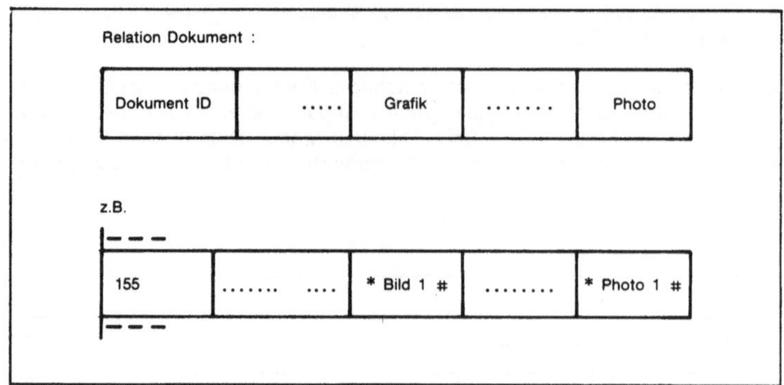

Bild 3: Ablegen der Referenz zur grafischen Information

4.1.2 Dokument suchen

Da die Dokumenterweiterungen (Grafik, Fotografik) in der Datenbank nur durch ihre Referenzen enthalten sind, kann nach ihnen genau so gesucht werden, wie nach jedem anderen Element.

4.1.3 Dokument darstellen

Beim Entwurf der Ausgabe kann festgelegt werden, ob visuelle Elemente (Grafik oder Fotografik) automatisch angezeigt werden sollen oder erst auf Wunsch des Benutzers. Im ersten Fall wird die Btx-Software zur Darstellung gestartet und das Bild auf dem Btx-Monitor angezeigt. Im zweiten Fall wird nur die Referenz angezeigt, der Benutzer kann dann selbst das Btx-System starten und das Bild abrufen.

4.2 Die Schnittstellen

Zur Kopplung beider Systeme (Datenbank- und Btx-System), sind zwei Schnittstellen wichtig:
1. die Hardware-Schnittstelle zwischen dem PC und der Btx-Karte,
2. die Software-Schnittstelle zwischen der Datenbank-Software und den Btx-Programmen.

4.2.1 Die Hardware-Schnittstelle

Beide Hardwareteile verfügen über einen "Shared Memory", das ist ein Teil des RAM-Speichers auf der Btx-Karte. Dieser Speicher kann über den PC-Bus auch vom PC genutzt werden. Synchronisiert wird die Kommunikation über einen Interrupt des jeweils empfangenden Prozessors. Je nach der Gestaltung der Interruptroutine kann die Kommunikation verschieden gestaltet werden. Eine verwendete Möglichkeit ist es, vier Speicherzellen zu benutzen, von denen jeweils eine ein Datenbyte, die andere ein Statusbyte enthält. Für jede Richtung steht ein Zellenpaar zur Verfügung. Ist das Zellenpaar gefüllt, dann bekommt der empfangende Prozessor den Interrupt und kann die Zellen auslesen. Werden mehrere Datenzellen definiert, dann können größere Datenblöcke transferiert werden.

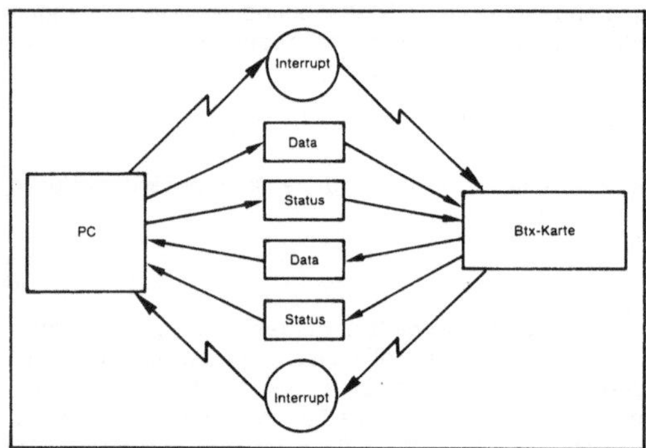

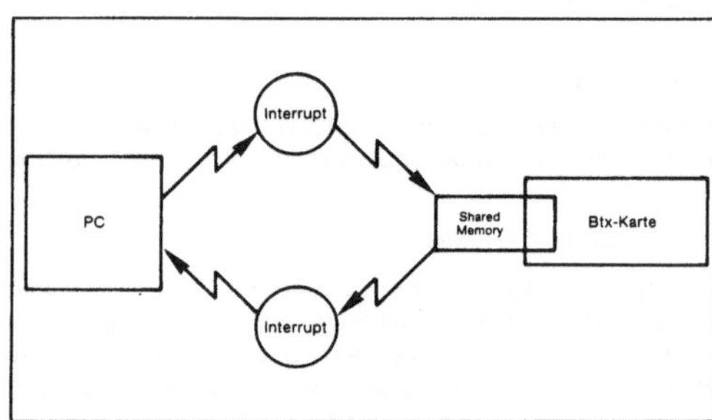

Bild 5: Datentransfer zwischen PC und Btx-Karte [Reiter, Wilfing 1985]

4.2.2 Die Software-Schnittstelle

Die Software-Schnittstelle ist in dem Btx-Software Paket enthalten. Auf der PC-Seite bedeutet das, es sind Aufrufe von Btx-Programmen aus dem Pascal-Interpreter heraus und anschließendes Fortsetzen des Interpreters nötig. Auf der Btx-Seite sind die Funktionen in die Programmiersprachen (Turbo-Pascal oder BASIC) integriert.

4.2.2.1 Funktionen der Btx-Software des PC's

Das Programmpaket, das zur Ausführung von Btx-Funktionen vom PC aus zu Verfügung steht, enthält Funktionen zum:
- Initialisieren und Konfigurieren,
- Daten an die Btx-Karte senden,
- Daten von der Btx-Karte empfangen,
- Bedienen der V24-Schnittstelle der Btx-Karte,
- Umlenken des Btx-Datenstroms auf den PC,
- Btx-Display bedienen,
- Btx-Seiten ausdrucken (Textdruck und Hardcopy),
- Btx-Kontroll-Funktionen ausführen (Umschalten auf Btx-Zentrale oder Platte, Bedienen der Systemzeile des Bildschirmes, Anwahl der Btx-Zentrale),
- Auswählen des Bildschirmes (Btx-Monitor oder PC-Bildschirm). [Fellner2 1986]

4.2.2.2 Die Funktionen der Btx-Software auf der Btx-Karte

Im Turbo-Pascal sind die gesamten GKS-Grafikfunktionen enthalten, außerdem die Möglichkeit, auf einen 80-Zeichen-Satz umzuschalten. [Brückler 1985]
Im BASIC und im Betriebssystem der Btx-Karte sind die weiteren Funktionen enthalten:
- Btx-Seite aus einem String oder aus einem Array abspeichern,
- Btx-Seite in einen String oder in ein Array lesen,
- Lesen des Bildschirminhaltes in ein Array,
- Senden von Zeichen an das Btx-System, mit oder ohne Anzeige der Antwort,
- Btx-Zentrale anwählen,
- Btx-Verbindung beenden.

4.2.2.3 Die Telesoftware-Möglichkeiten

Ein Btx-Datenstrom kann sowohl in den Bild-, als auch in den Programmspeicher geleitet werden. Ein Datenstrom für den Programmspeicher beginnt mit dessen Ladeadresse und endet mit der Startbedingung. Ist die Starbedingung gesetzt, dann wird das soeben geladene Programm ausgeführt.

[Müllner 1985]

5. Anwendungen

Das System soll in einer Klinikabteilung als kostengünstige CAP-Workstation eingesetzt werden.
Aus der Vielfalt der Nutzungsmöglichkeiten stehen die folgenden im Vordergrund:

1. Führen der Krankenakte auf einer Datenbank,
2. Austausch von Datenextrakten auf andere Rechner für statistische Studien,
3. Editier- und Datennutzungsmöglichkeiten zu Hause (Heimarbeitsplatz),
4. Nutzung des Fachinformationsangebotes zu wissenschaftlichen Zwecken.

5.1 Führen der Krankenakte auf einer Datenbank

Die Daten werden fast ausschließlich mit Hilfe von Bögen erfaßt. Es sind dazu im Tumozentrum Rhein Main e. V. Bögen für die Aufnahme, Diagnostik, Therapie, Labor usw. entwickelt worden. Die ausgefüllten Bögen werden von einem Sachbearbeiter, z. B. einem Medizinischen Dokumentar, einmal täglich eingetippt. Die Eingabemasken sollen dazu möglichst 1:1 den Erfassungsbögen angepaßt sein, und die Eingaben sollten soweit wie möglich auf Plausibilität geprüft werden können. Die eingegebenen Daten sollen sofort recherchierbar sein und wieder im Format des Erfassungsbogens angezeigt werden können.

Vor der Visite sollen die Daten auf den vermutlichen Bedarf hin ausgedruckt werden. Das könnten die Ärzte vor ihrer morgendlichen Besprechung machen, oder es kann vom Sachbearbeiter (Dokumentar) vorbereitet werden. Diese Ausdrucke, die quasi ein nach Bedarf erstellter Extrakt der Krankenakte wären, sollen bei der Visite am Krankenbett verfügbar sein. Die grafischen Anteile können als Hardcopy in den Ausdruck eingefügt werden. Außerdem soll der Rechner bei der morgendlichen Besprechung vor der Visite für interaktive Abfragen verfügbar sein.

Die Bögen sind dokumentorientiert angelegt, der klinische Betrieb verlangt aber ebenso eine patientenorientierte Datennutzung. Aus relationaler Sicht ist in erster Näherung folgendes Design möglich:

Relation Person: (*PID*, Name, Vorname, Geschlecht, Geburtstag)
Relation Dokument: (*AWZ, VNR*, Dokumentnummer)
Relation Dokument-Person: (*Dokumentnummer*; PID)
Relation Kapitel: (*AWZ, VNR*, *Kapitel*, Feldnummer)
Relation Felnummer-Feldname: (*Feldnummer*,Feldname)
Relation Feld: (*Dokumentnummer*, *Feldnummer*, Feldinhalt)

Die Schlüssel sind als *...* dargestellt.
Es gibt folgende Schlüssel:

AWZ (Auswahlzeichen),
VNR (Versionsnummer), identifizieren zusammen den Bogen,
PID (Personen Identifikator), identifiziert die Person,
KAPITEL, identifiziert den Unterabschnitt eines Bogens,
FELDNUMMER, idetntifiziert ein Feld eines Bogens,
DATUM, ist das Erhebungsdatum der Daten.
DOKUMENTNUMMER, ein intern gebildeter Schlüssel

Die insgesamt 16 Bögen enthalten 626 formatierte Felder, 43 kurze Freitextfelder. Dazu kommen die Arztbriefe und Berichte als lange Textfelder. Ein mittlerer Arztbrief ist 4500 Zeichen groß.

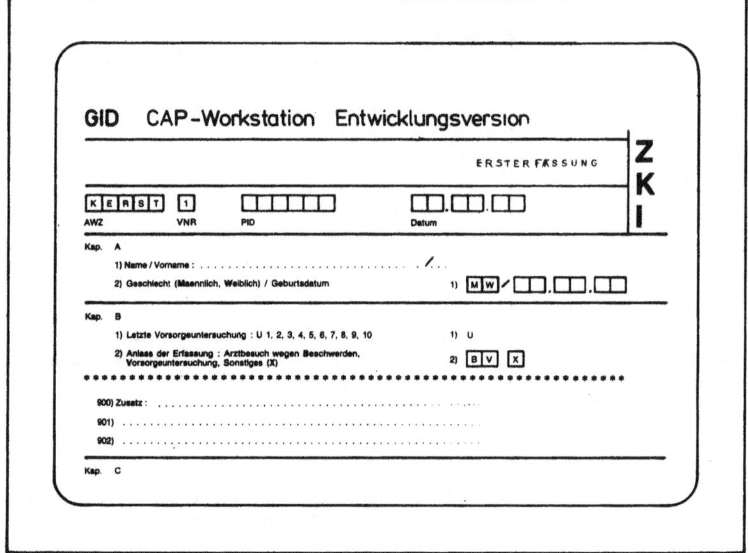

GID CAP-Workstation Entwicklungsversion

ERSTER FASSUNG

ZKI

K E R S T | 1 | | Datum
AWZ VNR PID Datum

Kap. A

1) Name / Vorname : ..../...

2) Geschlecht (Maennlich, Weiblich) / Geburtsdatum 1) M W / . .

Kap. B

1) Letzte Vorsorgeuntersuchung : U 1, 2, 3, 4, 5, 6, 7, 8, 9, 10 1) U

2) Anlass der Erfassung : Arztbesuch wegen Beschwerden, Vorsorgeuntersuchung, Sonstiges (X) 2) B V X

****

900) Zusatz : ....

901) ....

902) ....

Kap. C

Bild 6: Beispiel einer Erfassungsmaske

5.2 Übertragen von Datenextrakten auf andere Rechner

Datenextrakte können mit der SQL-kompatiblen Abfragesprache der Datenbank gewonnen werden. Dazu soll ein autonomes Programm auf der Btx-Karte laufen, das die Datenextrakte erzeugt. Die gewonnenen Daten sollen dann über die V24-Schnittstelle der Btx-Karte und über das Modem zum Rechner übertragen werden. Dazu muß das Rechnerprotokoll bedient und eventuelle Umformatierungen vorgenommen werden.

5.3 Editier- und Datennutzungsmöglichkeiten am Heimarbeitsplatz

Das Btx-Endgerät zu Hause wird mit der entsprechenden EditierSoftware geladen. Auf der Btx-Karte wird ein Programm gestartet, das die Kommunikation mit dem Btx-Endgerät herstellt. Zur Übertragung werden Btx- oder andere Modems verwendet.

5.4 Nutzung von Fachinformaton

Fachinformationsdienste, die im Btx-System enthalten sind, können über den normalen Btx-Bertieb errreicht werden. Andere Fachinformationsdienste können mit einer Terminalemulation, die im Btx-Endgerät oder in der Btx-Karte läuft, genützt werden.

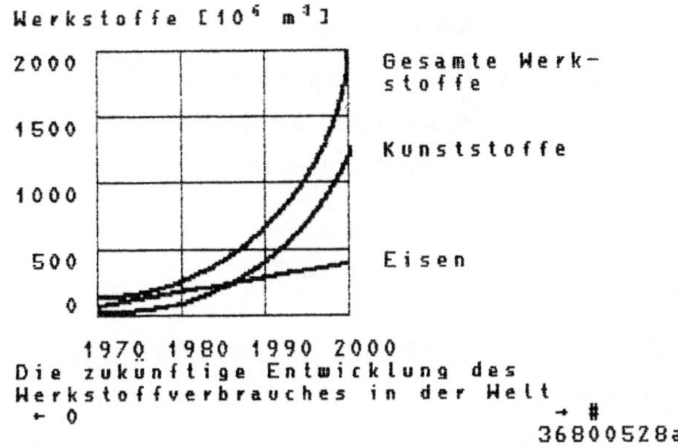

Bild 7: Grafik Hardcopies

Literaturliste:

[GID1 1985] "Das IV+V-Informationssystempaket" (Beschreibung aus softwaretechnischer Sicht) 1. Version Stand 1985-06-25, GID Frankfurt und IMD Graz

[GID2 1985] "Information Officer-Manual zu IV+V, Systemversion 2.0", GID Frankfurt und IMD Graz

[Fellner 1986] Fellner, Vorläufige Beschreibung der Btx-Software, IIG Graz

[Reiter, Wilfing 1985] Reiter, Wilfing, "Die PCM-Systeme", in GI/OCG/OGI-Jahrestagung 1985, Springer-Verlag, Heidelberg

[Fellner2 1986] Fellner, IIG Graz, hektographierte Vorabinformation

[Brückler 1985] Brückler, Fritz, IIG Graz, Bericht 214 "Turbo Pascal Grafik Handbuch", 1985

[Müllner 1985] Müllner, Stögerer, Das große MUPID-Basic-Handbuch, Bibliographisches Institut, Zürich 1985

Abkürzungen:

CAP Computer Aided Publishing
GID Gesellschaft für Information und Dokumentation
IIG Institut für Informationsverarbeitung Graz
IMD Institut für Maschinelle Dokumentation

GRAPHIK IN PUBLIKATIONEN
DIE SICHT DES VERLEGERS

Manfred Krüger
Beratender Verlagsbuchhändler
Kaiserstraße 48
D-6900 Heidelberg

Die Anfrage des Veranstalters, ob ich in der Lage und bereit sei, aus der Sicht der verlegerischen Praxis über das Thema der computergestützten Graphikerstellung, -bearbeitung und -darstellung für und in Publikationen zu sprechen, brachte mich in Verlegenheit. Denn ich bin kein Fachmann für Fragen der Reproduktion, die durch den Siegeszug der Scanner heute in den graphischen Betrieben schon weitgehend computergestützt geschieht.

Es ist allerdings so, daß die Perspektive des Verlegers schon immer eine etwas andere war als die des technischen Produktionsbetrieb für Verlagsprodukte — Bücher, Zeitschriften u. ä. Nicht die technischen Einzelheiten waren und sind für den Verleger wichtig, sondern die Eignung der Techniken für die Gestaltung und technische Qualität der Verlagsprodukte sowie der Preis ihres Einsatzes. Hinzu kommt, daß gerade der Verleger für wissenschaftliche und technische Publikationen nicht wie der Techniker eines graphischen Betriebes allein den Gesichtspunkten einer möglichst perfekten und wirtschaftlichen Produktion innerhalb eines *geschlossenen* Systems oder eines *festen Zusammenhangs* von Systemen folgen kann. Der Verleger muß demgegenüber dem Gesichtspunkt des von bestimmten technischen Systemen unabhängigen Flusses von Informationen — auch über Ländergrenzen hinweg — den Vorrang einräumen.

Dieser Fluß von Informationen ist nun aber durch die Nutzung von (unterschiedlichen) Computern und Computer-Programmen auf allen Bearbeitungsstufen der Publikationen (von den Autoren über den Verlag bis zu u. U. mehreren graphischen Produktionsbetrieben) sehr kompliziert geworden, wenn man den Anspruch vertritt, einmal auf Computern erfaßte Informationen auch direkt auf Computern der nächsten Bearbeitungsstufe weiterzuverarbeiten. Diese Komplexität wird sich noch erhöhen, wenn das gedruckte Verlagsprodukt nicht mehr die alleinige Lieferform an die Leser darstellen wird, sondern ergänzt werden wird durch Nicht-Druck-Produkte, wie beispielsweise CD-ROMs oder Online-Dienste.

Am Rande: An die Substitution des Buches oder Zeitschrift durch solche neuen Lieferformen glauben heute nur noch sehr wenige technikgeblendete Propheten, die die Wirtschaftlichkeits- und Benutzungsaspekte für Publikationen nicht zu kennen scheinen.

Die Komplexität des Informationsflusses wird entscheidend dadurch bestimmt, daß diese Informationen auf jeder Stufe des Publizierens veränderbar sein müssen. Eine vereinfachte Sicht des Publikatonsprozesses macht klar, warum.

Der Autor bestimmt den Inhalt und die inhaltliche Struktur seiner Informationen. Der Verleger überprüft die Informationen auf formale Stringenz und Publikationsreife, macht u. U. stilistische Änderungen, bringt die Beiträge unterschiedlicher Autoren für eine gemeinsame Publikation in eine einheitliche Form und entscheidet die Form des Verlagsprodukts und seiner Gestaltung. Die Produktionsbetriebe schließlich erzeugen das Format der eigentlichen Publikation nach den technischen und gestalterischen Vorgaben des Verlegers.

Autoren, die in den letzten Jahren und Monaten zeichencodierte Informationen (Texte) auf ihren Computern erstellten, um sie dann von Verlagen und graphischen Betrieben auf deren Computern zu Publikationen weiterverarbeiten zu lassen, wissen, welche Probleme dies bereits für sehr einfach strukturierte Texte mit einem geringen Zeichenumfang verursachte.

Weil eine Lösung entsprechend dem eben skizzierten Prozeß technisch, zeitlich oder wirtschaftlich nicht zu realisieren war, verzichteten die Verlage häufig darauf, ihre formende und gestaltende Funktion auszuüben, und produzierten photomechanisch nach den mehr oder weniger perfekten Vorlagen der Autoren. Die Veröffentlichung, in der dieser Beitrag erscheint, ist ein Beispiel für diese Situation.

Andererseits wurde in den letzten Jahren hart daran gearbeitet, diese unbefriedigende Situation — *für ausschließlich auf zeichencodierten Informationen beruhende Dokumente bzw. Publikationen* — zu überwinden. Man schuf Konvertierungssysteme und -routinen, man standardisierte Zeichensätze, Dokument-Architekturen, Austauschformate etc. Erste Erfolge dieser Bemühungen zeichnen sich in der Verlags-Praxis ab.

Jedoch wird es noch erheblicher Anstrengungen bedürfen, um Texte in einem bearbeitungsfähigen Zustand automatisch zwischen Computern auszutauschen. Ich erinnere in diesem Zusammenhang an die Aktivitäten innerhalb der ISO zur Schaffung einer standardisierten Office-Document-Architecture (ODA) einschließlich eines Office-Document-Interchange-Format (ODIF) [ISO/DP 8613/xx] und einer Standard Generalized Markup-Language (SGML) [ISO/DIS 8879].

Im Bereich *graphischer Informationen* sehe ich keine entsprechend weit fortgeschrittenen Projekte. Immerhin beruhigt es etwas, wenn man liest, daß innerhalb von Dokumenten, die entsprechend dem Standard SGML strukturiert und markiert sind, graphische Darstellungen beliebiger Formate durch Referenzierung im textlichen Gerüst eines Dokuments einbezogen werden können.

♣

Ist nun aber ein solcher, weitgehend automatisierbarer Datenaustausch zwischen Computern — wie er für zeichencodierte Informationen zwischen Autoren und Verlagen bereits abzusehen ist — aus verlegerischer Sicht auch für graphische Informationen notwendig?

Die Antwort muß einmal berücksichtigen, ob die infragestehenden Dokumente, bestehend aus Text *und* Graphiken, lediglich zur Erstellung der Druckvorlage für konventionelle Druck-Publikationen dienen oder auch parallel für elektronische Lieferformen genutzt werden sollen. Gehen wir zunächst davon aus, daß letztgenannte Publikationsformen nicht zu berücksichtigen sind.

Zur Beantwortung dieser Frage ist es außerdem nützlich, die Gründe zu kennen, die Verleger veranlassen, *computergespeicherte Texte* von Autoren möglichst direkt und automatisiert auf die Computer zu übernehmen, in denen sie publikationsreif gemacht werden und in denen dann schließlich per Programm der Satz erzeugt wird.

- Die zur manuellen Neuerfassung der Texte erforderliche Zeit soll eingespart werden.
- Die Kosten der manuellen Neuerfassung sollen eingespart werden (nicht die Satzkosten insgesamt entfallen; die Erfassungskosten sind ein geringerer Anteil an den Satzkosten!).
- Die Autoren sollen von der ermüdenden Suche nach Erfassungsfehlern des Setzers entlastet werden.
- Die gedruckte Ausgabe des Textes auf dem Ausgabegerät des Autors erfüllt nicht die formalen oder qualitativen Anforderungen der geplanten Publikation.

- Die maschinelle Konvertierung der Autoren-Textdaten ist — bei guter Vorbereitung und Abstimmung — billiger als die manuelle Neuerfassung und wird von den Verlegern für die Zukunft durch die wachsenden Erfahrungen als noch lohnender eingeschätzt.

Für *graphische Informationen* treffen diese Gründe in der Regel nicht oder nicht in gleichem Maße zu.

- Graphische Daten als Pixel-Muster sind so gut wie nicht bearbeitbar. Der Verlag kann sie entweder so nehmen wie sie eben sind (evtl. einfache Verkleinerungen oder Vergrößerungen erstellen) oder sie dem Autor zurückgeben, damit er auf seinem Gerät Änderungen vornimmt, oder sie lediglich als Vorlage für eine komplette Neuerstellung benutzen.
- Für graphische Informationen gibt es keine mechanische Reproduktion bzw. eine einfache Datenerfassung. Werden graphische Informationen im oder durch den Verlag neu erstellt, geht damit immer eine erhebliche Qualitätssteigerung einher, die durch bloße Bearbeitung der Autoren-Daten nicht zu erzielen wäre.
- Durch eine direkte Übernahme der Daten aus dem Autoren-System — wenn sie möglich wäre — werden weder Zeit noch Kosten erspart. Im Gegenteil ist davon auszugehen, daß die direkte Übernahme der Daten erheblich teurer ist als die weitgehend automatisierte erneute Eingabe in das Produktionssystem nach der gedruckten Graphik.
- Verfügen Autoren über Computer zur Erstellung von technisch publikationsfähigen Graphiken, haben sie in der Regel auch Ausgabegeräte, die Drucke in entsprechender Qualität ermöglichen.

Für die konventionelle Publikation von technischer oder wissenschaftlicher Literatur in gedruckter Form reicht es also völlig aus, graphische Daten von Autoren — seien sie nun auf Computern erstellt oder nicht — zu scannen (oder auch nur zu fotografieren), und die druckfertigen Graphiken in die Druckform für den Text manuell einzufügen. Dies Verfahren ist heute noch wirtschaftlich erheblich vorteilhafter als die computergestützte und integrierte Manipulation und Formatierung von Text und Graphik. Auch zeitliche Nachteile entstehen dadurch nicht.

Anders sieht dies übrigens für die Erstellung von mehrfarbigen und in erster Linie auf graphischen Darstellungen basierenden Katalogen (Reise- und Versandhauskataloge o. ä.) aus, die heute bereits weitgehend mit einer Text und Graphik integrierenden Technik computergestützt produziert werden. Auch bei diesen Systemen ist es allerdings meines Wissens nicht möglich, graphische Daten, die auf anderen Systemen erstellt wurden, direkt, d. h. ohne erneutes Scannen, miteinzubeziehen.

Zurück zur technischen und wissenschaftlichen Literatur: Das geschilderte konventionelle Verfahren der unterschiedlichen Behandlung von Text und Graphik im Produktionssystem stößt dann an seine Grenzen, wenn die Publikationen nicht nur konventionell gedruckt, sondern auch in elektronischen Medien dem Leser angeboten werden sollen.

Ein elektronisches sogenanntes "Volltext"-Angebot in für den oder vom Benutzer formatierbarer Form ist von sehr eingeschränktem Wert, wenn es lediglich den Text enthält, für die graphischen Bestandteile aber auf die gedruckte Version verweisen muß *(unvollständiger Volltext)*.

Mit dieser Form experimentieren mehrere Verlage und der DIN in dem Entwicklungs-Projekt "Elektronisches Publizieren von technisch-wissenschaftlichen Texten", das im Rahmen des von den Europäischen Gemeinschaften initiierten und geförderten DOCDEL2-Programms steht.

Ein "Volltext"-Angebot in faksimilierter Form *(vollständig faksimilierter Volltext)* — gescannt nach der graphischen Darstellung der konventionellen Druckform — ist für den Benutzer ebenfalls von eingeschränktem Wert, weil die Publikation nicht retrievalfähig ist (jedenfalls nicht weitergehend als in der gedruckten Form mit den üblichen Registern und Inhaltsverzeichnissen) und auch nicht den Benutzungserfordernissen entsprechend manipuliert werden kann. Nicht einmal kann eine Seite beispielsweise auf die Dimensionen des vom Leser verwendeten Bildschirms angepaßt werden. Diese Angebotsform hat allerdings den Vorzug vor allen anderen Alternativen, am einfachsten realisiert werden zu können. Mit dieser Form experimentiert der DIN innerhalb des eben genannten Projekts.

Ein guter Kompromiß könnte darin bestehen, zeichencodierte Bestandteile der Publikation retrieval- und manipulationsfähig dem Leser zu geben, die graphischen Daten in faksimilierter Darstellung, d. h. als Pixel-Muster, wahrscheinlich aber auf getrennten Bildschirmen *(Volltext mit faksimilierter Graphik)*. Die technischen und wirtschaftlichen Möglichkeiten dieser Publikationsform werden zur Zeit in einer Durchführbarkeitsstudie untersucht.

Nahezu das Ideal aus heutiger Sicht stellt eine Lieferform dar, in der zeichencodierte Texte und vektorgraphische Darstellungen, die vom Benutzer "gezoomt" werden können, integriert sind *(Volltext mit Vektor-Graphik)*. Diese Form entwickelt das Entwicklungs-Projekt "Elektronisches Publizieren von Patentinformationen", das ebenfalls zum DOCDEL2-Programm der Europäischen Gemeinschaften zählt.

Die technisch und hinsichtlich ihres Benutzungsaspektes unterschiedlichen Alternativen differieren allerdings auch erheblich in ihren Kosten für Produktion, Lieferung und Datenhaltung. Dabei muß unterschieden werden zwischen den Kosten, die dem Verlag oder seinem Partner für die elektronische Publikation (z. B. Datenbankbetreiber) einerseits entstehen (sich also im Preis der Publikation niederschlagen werden), und denen, die dem Käufer der Publikation durch seine Lieferung, Speicherung und Benutzung zusätzlich entstehen (z. B. durch Übermittlung via Telekommunikation, technische Anforderungen an seinen Computer und Programme für die Benutzung der Publikationen).

Die kostengünstigste Alternative für Verleger wie Benutzer ist die des *unvollständigen Volltextes.* Sie erfordert relativ betrachtet den geringsten Speicherplatz bei Verlag und Benutzer und verursacht die geringsten Übermittlungskosten bei Lieferung via Telekommunikation. Die Anforderungen an die Aufbereitung der Daten für invertierte Listen zum Retrieval und für formatierte Ausgaben werden bestimmt durch die Retrieval-Ansprüche und die Komplexität der Textstrukturen in den Dokumenten (z. B. mathematische Ausdrücke oder Tabellen).

Beim *vollständig faksimilierten Volltext* spielt hinsichtlich der Kosten eine entscheidende Rolle, in welcher Auflösung er publiziert wird. Im DIN wird experimentiert mit einer Auflösung der FAX-Gruppe 3, das sind 120 pkt/inch. Für die DIN-A-4-Seite einer DIN-Norm in gerade noch lesbarer Auflösung bedeutet dies bei Lieferung mit einer Baud-Rate von 2400 einen Zeitbedarf von ca. 8 Minuten, d. h. Lieferkosten innerhalb der Bundesrepublik Deutschland von ca. DM 9,–! Gegenüber dem Speicherplatz für zeichencodierte Daten einer solchen Seite braucht die FAX-Seite das Zehn- bis Fünfzehnfache (Datenkompression nach dem modifizierten Huffman-Code; eindimensionale Lauflängen-Codierung). Die Kostenprogression bei Wahl einer Auflösung von 300 pkt/inch, wie sie heute bei Laserdruckern zum Standard geworden ist, würde auch den mutigsten Verfechter von On-line-Dokumentenlieferungen resignieren lassen. Diese Form stellt die geringsten Anforderungen an die Aufbereitung der Daten zum Retrieval und zur Formatierung, weil die Dokumente benutzt werden wie eine gewöhnliche gedruckte Publikation.

Beim *Volltext mit faksimilierter Graphik* wird durch die zeichenweise Codierung des Textes gegenüber der voll-faksimilierten Form der Datenumfang reduziert, die Kosten für die Datenhaltung und Datenübermittlung (bei On-line-Lieferung) also verringert. Erheblich komplizierter als für die beiden eben genannten Alternativen wird allerdings die Aufbereitung zum Retrieval und zur Formatierung, weil zwei unterschiedliche Datenstrukturen nebeneinander gehandhabt werden müssen.

Die Einsparung des Datenumfangs gegenüber der voll-faksimilierten Form wird einmal natürlich durch den Anteil der graphischen Darstellungen an der gesamten Publikation bestimmt, zum anderen aber dadurch, welche Elemente als Text und welche als Graphik behandelt werden sollen. Behandelt man beispielsweise schwierig zu formatierende Elemente (mathematische Ausdrücke, Tabellen) als Graphiken, weil sie in zeichencodierter Darstellung enorme Anforderungen an die Formatierung stellen, erhöht sich der Anteil der nicht-retrievalfähigen und speicherplatzfressenden Graphik-Teile. Weil gerade in diesen Elementen die wichtigsten Informationen der Publikation enthalten sein dürften, müßten zur Unterstützung des Retrievals Bild-, Formel- und Tabellenbeschreibungen besonders sorgfältig und ausführlich formuliert werden.

Reduziert man andererseits den graphischen Anteil in den Publikationen dadurch, daß mathematische Ausdrücke und Tabellen zeichencodiert gehandhabt werden, steigert man damit die Anforderungen an das Computer-System des Benutzers. Es müßte beispielsweise ausgerüstet werden mit dem kompletten TEX-Satzsystem [Knuth 1984] einschließlich der Fonts, einem Druckertreiber und einem Bildschirmtreiber.

Reduziert man den graphischen Anteil in den Publikationen durch Verzicht auf graphische Darstellungen überhaupt, entsteht eine etwas groteske Situation: in konventionellen Publikationen ist der Anteil der graphischen Informationen seit Jahren steigend, weil man die Erfahrung gewonnen hat, daß sich komplizierte Sachverhalte leichter durch graphische als durch textliche Darstellungen vermitteln lassen. Beschränkte man sich aber wegen der höheren Kosten und Entwicklungsaufwendungen, die mit der elektronischen Handhabung von Graphiken verbunden sind, auf die rein textliche elektronische "Volltext"-Publikation, wäre zweifelhaft, ob diese eine ausreichende Akzeptanz bei den Käufern und Benutzern finden würde, d. h. wirtschaftlich lebensfähig wäre.

Die Alternative des *Volltexts mit Vektor-Graphik* besteht selbstverständlich nur für solche Publikationen, deren graphische Darstellungen geeignet sind, in Vektoren erfaßt zu werden (Nicht-Halbton-Abbildungen). Gegenüber der Alternative der Faksimile-Graphik hat diese Methode aber den Vorteil eines geringeren Speicherbedarfs, geringerer Übermittlungskosten und einer Darstellungsqualität, die lediglich von der Auflösungsfähigkeit des Ausgabegeräts beim Benutzer abhängig ist. Bei der im erwähnten

Patent-Projekt entwickelten Vektorisierung beträgt der Speicherbedarf nur etwa die Hälfte gegenüber der bit-map-Speicherung im Raster von 120 pkt/inch (abhängig vom Charakter der Graphik kann dies Verhältnis allerdings auch ziemlich erheblich von dem Durchschnittswert abweichen). Man darf gespannt sein, welche Erfahrungen mit diesem Projekt gewonnen werden, und wie sie sich auf allgemeine technische und wissenschaftliche Publikationen übertragen lassen.

♡

Die hier skizzierten Lösungswege für die Handhabung von Graphiken in Publikationen bleiben aus verlegerischer Sicht unbefriedigend, weil sie die Bindung an bestimmte Geräte und Programme einschließen und keine Nutzung der Graphik-Daten unter geänderten technischen und gestalterischen Bedingungen gestatten. Wir befinden uns also in dem Stadium der Entwicklung, das wir für die Handhabung der zeichencodierten Informationen langsam überwinden: ein babylonisches Gewirr von Formaten zur Darstellung und Strukturierung der eigentlichen Information sowie die Verflechtung von Daten und prozessualen Instruktionen.

Es scheint mir, daß die System-Gestalter für graphische Systeme vor die Frage gestellt, entweder eine in bestimmten Aspekten besonders leistungsfähige, aber systemspezifische Verknüpfung von Hard- und Software zu schaffen oder die Leistungsfähigkeit auf Kosten der Portabilität zu beschränken, den ersteren Weg wählen und damit auch die Bedürfnisse des Marktes treffen. Diese weitgehende Forderung der Portabilität ist eben eine spezifisch verlegerische, für die es aber — siehe oben — noch längst keine entsprechende Nachfrage gibt.

Wie auch schon für den Austausch und die direkte Weiterverarbeitung von zeichencodierten Informationen auf Computern zeichnet sich eine vergleichbare Lösung auch für die Einbeziehung von graphischen Informationen durch drei Entwicklungen ab:

- Steigerung der Verarbeitungs- und Speicherkapazität durch die Entwicklung noch schnellerer Prozessoren und weiter verdichteter Speichermedien,
- weiter und schneller voranschreitende Standardisierung im internationalen Rahmen und
- eine allgemeine technologische Konvergenz wie sie Bob Sproull, Carnegie Mellon University in Pittsburgh, im Bereich der computergestützten Informationsverarbeitung beobachtet.

Ich weiß nicht, ob die CCITT-Empfehlungen T. 6 (Facsimile Coding Schemes and Coding Control Functions for Group 4 Facsimile Apparatus) für Halbton- und nicht-geometrische Abbildungen oder der ISO-Standard (ISO/DIS 7942: Information Processing-Graphical Kernel System (GKS)) für geometrische Abbildungen innerhalb des bereits erwähnten Konzepts ODA/ODIF [vgl. Horak et al. 1985] bereits eine Lösung bedeuten, die die Qualitäts- und Portabilitäts-Anforderungen für Publikationen in ausreichendem Maße erfüllen. Ein deutliches Zeichen für das richtige Verständnis des Publikations-Problems sind diese Bestrebungen jedoch zweifellos.

◇

Schlußbemerkung: Der Veranstalter dieser Tagung appellierte angesichts des Themas an alle Beitragenden, "Abbildungen zu verwenden und diese in ansprechender Qualität zu erstellen." Es steht jedermann frei, diesen Beitrag als einen rein textlichen oder einen ausschließlich graphischen zu betrachten. Er wurde auf einem PC erstellt und und mit dem Satzsystem TEX [Knuth 1984] gestaltet. Die Ausgabe-Datei (`dvi.file`) wurde an den Verlag weitergegeben, der auf einem Laserdrucker unter Verwendung der dort ebenfalls vorhandenen Fonts (`pxl.files`) den Druck in einer Auflösung von 300 pkt/inch erzeugte, den der Autor nur mit 120 pkt/inch auf seinem Matrixdrucker erstellen konnte.

♠

Referenzen

[Horak et al. 1985] W. Horak, F. Tartanson and G. Coulouris, "Handling of mixed text/image/voice documents based on a standardized office document architecture". In: J. Roukens and J. F. Renuart, "ESPRIT '84: Status Report of Ongoing Work". 1985

[ISO/DP 8613/xx] ISO/Draft Proposal 8613/xx, "Office-Document-Architecture (ODA)" u. "Office-Document-Interchange-Format (ODIF)". Bisher liegen sieben Teile als Entwürfe vor. 1985

[ISO/DIS 8879] ISO/Draft International Standard 8879, "Information processing — Text and office systems — Standard Generalized Markup Language (SGML)". Oktober 1985

[Knuth 1984] D. E. Knuth, "The TEXbook". 1984

Band 76: GWAI-83. German Workshop on Artificial Intelligence. September 1983. Herausgegeben von B. Neumann. VI, 240 Seiten. 1983.

Band 77: Programmiersprachen und Programmentwicklung. 8. Fachtagung der GI, Zürich, März 1984. Herausgegeben von U. Ammann. VIII, 239 Seiten. 1984.

Band 78: Architektur und Betrieb von Rechensystemen. 8. GI-NTG-Fachtagung, Karlsruhe, März 1984. Herausgegeben von H. Wettstein. IX, 391 Seiten. 1984.

Band 79: Programmierumgebungen: Entwicklungswerkzeuge und Programmiersprachen. Herausgegeben von W. Sammer und W. Remmele. VIII, 236 Seiten. 1984.

Band 80: Neue Informationstechnologien und Verwaltung. Proceedings, 1983. Herausgegeben von R. Traunmüller, H. Fiedler, K. Grimmer und H. Reinermann. XI, 402 Seiten. 1984.

Band 81: Koordinaten von Informationen. Proceedings, 1983. Herausgegeben von R. Kuhlen. VI, 366 Seiten. 1984.

Band 82: A. Bode, Mikroarchitekturen und Mikroprogrammierung: Formale Beschreibung und Optimierung, 6, 7-227 Seiten. 1984.

Band 83: Software-Fehlertoleranz und -Zuverlässigkeit. Herausgegeben von F. Belli, S. Pfleger und M. Seifert. VII, 297 Seiten. 1984.

Band 84: Fehlertolerierende Rechensysteme. 2. GI/NTG/GMR-Fachtagung, Bonn 1984. Herausgegeben von K.-E. Großpietsch und M. Dal Cin. X, 433 Seiten. 1984.

Band 85: Simulationstechnik. Proceedings, 1984. Herausgegeben von F. Breitenecker und W. Kleinert. XII, 676 Seiten. 1984.

Band 86: Prozeßrechner 1984. 4. GI/GMR/KfK-Fachtagung, Karlsruhe, September 1984. Herausgegeben von H. Trauboth und A. Jaeschke. XII, 710 Seiten. 1984.

Band 87: Musterkennung 1984. Proceedings, 1984. Herausgegeben von W. Kropatsch. IX, 351 Seiten. 1984.

Band 88: GI-14. Jahrestagung. Braunschweig. Oktober 1984. Proceedings. Herausgegeben von H.-D. Ehrich. IX, 451 Seiten. 1984.

Band 89: Fachgespräche auf der 14. GI-Jahrestagung. Braunschweig, Oktober 1984. Herausgegeben von H.-D. Ehrich. V, 267 Seiten. 1984.

Band 90: Informatik als Herausforderung an Schule und Ausbildung. GI-Fachtagung, Berlin, Oktober 1984. Herausgegeben von W. Arlt und K. Haefner. X, 416 Seiten. 1984.

Band 91: H. Stoyan, Maschinen-unabhängige Code-Erzeugung als semantikerhaltende beweisbare Programmtransformation. IV, 365 Seiten. 1984.

Band 92: Offene Multifunktionale Büroarbeitsplätze. Proceedings, 1984. Herausgegeben von F. Krückeberg, S. Schindler und O. Spaniol. VI, 335 Seiten. 1985.

Band 93: Künstliche Intelligenz. Frühjahrsschule Dassel, März 1984. Herausgegeben von C. Habel. VII, 320 Seiten. 1985.

Band 94: Datenbank-Systeme für Büro, Technik und Wirtschaft. Proceedings, 1985. Herausgegeben von A. Blaser und P. Pistor. X, 519 Seiten. 1985.

Band 95: Kommunikation in Verteilten Systemen I. GI-NTG-Fachtagung, Karlsruhe, März 1985. Herausgegeben von D. Heger, G. Krüger, O. Spaniol und W. Zorn. IX, 691 Seiten. 1985.

Band 96: Organisation und Betrieb der Informationsverarbeitung. Proceedings, 1985. Herausgegeben von W. Dirlewanger. XI, 261 Seiten. 1985.

Band 97: H. Willmer, Systematische Software- Qualitätssicherung anhand von Qualitäts- und Produktmodellen. VII, 162 Seiten. 1985.

Band 98: Öffentliche Verwaltung und Informationstechnik. Neue Möglichkeiten, neue Probleme, neue Perspektiven. Proceedings, 1984. Herausgegeben von H. Reinermann, H. Fiedler, K. Grimmer, K. Lenk und R. Traunmüller. X, 396 Seiten. 1985.

Band 99: K. Küspert, Fehlererkennung und Fehlerbehandlung in Speicherungsstrukturen von Datenbanksystemen. IX, 294 Seiten. 1985.

Band 100: W. Lamersdorf, Semantische Repräsentation komplexer Objektstrukturen. IX, 187 Seiten. 1985.

Band 101: J. Koch, Relationale Anfragen. VIII, 147 Seiten. 1985.

Band 102: H.-J. Appelrath, Von Datenbanken zu Expertensystemen. VI, 159 Seiten. 1985.

Band 103: GWAI-84. 8th German Workshop on Artificial Intelligence. Wingst/Stade, October 1984. Edited by J. Laubsch. VIII, 282 Seiten. 1985.

Band 104: G. Sagerer, Darstellung und Nutzung von Expertenwissen für ein Bildanalysesystem. XIII, 270 Seiten. 1985.

Band 105: G. E. Maier, Exceptionbehandlung und Synchronisation. IV, 359 Seiten. 1985.

Band 106: Österreichische Artifical Intelligence Tagung. Wien, September 1985. Herausgegeben von H. Trost und J. Retti. VIII, 211 Seiten. 1985.

Band 107: Mustererkennung 1985. Proceedings, 1985. Herausgegeben von H. Niemann. XIII, 338 Seiten. 1985.

Band 108: GI/OCG/ÖGJ-Jahrestagung 1985. Wien, September 1985. Herausgegeben von H. R. Hansen. XVII, 1086 Seiten. 1985.

Band 109: Simulationstechnik. Proceedings, 1985. Herausgegeben von D. P. F. Möller. XIV, 539 Seiten. 1985.

Band 110: Messung, Modellierung und Bewertung von Rechensystemen. 3. GI/NTG-Fachtagung, Dortmund, Oktober 1985. Herausgegeben von H. Beilner. X, 389 Seiten. 1985.

Band 111: Kommunikation in Verteilten Systemen II. GI/NTG-Fachtagung, Karlsruhe, März 1985. Herausgegeben von D. Heger, G. Krüger, O. Spaniol und W. Zorn. XII, 236 Seiten. 1985.

Band 112: Wissensbasierte Systeme. GI-Kongreß 1985. Herausgegeben von W. Brauer und B. Radig. XVI, 402 Seiten, 1985.

Band 113: Datenschutz und Datensicherung im Wandel der Informationstechnologien. 1. GI-Fachtagung, München, Oktober 1985. Proceedings, 1985. Herausgegeben von P. P. Spies. VIII, 257 Seiten. 1985.

Band 114: Sprachverarbeitung in Information und Dokumentation. Proceedings, 1985. Herausgegeben von B. Endres-Niggemeyer und J. Krause. VIII, 234 Seiten. 1985.

Band 115: A. Kobsa, Benutzermodellierung in Dialogsystemen. XV, 204 Seiten. 1985.

Band 116: Recent Trends in Data Type Specification. Edited by H.-J. Kreowski. VII, 253 pages. 1985.

Band 117: J. Röhrich, Parallele Systeme. XI, 152 Seiten. 1986.

Band 118: GWAI-85. 9th German Workshop on Artificial Intelligence. Dassel/Solling, September 1985. Edited by H. Stoyan. X, 471 pages. 1986.

Band 119: Graphik in Dokumenten. GI-Fachgespräch, Bremen, März 1986. Herausgegeben von F. Nake. X, 154 Seiten. 1986.